CNB 706 개혁 교회론 강좌 시리즈 〈3〉
성도들이 각성한 신앙의 자태

교회와 신앙

송 영 찬

2007년

도서출판 깔뱅

지은이 | 송영찬

서울 총신대(1973-76년, B.A.)와 수원 합동신학대학원대학교(1983-85년, M.Div.)에서 신학을 공부했다.

기독교문사 편집실에서 기독교대백과사전 제작에 참여했고(1980-82년) 대한예수교장로회 전북노회에서 목사 안수를 받았으며(1987년) "하나님의 편지"(1986-88년), 회보 "그리스도인"(1988-95년)을 발행하며 집필 활동을 하였다.

지금은 기독교개혁신보 편집국장으로 1996년부터 재직하고 있다.

저서

• 『교회와 사명』 (2006년, 서울 : 도서출판 깔뱅)

교회는 그 시대에 맞는 시대적 사명에 대한 각성이 필요하다. 이것이 없을 때 교회는 구태에서 벗어나지 못하고 역사 속에서 무의미하게 살다가 뒤안길로 사라지고 만다. 이 책은 교회의 본질에 대한 관찰을 바탕으로 이 시대 교회가 각성해야 할 사명을 제시하고 있다.

• 『세례와 성찬』 (2006년, 서울 : 도서출판 깔뱅)

예수 그리스도의 지상 사역의 핵심은 새 언약을 수립하신 일이다(마 26:26-29). 이 새 언약에 기초하여 교회가 탄생했다. 이 책은 세례와 성찬에 대한 구속사적 이해를 통해 새 언약에 참여한 교회의 회원된 우리들이 누려야 할 풍성한 은혜를 찾는 데 역점을 두고 있다.

• 『역대기의 메시지 : 다윗 왕국과 언약』 (2006년, 서울 : 도서출판 깔뱅)

왕국 언약에 기초하여 세워진 다윗 왕국은 역사 속에 등장한 교회의 완벽한 전형이자 하나님 나라의 모형이었다. 이 책은 다윗 왕국의 역사를 관찰하고 역대기가 소망했던 새로운 다윗 왕국의 재건에 담긴 의미를 찾음으로써 우리 시대의 교회가 추구해야 할 성격을 제시하고 있다.

• 『출애굽기의 메시지 : 시내산 언약과 십계명』 (2006년. 서울 : 도서출판 깔뱅)

신약의 교회를 모형으로 보여주는 이스라엘 교회의 속성을 보여주고 있는 시내산 언약을 중심으로 구약 교회의 태동과 장차 태어날 신약 교회 사이의 관계를 조명함으로써 이 시대의 교회가 추구해야 할 역사 의식을 제시하고 있다.

• 『창세기의 메시지 : 하나님의 언약』 (2006년. 서울 : 도서출판 깔뱅)

4개의 언약을 중심으로 하나님의 구속 사역을 진행시키고 있는 창세기에서 언약 중심의 구속사를 조명하기 위해 성경신학에 근거해 창세기의 메시지를 관찰하고, 언약 공동체인 오늘날의 교회가 추구해야 할 신앙의 자태를 제시하고 있다.

• 『예수 그리스도』 (2005년, 서울 : 칼빈아카데미)

예수 그리스도를 가장 선명하게 소개하고 있는 마태복음 1-4장에서 사도 마태가 말하고자 하는 예수 그리스도에 대해 성경신학에 근거한 구속사적 관점에서 관찰하고, 이를 통해 이 시대의 교회가 추구해야 할 신앙의 좌표를 제시하고 있다.

교회와 신앙

CNB 706

교회와 신앙

WHAT IS THE LIFE OF CHRISTIANS?

by Youngchan Song
Published by Calvin Publishing House

초판 인쇄 2007년 7월 7일
초판 발행 2007년 7월 14일

발행처 | 도서출판 깔뱅
발행인 | 김순영
지은이 | 송영찬

등록번호 | 제2-1458호
등록일자 | 1998년 11월 18일

주간 | 송영찬
편집 | 신명기
디자인 | 조혜진

주소 | 서울시 서초구 잠원동 69-24
전화 02-535-9876 019-366-9438

총판 | (주) 비전북출판유통
주소 경기도 고양시 일산구 장항동 568-17호(우편번호 411-834)
전화 031-907-3927(대) 팩스 031-905-3927

값은 표지에 있습니다.
파손된 책은 교환해 드립니다.
ISBN 89-92204-22-1 93230

printed in Korea

교회와 신앙

WHAT IS THE LIFE OF CHRISTIANS?

CNB 시리즈
서 문

CNB The Church and The Bible 시리즈는 개혁신앙의 교회관과 성경신학적 구속사 해석에 근거한 신 · 구약 성경 연구 시리즈이다.

이 시리즈는 보다 정확한 성경 본문 해석을 바탕으로 역사적 개혁 교회의 면모를 조명하고 우리 시대의 교회가 마땅히 추구해야 할 방향을 제시함으로써 교회의 삶과 문화를 창달하는 것을 그 목적으로 하고 있다.

따라서 이 시리즈는 진지하게 성경을 연구하며 본문이 제시하는 메시지에 충실하고 있다. 그렇다고 이 시리즈가 다분히 학문적이거나 또는 적용적이라는 의미에 국한되지 않는다. 학구적인 자세는 변함 없지만 궁극적으로 하나님의 나라를 지향함에 있어 개혁주의 교회관을 분명히 하기 위해 보다 더 관심을 가진다는 의미이다.

본 시리즈의 집필자들은 이미 신 · 구약 계시로써 말씀하셨던 하나님께서 지금도 말씀하고 계시며, 몸된 교회의 머리이자 영원한 왕이신 그리스도께서 지금도 통치하시며, 태초부터 모든 성도들을 부르시어 복음으로 성장하게 하시는 성령님께서 지금도 구원 사역을 성취하심으로써 창세로부터 종말에 이르기까지 거룩한 나라로서 교회가 여전히 존재하고 있음을 그 무엇보다도 중요하게 여기고 있다.

아무쪼록 이 시리즈를 통해 계시에 근거한 바른 교회관과 성경관을 가지고 이 땅에 진정한 그리스도인의 삶과 문화가 확장되기를 바라는 바이다.

시리즈 편집자
김영철 목사, 미문(美聞)교회, Th. M.
송영찬 목사, 기독교개혁신보 편집국장, M. Div.
이광호 목사, 실로암교회, 홍은신학연구원, Ph. D.
이종연 목사, 진명교회, 아틀란타 바이블 칼리지, M. Div.

머리말

하나님에 대해 우리가 알 수 있는 방법은 오직 하나님이 누구이신가를 보여주신 계시에 의존할 수밖에 없다. 하나님은 스스로 자신을 그의 백성에게 나타내심으로써 하나님이신 것과 언약을 성취하는 여호와이심을 증거하는데 이것이 하나님의 '자기 계시' self-revelation이다.

하나님은 자신을 보여주심에 있어 먼저 창조주로서 권위를 가지고 우주 만물과 자연 현상을 통해 자신의 존재를 표시하신다. 그러나 사람들은 하나님의 자기 계시에 대하여 인식하고 창조주이신 하나님을 경외해야 함에도 불구하고 이미 죄로 인해 그 양심이 무디어졌기 때문에 하나님을 알지도 못하고 두려워하지도 않는다.

따라서 하나님은 사랑하는 당신의 백성에게 하나님에 대한 바른 지식을 갖게 하기 위하여 적극적인 방법으로 자신을 계시하기로 하셨다. 이렇게 함으로써 그의 백성으로 하여금 죄로 오염된 자리에서 구원되었음을 인식하여 더이상 죄 아래 있지 않도록 하기 위함이다.

하나님의 구원에 대한 바른 지식을 얻음으로써 진정한 자유인으로 이 세상에서 살 수 있도록 하기 위해 하나님은 자기 계시를 하신다. 그러므로 하나님의 자기 계시는 그의 백성으로 하여금 하나님의 구원에 참여되었다는 사실을 인식하게 하는 일에 유효한 은혜의 수단이다.

우리는 오직 하나님께서 주신 계시를 통해서만 비로소 하나님에 대한 바른 지식을 가질 수 있다. 그리고 우리에게 주어진 계시의 극치가 바로 로고스(말씀)로 오신 예수 그리스도이시다. 때문에 예수 그리스도는 하나님이 누구이신가를 드러내는 계시의 극치이시다. 이런 점에서 예수 그리스도의 모든 삶과 행동은 계시적 차원에서 이해되어야 한다.

예수 그리스도의 존재, 행적, 활동, 말씀 등은 모두 계시로서 의미를 가진다. 예수 그리스도의 생애는 하나님이 누구신가를 드러내고 있으며 이 세상을 창조하신 목적을 밝히셨다. 뿐만 아니라 마침내 그 목적을 자신의 삶과 십자가 및 부활을 통해 완성하였다. 그러므로 우리는 예수 그리스도 안에서만 참된 계시의 극치를 볼 수 있다.

예수 그리스도 이후에 이 계시는 말씀으로 기록되어 교회에 위탁되었다. 최초로 말씀 해석을 위탁받은 사람들은 사도들이었다. 그리고 사도들이 터가 되어 세워진 교회(엡 2:20)는 사도들을 통해서 위탁받은 말씀에 대한 보존과 해석과 선포의 권위를 가지게 되었다. 그러므로 구원에 이르는 유일한 계시인 말씀에 대한 해석과 선포는 오직 교회만이 가지는 독특한 권위이다.

여기에서 교회와 말씀과의 관계, 즉 계시로서의 말씀과 그 계시를 보존하고 해석하고 선포하는 교회와의 관계를 생각할 수 있다. 교회의 권위는 말씀으로부터 나온다. 그리고 말씀은 교회를 통해서만 보존되고 해석되고 선포되어야 한다. 교회 없이는 말씀이 보호받지 못하며 교회만이 말씀을 정당하게 선포하고 시행하며 보전할 수 있는 지상의 유일한 기관이다.

말씀 계시와 더불어 하나님은 당신의 백성에게 성도들로서 살아야 할 구체적인 삶의 터전으로 교회를 주셨다. 그리고 성도들로서 성령님의 부르심과 인치심을 공식적으로 확인하는 것이 교회에서 행하는 세례이다. 또한 교회 안에서 거룩한 성도들의 삶을 추구하기 위한 공식적인 표시가 성찬에 참여하는 일이다. 세례와 성찬은 주님께서 제정하셨기 때문에 이 역시 계시적 의미를 가진다. 이를 행위 계시라고 한다. 따라서 교회는 말씀 계시인 성경과 행위 계시인 성례를 가지고 있으며 이를 보존하고 해석하고 선포해야 한다.

성도들이 성례에 참여한다는 것은 거룩한 주의 백성으로서 각성하고 우리의 주이시고 왕이신 그리스도의 군사가 되어 이 땅에 거룩한 하나님의 나라를 세워나가는 일에 참여하고 있다는 신앙고백의 성격을 가진다. 이러한 의식 없이 세례와 성찬에 참여한다는 것은 아직 신앙이 어린 아이와 같은 상태가 아닐 수 없다. 무엇보다도 교회는 세례와 성찬 예식 자체가 하나님의 계시 행위에 속한다는 점을 중시해야 한다.

우리가 구원받은 사실이 분명하고 교회의 가르침 안에서 장성하였다면 언제까지든지 철부지 아이처럼 교회의 보호 아래 있다는 사실만 가지고 만족할 수 없다. 이제 우리는 장성함으로써 거룩한 교회의 군대가 되어 적극적으로 하나님의 나라를 세워나가는 일에 헌신해야 한다.

바울 사도가 "형제들아 나는 아직 내가 잡은 줄로 여기지 아니하고 오직 한 일, 즉 뒤에 있는 것은 잊어버리고 앞에 있는 것을 잡으려고 푯대를 향하여 그리스도 예수 안에서 하나님이 위에서 부르신 부름의 상을 위하여 좇아가노라"(빌 3:13-14)고 명백하게 자신의 신앙을 고백하고 있는 것도 이 때문이다.

바울 사도는 거룩한 주의 군사가 되어 적극적으로 이 땅 위에 하나님의 나라를 세워나가는 일에 헌신했다. 나아가 '오직 한 일' 을 위해 나머지 생애를 초개와 같이 불사르겠다고 다짐하고 있다. 바로 그 일은 '그리스도 예수 안에서 하나님이 위에서 부르신 부름의 상' 을 위함이다. 곧 구원의 완성을 위해 경주를 결코 포기하지 말 것을 성도들에게 당부하고 있다.

우리의 구원은 부르심의 단계에서 끝나지 않는다. 그리고 교회 안에서 장성하는 성화의 단계에서도 끝나지 않는다. '위에서 부르신 부름의 상' 을 받는 그날까지 끊임없이 나아가야 한다. 바로 이 상이 구원의 완성을 인정하는 증표이며 이 상태를 가리켜 '영화'榮化라고 한다. 그러므로 우리의 구원은 마침내 우리가 부활하여 '영화'의 몸을 입는 것으로 완성된다.

바로 그 일을 위해 우리는 교회의 회원이 되어 신자로서 주의 군사로 장성하여 하나님의 나라를 세워나가야 한다. 그럼에도 불구하고 우리가 예수를 영접하고 구원을 받았다는 사실에만 안주하고 그것으로 마치 구원의 완성을 이룬 것처럼 착각하고 있다면, 그것은 여전히 어린아이의 상태에서 벗어나지 못하고 있음을 보여준다. 우리가 과연 그리스도의 군사인가? 그렇다면 '위에서 부르신 부름의 상' 바로 그 한 가지 일을 우리 삶의 목적으로 삼아야 한다.

이 책은 성도로 부름을 받은 우리들이 이 땅에서 살고 있는 삶의 궁극적인 목적을 완수하기 위해 함께 그 해답을 찾고자 기획되었다. 이 큰 주제를 좀더 세분하기 위해 일련의 개혁 교회론 강좌 시리즈인 CNB 704 "세례와 성찬", CNB 705 "교회와 사명", CNB 706 "교회와 신앙"으로 각기 구성되었다.

CNB 704 "세례와 성찬"은 교회의 핵심적인 실질을 세워나가기 위해 주어진 성례에 대한 올바른 이해를 조명함으로써 이 땅의 교회들이 바로 서 가야 할 길을 제시하고 교회의 시대적인 사명 의식을 고취하는데 초점을 모으고 있다.

CNB 705 "교회와 사명"은 교회가 발휘하는 능력의 근원과 회원의 의식을 통해 역사 속에서 교회가 존재하는 의미 구현으로서 어떻게 사명을 구현할 것인가를 조명하고, 하나님 나라의 구현을 위한 구체적인 삶의 형태들을 찾아 우리 시대에 있어야 할 교회상을 정립함으로써 우리 시대의 교회들이 마땅히 추구해야 할 삶의 정형에 관심을 가지고 있다.

이와 더불어 CNB 706 "교회와 신앙"에서는 교회의 회원이 된 성도들이 주의 군사로 장성하여 하나님의 나라를 구체적으로 세워나가야 하는 시대적인 사명 의식을 재확인하고 그에 따른 신앙의 자태가 무엇인가를 추구하는 데 그 목적이 있다. 이 책은 다음과 같이 구성되었다.

제1부 '교회와 삶' 에서는 교회의 속성과 더불어 교회의 회원된 성도들의 자기 인식, 즉 교회아教會我로서 자기 발견에 대해 조명하고 있다.

제2부 '우리가 가야 할 길' 에서는 교회의 지체로 확인된 교회아教會我로서 성도들이 발휘하는 능력의 근원을 살피고 교회의 회원으로서 역사 속에 존재하는 의미를 어떻게 구현할 것인가를 조명하고 있다.

제3부 '배교 시대에 우리가 가야 할 개혁 신앙' 에서는 하나님 나라의 구현을 위한 구체적인 삶의 형태들을 찾아 우리 시대에 나타내어야 할 성도들의 사명 의식을 제시하고 있다.

이상의 과정을 통해 교회아로서 우리들이 마땅히 추구해야 할 삶의 정형을 함께 생각하는 기회가 되기를 바란다.

이 책이 여러 성도들과 읽으시는 독자들에게 주님의 은혜를 마음껏 누릴 수 있는 기회가 되기를 바라며 교회의 지체로 살아가는 삶에 많은 유익이 되기를 바라는 마음 간절하다.

2007년 7월 1일
연지동에서 저자 아룀

목 차

제2부_우리가 가야 할 길

제3부 _ 교회와 신앙

제 1 부

교회와 삶

I. 교회의 지체로서 자아 발견發見

시편 1편 1-6절

1 복 있는 사람은 악인의 꾀를 좇지 아니하며 죄인의 길에 서지 아니하며 오만한 자의 자리에
앉지 아니하고
2 오직 여호와의 율법을 즐거워하여 그 율법을 주야로 묵상하는 자로다
3 저는 시냇가에 심은 나무가 시절을 좇아 과실을 맺으며 그 잎사귀가 마르지 아니함 같으니 그
행사가 다 형통하리로다
4 악인은 그렇지 않음이여 오직 바람에 나는 겨와 같도다
5 그러므로 악인이 심판을 견디지 못하며 죄인이 의인의 회중에 들지 못하리로다
6 대저 의인의 길은 여호와께서 인정하시나 악인의 길은 망하리로다

I. 교회의 지체로서 자아 발견發見

시편 1편 1–6절

하나님의 백성으로 이 세상에서 살아가는 데 있어 먼저 해결해야 할 것은 '자기의 본분이 과연 무엇인가?'를 아는 일이다. 그러기 위해 자신의 본체를 충분히 진단하고 판별할 수 있는 객관적인 자료로서 가치 판단의 척도criteria가 있어야 한다. 그런데 현실의 상황에 의존하여 자신을 판별한다는 것은 편협하거나 시대적인 오류의 영향으로 잘못 판단할 경우가 많기 때문에 시대나 주변 환경을 초월한 객관적인 자료가 있어야 한다.

이 자료는 전全 역사적이며 우주적이어야 한다. 쉽게 사람들의 주의주장主意主張이나 경향성 때문에 가치 판단의 척도가 바뀐다면 항구恒究한 인생의 목표를 찾지 못하기 때문이다. 그렇다고 이 세상 어느 곳에서든지 쉽사리 그 해답을 찾을 수도 없다. 또한 섣불리 그 해답을 얻겠다고 나서는 것도 조심할 일이다.

1. 가치 판단의 전제로서 '계시'

'인생의 본분이 과연 무엇인가?'를 안다는 것은 그만큼 중요하고 어려운 일이기 때문에 어떤 답이 옳다고 단정하기란 쉽지 않다. 따라서 오랜 시간을 두고 차근차근 그 해답을 찾지 않으면 안 된다. 이제 그 해답을 찾아 나서기 위해 다음과 같은 전제가 필요하다.

① 그 해답을 하나님의 계시인 성경에서 찾고자 한다.

그 이유는 다른 곳에서 해답을 찾는다는 일이 쉽지 않을 뿐만 아니라 그것들을 모두 섭렵하기에는 많은 시간이 필요한 반면에 우리 인생에게 주어진 시간이 그렇게 많지 않기 때문이다. 대신 하나님께서 충분히 자신을 계시하셨고, 인생의 본분에 대하여 밝히 말씀하신 성경을 주셨기 때문에 그 안에서 해답을 찾는 것이 시간을 절약하는 방법이다. 이런 점에서 많은 방법론을 모색하기보다는 하나님께서 계시하신 성경이 있다는 것은 복이 아닐 수 없다.

이미 인생에 대하여 책임을 져야 할 정도로 장성한 사람들로서 여유자적해 가면서 여기저기 기웃거릴 시간이 없다. 사람으로 태어나 적어도 이삼십 년 동안에는 마땅히 인생의 본분이 무엇인 줄 알고 그에 합당한 준비를 해 왔어야 한다. 그러나 그동안 여러 곳에 인생이 낭비되는 바람에 준비해야 할 것들에 비하여 소홀히 한 것은 사실이다. 때문에 성경 안에서 그 해답을 찾고자 한다. 만일 성경 안에서조차도 그 해답을 찾지 못한다면 영원히 실패하여 무의미한 인생이 되고 말 것이다.

② 성경의 이해는 차서次序에 따라 진보되어야 한다.

아무리 급하다고 해서 하루아침에 성경을 다 해득解得할 수는 없다. 성경은 아주 오랜 시간, 적어도 2천년을 두고 하나님께서 경영하신 일을 기록한 책이다. 이것은 하나님이 누구인가를 단번에 보여주지 않고 시간을 두고 조금씩 계시해 주고 있음을 의미한다. 뿐만 아니라 하나님께서는 각 시대가 진전됨에 따라 그의 백성에게 요구하신 시대적인 사명이 있었다. 때문에 하나님께서 그 자신을 계시하신 방법과 같이 유기적인 계시의 점진성에 따라 성경을 이해하지 않으면 안 된다. 이것은 전 역사와 교회의 진행에 근거하여 자신이 처한 현 위치를 파악해야 함을 의미한다.

그러므로 먼저 계시의 방편으로 주신 성경을 근거로 순서를 따라 이해해 나감으로써 현재의 위치와 하나님께서 우리에게 요구하시는 책임과 의무가 무엇인가를 찾아야 한다. 이러한 전제 아래 이제 궁극적으로 찾아 나서야 할 인생의 본분이 무엇인가를 확인해 보고자 한다. 그 첫 단계는 '누가 하나님으로부터 인정을 받는 사람인가?' 를 아는 것이다.

2. 하나님과 사람과의 관계

사람에게 있어서 우선적으로 확인되어야 할 것은 하나님 앞에서 위치 설정이라고 할 수 있다. 과연 인간은 하나님과 어떤 관계를 맺고 있으며 그 앞에서 어떤 대우를 받는 것인가를 아는 것이 인생의 본분을 찾고 수행해 나가는 길에 있어서 제 일보를 가는 것과 같다. 그 해답은 창세기 1장 26절 이하에서 발견할 수 있다.

"하나님이 가라사대 우리의 형상을 따라 우리의 모양대로 우리가 사람을 만들고 그로 바다의 고기와 공중의 새와 육축과 온 땅과 땅에 기는 모든 것을 다스리게 하자 하시고 하나님이 자기 형상 곧 하나님의 형상대로 사람을 창조하시되 남자와 여자를 창조하시고 하나님이 그들에게 복을 주시며 그들에게 이르시되 생육하고 번성하여 땅에 충만하라, 땅을 정복하라, 바다의 고기와 공중의 새와 땅에 움직이는 모든 생물을 다스리라 하시니라 하나님이 가라사대 내가 온 지면의 씨 맺는 모든 채소와 씨 가진 열매 맺는 모든 나무를 너희에게 주노니 너희 식물이 되리라 또 땅의 모든 짐승과 공중의 모든 새와 생명이 있어 땅에 기는 모든 것에게는 내가 모든 푸른 풀을 식물로 주노라"(창 1:26-30).

이 말씀 속에서 하나님과 우리 사이의 관계를 몇 가지 확인할 수 있다.

① 인간은 하나님의 형상으로 창조되었다.

인간은 하나님과 같은 성정을 가졌다. 다른 여타의 피조물들은 하나님의 말씀에 따라 각각의 모양대로 창조되었으나 유독 사람만은 하나님의 인격을 가지고 창조되었다. 사람은 이 인격을 통해 하나님과 교제를 나눌 수 있었다. 하나님과 교제를 나눈다는 것은 하나님과 같은 동등한 수준에서 대우받고 있음을 의미한다. 이런 이유로 인간은 하나님 앞에서 매우 독특한 위치와 존재 가치를 지니고 있다.

② 하나님은 특별한 목적을 가지고 사람을 창조하셨다.

하나님은 세상의 관리자로 사람을 지으셨다. 사람은 세상에 있어서 왕과 같은 위치에 있다. 이 왕적 사역은 세상을 하나님께서 보시기에 좋은 대로 잘 관리하여 처음 창조된 그 모습을 잘 간직할 뿐만 아니라 점차 하나님의 영광이 온 땅에 가득하도록 하기 위해 하나님께서 인간에게 위임해 주셨다.

이미 하나님의 창조 자체가 완성된 것이지만 하나님은 인간에게 왕적 통치권을 위임하시어 하나님의 형상을 닮은 이성을 소유한 아담이 자신의 이성을 발휘함으로써 이 세상을 잘 관리할 뿐만 아니라 이미 피조물들 속에 담겨 있는 하나님의 지혜와 영광을 더 잘 드러내기를 바라셨다.

③ 왕적 사역을 감당하기 위해 하나님은 모든 여건을 만들어 주셨다.

아담이 스스로 자기의 왕권을 행사할 수 있는 여건을 만들어 하나님께 충성하도록 한 것은 아니다. 이미 아담에게는 왕적 사역을 행사할 수 있는 완성된 국가의 형태를 주셨다. 왕의 직무를 수행하기 위해 생존의 기본을 위한 식물植物을 주셨고, 아담의 통치를 받는 다른 것들에게도 생존을 위한 식물을 주셨다. 기본적인 생존권을 유지하기 위해 모든 최상의 여건을 다 허락해 주신 것은 사람이 무엇을 위해 살아야 할 것인가를 잘 말해 주고 있다.

3. 사람의 삶과 자신의 본분

이상을 종합해 보면 사람은 자기의 인격을 온전하고 정상적으로 발휘할 때 자기의 본분을 다하는 것이라는 사실을 알 수 있다. 정상한 이성을 발휘하기 위해서는 창조주 하나님과 항상 긴밀한 교제를 유지하고 있어야 한다. 이것이 하나님 앞에서 살아가는 인생으로서 복된 위치이다.

그러나 이러한 복된 위치에서 인생의 궁극적인 목적을 잃어버리고 자신의 임의대로 살겠다고 할 때에는 하나님의 통치를 받아야 할 인생으로서 심각한 모순에 빠지게 된다. 즉 하나님과 긴밀한 교제를 나누고 하나님과 일치한 사상을 바탕으로 세상을 통치해 나가야 할 사람으로서 하나님의 뜻과 일치하지 않은 방향으로 자신의 삶을 경영하고자 할 때에는 당연히 하나님과의 관계에서 불협이 발생하게 된다.

아담과 하와가 자신의 위치를 망각하고 '선악을 알게 하는 나무' 의 열매를 따먹은 것은 인생의 목적을 이룸에 있어서 하나님을 상관하지 않고 자기들의 임의대로 경영해 보겠다는 의지의 표현이라고 할 수 있다. 왕적 통치권을 하나님으로부터 위임받은 사람으로서 이와 같은 행위를 한 것은 더 이상 하나님과의 관계를 긴밀히 유지하지 않고 필요에 따라 적당한 관계를 유지해 보겠다는 발상에서 나온 행위이다.

따라서 아담이 선악과를 따먹은 것은 하나님의 통치를 전면 거부하고 독자적으로 자기 통치 영역을 확보할 뿐만 아니라 이제는 자신이 세상의 통치자가 되겠다는 의지의 표명이었다. 하나님의 나라를 완성해 나가고 그 영광을 드러내기 위해 왕권을 행사해야 하는 일에 아담은 반란을 일으켰다. 그리고 이제부터 자기들의 나라를 세워 나가고 그곳에 자신의 지혜와 영광을 드러내어서 마침내는 하나님과 동등한 차원에서 독자적인 통치의 영역을 확보하고자 했다.

1) 하나님을 떠난 인생의 비참함

아담의 생각은 하나님께서 선악과를 먹지 말라고 하신 명령을 거역하는 것에서 구체적으로 표현되었다. 이제는 하나님의 통치를 받는 인간이 아니라 하나님과 동등한 위치에 서 있는 지구의 왕으로서 자기 땅에 있는 어떤 과일도 자기의 임의대로 처분할 수 있다는 자기 권위를 표시한 것이다. 그렇게 함으로써 아담은 하나님과 대등한 위치에 서게 될 것으로 오해했다.

그러나 아담이 여기에서 미처 생각하지 못한 것이 하나 있다. 그것은 자기를 지으신 이가 하나님이시라는 사실이다. 즉 자기의 생명을 주신 분이 하나님이시라면 거두시는 능력과 권세를 가지신 이도 바로 하나님이라는 사실을 망각한 것이다.

아무리 아담이 이 세상에서 독자적인 왕권을 행사하고 그 권세를 높이 세운다 할지라도 그것은 하나님께서 그의 생명을 허락하고 그 가치를 인정하고 있는 동안만 그럴 수 있다. 만일 어느 순간이라도 하나님께서 아담의 생존에 대하여 부당하다고 판단하신다면 아담이 누리고 있는 그 모든 생존의 권리를 박탈하시고 만다.

그렇다고 아담의 의지와는 아무 상관없이 아담의 생명을 마음대로 거두시는 것과 같은 권위를 마구 행사하시는 하나님은 아니시다. 하나님은 충분히 아담과 교제를 나누시고 서로 원만하게 교통함으로써 아담이 하나님의 뜻에 대하여 오해하거나 거역하는 일이 없도록 하기 위해 아담에게 인격을 주셨다. 아담은 인격을 가지고 하나님과 긴밀한 교제를 유지함으로써 왕적 사역을 수행해 나갈 수 있었고 나아가 자기의 영광을 충만히 누리고 살 수 있었다.

하지만 아담은 의도적으로 선악과를 먹음으로써 생명의 원천이신 하나님과의 분리를 선언했다. 처음에는 그렇게 함으로써 이 지구를 자신의 왕국으로 소유할 수 있으리라 자신하였다. 그러나 생명의 원천이신 하나님과 분리되는 그 순간부터 아담이 얻고자 하는 그 모든 영광과 권세를 잃어버리고 말았다.

그것은 자기의 생명이 더 이상 하나님 앞에서 의미가 없고 가치를 상실해 버렸기 때문이다. 생명의 원천이신 하나님으로부터 분리되었다는 것은 그에게 죽음 밖에는 아무 것도 남지 않았다는 것을 의미한다. 죽음 앞에서는 그 어떤 것도 가치가 없다.

2) 인생의 회복을 위한 하나님의 계획

아담이 불러 온 죽음은 모든 사람들에게 생명의 원천이신 하나님으로부터 분리되는 결과를 가져왔다. 그리고 인생의 본분으로서 하나님의 의와 영광을 이 세상에 드러내어야 할 지고한 사역을 이루지 못하는 영원한 결핍을 가져왔다. 바로 이 결핍이 하나님 앞에서 심판을 당하는 근거로 우리에게 짐으로 지워져 있다. 이것을 '원죄'原罪라고 한다. 이 원죄의 오염과 부패는 인생들이 각자의 본분을 위해 최선을 다해 살아가기보다는 아담과 같이 자기 인생을 자기가 스스로 이루어 보려고 하는 패역한 모습으로 여전히 우리를 옭아매고 있다.

따라서 상실된 인생의 본분을 회복하는 것이 중요한 문제이다. 그것을 가리켜 '구원'救援이라고 한다. 그렇지만 이미 부패해 버린 인생으로서는 자기 스스로 하나님 앞에서 결핍을 만회할 길이 없다. 따라서 하나님은 인생들이 가지고 있는 결핍을 근본적으로 해결하기 위해 특별한 방법을 마련해 주셨다. 그것이 바로 예수 그리스도의 '십자가' 이다.

예수님은 십자가에서 죽으심으로써 인생들이 하나님 앞에서 해결해야 할 결핍된 모든 요소들을 탕감 받게 하셨다. 이 십자가의 '구속' 救贖을 가리켜 '좋은 소식', 즉 복음福音이라고 한다. 그 결과 인간이 스스로 메울 수 없는 영원한 인생의 결핍을 하나님께서 인정하시는 정당한 방편으로 그 결핍을 메울 수 있는 길이 열리게 되었다.

결국 그리스도의 십자가 공효를 입게 됨으로써 인간은 하나님과의 단절된 교제를 회복함으로써 인간 본연의 모습으로 돌아설 수 있게 되었다. 바로 그와 같은 위치에 서게 된 것이 구원받은 인생에게 하나님께서 주신 복이다. 이 복된 자리가 있음에도 불구하고 여전히 자기 인생의 길을 도모하는 사람들을 가리켜 시편 1편에서는 '악인의 꾀를 좇는 사람' 이라고 말한다. 이미 하나님께서 마련하신 복된 구원의 길이 있음에도 불구하고 일그러진 인간의 지식과 방법으로 하나님의 요구를 만족하게 하는 방법을 도모한다는 것 자체가 하나님 앞에서 악이 된다.

'악' 이란 하나님께서 우리에게 요구하시는 기준에 미달된 결핍의 상태를 의미한다. 이 결핍의 상태를 만회하기 위해 사람들은 나름대로 자구책을 마련하였는데 그것이 바로 종교와 철학이다. 사람으로서 신神에 대하여 마땅한 도리를 어떻게 할 것인가를 찾기 위한 것이 종교이며 인생으로서 누려야 할 본연의 가치가 무엇인가 그 해답을 찾고자 하는 것이 철학이다. 그러나 인간이 고안해 낸 이러한 종교나 철학은 하나님 없이 자기 자신 안에서 어떤 해답을 얻고자 하고 인생의 가치관을 찾으려 한다는 점에서 어디까지나 인본주의적인 미봉책에 지나지 않는다.

3) 하나님께 돌아서는 의지적 결단으로서 회심回心

진정한 종교라면 하나님께서 주신 계시에 따라 인생의 본분을 찾을 수 있도록 해야 한다. 따라서 인생의 가치관을 바로 정립하려면 무엇보다도 먼저 인간이 만들어 놓은 방편으로 그 해답을 얻으려 하는 일에서 떠나야 한다. 그리고 계시 의존적인 사고 방식을 가지고 하나님께서 세우신 가치관에 근거하여 자신의 인생과 그 본분에 대하여 냉철하게 판단해야 한다.

바로 이와 같이 인생의 가치관이나 방법론을 포기하고 하나님께 전적으로 귀의하며 그 안에서 인생의 길을 찾고자 결단하는 행위를 가리켜 '회심' 이라고 한다. 회심은 인생의 가치관을 정립함에 있어서 중대한 전환점turning point을 찾아서 새로운 인생의 길을 가는 구체적인 의지의 행위를 의미한다. 이런 점에서 회심은 인생의 행로에 있어서 단 한 번 있을 뿐이다.

아무 때나 자신의 과거를 돌이켜 보고 용서를 구하는 것을 가리켜 회심이라 하지 않는다. 의당히 자신이 가야 할 인생의 길에 대하여 불충하고 불순한 요소가 있다면 그 결손된 부분에 대하여 하나님의 용서를 구하고 다시는 그러한 불충한 일에 빠지지 않도록 하는 것은 마땅한 삶의 자세이다.

물론 이런 자세도 광의적으로는 회심이라고 하지만 자신이 마땅히 가야 할 길과 삶의 당위성을 확인하고 있는 사람에게는 인생의 전환점을 다시 찾기 위한 회심이 아니라 자신의 삶에 대한 책임의 분량에 미달한 애절함과 열정에 대한 불성실을 안타까워하고 그러한 결핍을 최소화하기 위해 전적으로 성신님의 인도를 구해야 한다.

그러므로 회심을 함으로써 인생의 새로운 길을 가고자 하는 사람에게는 하나님의 계시에 따라 바른 가치관을 정립하고 정당한 인생의 길을 가고자 하는 열망이 있기 마련이다. 그 말씀에 대한 가르침에 대하여 먼저 깊이 있게 배우고 관심을 가짐으로써 마땅히 인생이 살아가야 할 척도criteria를 세워나가는 일에 우선을 두어야 한다. 그래서 주야로 그 말씀을 묵상하는 자와 같이 계시를 즐거워하고 소중하게 생각하게 된다.

이처럼 말씀에 대한 열심과 자세가 확고하지 않으면 그리고 그가 세운 가치관의 척도로서 계시에 대한 분명한 이해가 있지 않다면 그 빈틈으로 세상의 부패한 사상이 파고들어 하나님에 대한 지식을 오염시키게 된다.

순결한 사상을 세워나가지 않는다는 것은 그만큼 계시에 대한 정열과 철저함이 결여되어 있음을 의미한다. 따라서 회심한 하나님의 백성이라면 무엇보다도 계시에 대하여 철저한 사상을 세워나가는 일에 최선을 다해야 한다. 그런 후에야 비로소 세상을 상대하여 싸워나가며 그곳에 하나님의 나라를 세워나갈 수 있다.

4. 하나님과의 관계 안에서 발견하는 '자아 인식'

하나님께서 계시하신 구원의 도리에 대하여 바른 지식을 쌓고 그 사상을 순결하게 지켜 나가는 사람이 바로 하나님으로부터 인정받는 사람이다. 하와는 선악과에 대한 계시에 대하여 분명하게 이해하지 못하고 있었기 때문에 뱀의 유혹에 빠지게 되었다. 마찬가지로 자기 이론이나 세우고 그것을 바탕으로 신앙을 유지해 나가려 한다면 언제든지 실패할 수밖에 없다. 반면에 하나님의 말씀에 대하여 바르고 분명한 개념을 세워나가기 위해 애를 쓴다면 그만큼 자신의 사상이 치밀해져서 하나님의 백성으로 장성해 나가는 좋은 자양분이 될 것이다.

시편 기자가 '주야로 묵상하는 자가 복 있는 자' 라 한 것은 그와 같은 의미에서 한 말이다. 그러한 것에서부터 깊은 사상이 발생하여 하나님 나라에 대한 세계관을 확고하게 세워 나가게 된다. 그리고 말씀에 대한 철저하고 치밀한 이해를 근거하여 하나님과 긴밀한 관계를 유지하게 된다.

하나님과의 정당한 관계가 계속될 때 비로소 우리는 정당한 인생의 삶을 경영해 나갈 수 있다. 그러므로 하나님 앞에서 자신의 정당한 인생의 길을 찾은 사람만이 복된 사람이며 그만큼 정돈된 사상을 가지고 세상에 대하여 싸워 나갈 수 있는 용사가 될 수 있다.

하와가 선악과에 대한 지식을 바르게 갖고 개념을 세워두었다면 자기 나름대로 거기에다 자기 이론을 첨가하거나 해석하지 않았어야 한다. 말씀 그 자체에 대한 이해가 부족하여 자기 나름대로 해석하고 첨가할 때에 말씀이 약화되는 현상이 일어나게 되었다. 말씀의 능력이 약해졌을 때에는 이미 그 안에 불순이 발생했음을 의미한다. 그 결과 하와는 사탄이 제시한 방법에 따라 하나님에 대하여 반역을 하게 되었다. 자기 나름대로 독자적인 삶의 체계를 구축하고자 한 것이 영원한 반역을 가져오는 결과를 초래하고 말았다.

때문에 말씀에 대하여 주야로 묵상한다는 것은 단순히 말씀에 대한 관심을 표명한다는 것으로 끝나지 않고 말씀에 대한 이해와 바른 지식을 더욱 체계화시켜 나가야 하는 것을 의미한다. 그만큼 깊은 사상의 체계를 갖고 있어야 한다. 그것을 바탕으로 하나님 나라에 대한 가치관이나 세계관을 가지게 된다. 그 지식이 있어야 하나님과의 관계가 확인되고 더욱 긴밀한 관계를 유지하게 된다. 그리고 하나님과의 관계를 유지하고 있는 동안에 비로소 정당한 자신의 삶을 찾게 된다.

Ⅱ. 교회의 지체로서 자아 발전發展

로마서 1장 1-32절

1 예수 그리스도의 종 바울은 사도로 부르심을 받아 하나님의 복음을 위하여 택정함을 입었
으니
2 이 복음은 하나님이 선지자들로 말미암아 그의 아들에 관하여 성경에 미리 약속하신 것이라
3 이 아들로 말하면 육신으로는 다윗의 혈통에서 나셨고
4 성결의 영으로는 죽은 가운데서 부활하여 능력으로 하나님의 아들로 인정되셨으니 곧 우리
주 예수 그리스도시니라
5 그로 말미암아 우리가 은혜와 사도의 직분을 받아 그 이름을 위하여 모든 이방인 중에서 믿어
순종케 하나니
6 너희도 그들 중에 있어 예수 그리스도의 것으로 부르심을 입은 자니라
7 로마에 있어 하나님의 사랑하심을 입고 성도로 부르심을 입은 모든 자에게 하나님 우리 아버
지와 주 예수 그리스도로 좇아 은혜와 평강이 있기를 원한노라
8 첫째는 내가 예수 그리스도로 말미암아 너희 모든 사람을 인하여 내 하나님께 감사함은 너희
믿음이 온 세상에 전파됨이로다
9 내가 그의 아들의 복음 안에서 내 심령으로 섬기는 하나님이 나의 증인이 되시거니와 항상 내
기도에 쉬지 않고 너희를 말하며
10 어떠하든지 이제 하나님의 뜻 안에서 너희에게로 나아갈 좋은 길 얻기를 구하노라
11 내가 너희 보기를 심히 원하는 것은 무슨 신령한 은사를 너희에게 나눠 주어 너희를 견고케
하려 함이니
12 이는 곧 내가 너희 가운데서 너희와 나의 믿음을 인하여 피차 안위함을 얻으려 함이라
13 형제들아 내가 여러 번 너희에게 가고자 한 것을 너희가 모르기를 원치 아니하노니 이는 너
희 중에서도 다른 이방인 중에서와 같이 열매를 맺게 하려 함이로되 지금까지 길이 막혔도
다
14 헬라인이나 야만이나 지혜 있는 자나 어리석은 자에게 다 내가 빚진 자라
15 그러므로 나는 할 수 있는 대로 로마에 있는 너희에게도 복음 전하기를 원하노라
16 내가 복음을 부끄러워하지 아니하노니 이 복음은 모든 믿는 자에게 구원을 주시는 하나님의
능력이 됨이라 첫째는 유대인에게요 또한 헬라인에게로다

17 복음에는 하나님의 의가 나타나서 믿음으로 믿음에 이르게 하나니 기록된 바 오직 의인은
믿음으로 말미암아 살리라 함과 같으니라
18 하나님의 진노가 불의로 진리를 막는 사람들의 모든 경건치 않음과 불의에 대하여 하늘로
좇아 나타나나니
19 이는 하나님을 알 만한 것이 저희 속에 보임이라 하나님께서 이를 저희에게 보이셨느니라
20 창세로부터 그의 보이지 아니하는 것들 곧 그의 영원하신 능력과 신성이 그 만드신 만물에
분명히 보여 알게 되나니 그러므로 저희가 핑계치 못할지니라
21 하나님을 알되 하나님으로 영화롭게도 아니하며 감사치도 아니하고 오히려 그 생각이 허망
하여지며 미련한 마음이 어두워졌나니
22 스스로 지혜 있다 하나 우준하게 되어
23 썩어지지 아니하는 하나님의 영광을 썩어질 사람과 금수와 버러지 형상의 우상으로 바꾸었
느니라
24 그러므로 하나님께서 저희를 마음의 정욕대로 더러움에 내어 버려두사 저희 몸을 서로 욕되
게 하셨으니
25 이는 저희가 하나님의 진리를 거짓 것으로 바꾸어 피조물을 조물주보다 더 경배하고 섬김이
라 주는 곧 영원히 찬송할 이시로다 아멘
26 이를 인하여 하나님께서 저희를 부끄러운 욕심에 내어버려 두셨으니 곧 저희 여인들도 순리
대로 쓸 것을 바꾸어 역리로 쓰며
27 이와 같이 남자들도 순리대로 여인 쓰기를 버리고 서로 향하여 음욕이 불일듯 하매 남자가
남자로 더불어 부끄러운 일을 행하여 저희의 그릇됨에 상당한 보응을 그 자신에 받았느니라
28 또한 저희가 마음에 하나님 두기를 싫어하매 하나님께서 저희를 그 상실한 마음대로 내어
버려두사 합당치 못한 일을 하게 하셨으니
29 곧 모든 불의, 추악, 탐욕, 악의가 가득한 자요 시기, 살인, 분쟁, 사기, 악독이 가득한 자요 수
군수군 하는 자요
30 비방하는 자요 하나님의 미워하시는 자요 능욕하는 자요 교만한 자요 자랑하는 자요 악을
도모하는 자요 부모를 거역하는 자요
31 우매한 자요 배약(背約)하는 자요 무정한 자요 무자비한 자라
32 저희가 이 같은 일을 행하는 자는 사형에 해당하다고 하나님의 정하심을 알고도 자기들만
행할 뿐 아니라 또한 그 일을 행하는 자를 옳다 하느니라

II. 교회의 지체로서 자아 발전發展

로마서 1장 1-32절

인생의 본질에 대한 인식은 하나님의 말씀에 대한 바른 이해와 그 이해가 체계화되어 하나님과의 관계를 긴밀하게 유지하고 있어야 가능하다. 그 안에서 비로소 인생의 의미를 발견하고 정당한 자기의 삶을 경영해 나가게 된다. 이런 점에서 자신에 대한 이해가 정립되어 있을 때 인생의 궁극적인 삶의 목적을 향해 한 발자국씩 진전해 나갈 수 있다. 그러한 진전의 모습이 쌓여져 나갈 때 거기에는 어떤 특성이 발견된다. 그것이 바로 하나님의 백성으로 당연히 가지고 있는 생명력이다.

1. 새로운 존재로서 발휘되는 생명력

이 생명력은 우리가 하나님의 백성으로서 성숙해 나가게 하는 원동력이 된다. 그리고 하나님의 계시에 대해 무지하고 무감각하여 자기 나름대로 인생을 경영하고자 교만과 패역을 일삼았던 옛 사람적인 삶을 포기하게 만든다. 나아가 하나님 앞에서 정당한 인생을 경영하려는 의지를 발동하여 새로운 목표를 향하여 장성해 나가게 한다. 그 새로운 목표

속에서 우리는 생명의 본질을 발견하게 된다.

곧 자기가 구상하는 삶의 목표를 포기하고 또는 자기 나름대로 이해하거나 정립하였던 종교적인 목적이나 열정을 포기하여 전적으로 하나님을 닮고자 하는 새로운 인생의 목적을 발견하게 된다. 그리고 하나님께서 경영하시는 그 나라의 구현을 위해 살고자 하는 의지적인 발동이 시작된다.

전에는 이 세상에서 자기의 공리적公利的인 목적을 이루기 위해 사는 것이 주된 인생의 목표였다. 그것은 종교가 지향하는 일반적인 목표이기도 하다. 그러나 이제는 하나님의 나라를 위해 사는 것이 인생의 목표가 되었다. 그러기 위해 자기 자신의 경영을 포기하고 하나님을 의뢰하게 된다. 자신의 삶을 하나님께 의뢰하기 위해서는 하나님에 대한 정당한 인식이 있어야 가능하다. 하나님에 대한 정당한 이해 없이는 우리 자신을 하나님 앞에 합당하게 내어놓을 수 없기 때문이다(롬 1:20-23).

하나님께만 드려져야 할 절대적인 신뢰와 사랑이 하나님이 아닌 다른 것에게 발현될 때 거기에 심각한 부패 현상이 나타나게 된다. 그것이 사람이든 혹은 다른 피조물이든, 아니면 이념이나 세상의 공리를 추구하는 사상이나 운동이든 다 마찬가지이다. 반면에 하나님에 대한 바른 인식은 전적으로 우리 자신을 하나님께 의뢰하게 하는 동기를 가져다 준다.

1) 하나님께 의뢰함으로써 시작된 새로운 인생

우리를 하나님께 의뢰한다는 것은 하나님께서 우리의 부족된 부분을 대신 채워주신다거나, 지적知的 혹은 의지적意志的인 부분에 결핍이 발생할 경우 적절한 방법으로 보충해 주거나 힘을 주신다는 차원에서, 상호 협력하는 것을 의미하는 것은 아니다. 또는 힘이 모자랄 때 자기보다 더 능력 있는 사람에게 그 문제를 해결해 달라는 식으로, 우리의 힘이나 지식으로 해결할 수 없는 문제를 대신 해결해 주실 것을 바라는 의미에서 하나님께 의뢰하는 것도 아니다.

하나님을 의뢰한다는 것은 내 자신을 하나님께 전적으로 내어놓는다display는 의미이다. 이것을 가리켜 헌상獻上이라고 한다. 즉 하나님께서 원하시는 삶을 살아가기 위해 자의적으로 내 자신을 비우고 하나님께 전적으로 내맡기는 의지적인 행위를 의미한다. 그러기 위해 자기 자신을 부정하는 결단이 앞서게 된다. 이것이 예배 시간에 성도들이 행하는 헌상의 주요 의미이다.

자기를 무가치하게 여기고 존재의 의미를 부정해서가 아니다. 자기 삶이 가지는 가치를 그만큼 인정하고 소중하게 여기기 때문에 그 가치가 조금이라도 결여되거나 제 가치를 상실하는 일이 없도록 하기 위한 최선의 방법으로 자기를 하나님께 전적으로 내어놓아야 한다. 이것은 하나님에 의해 자기 인생이 경영되는 것에서 그 가치를 발휘할 수 있고 그 의미를 절대화할 수 있다는 적극적인 결단을 통해 나온 행위이다. 이것을 가리켜 헌신獻身이라고 한다.

이러한 차원에 이르게 될 때 비로소 인생의 궁극적인 목적을 이루어 가게 되는 첫걸음을 시작하게 된다. 비록 처음에는 그 목적에 대한 이해가 바르지 못하고 편협하여서 오류가 있을 수 있다. 하지만 자기 인생을 온전히 내어놓았다면 하나님께서 그러한 오류에서 우리를 보호하고 건져내어 바른 삶의 방향으로 인도해 나가신다는 사실을 믿고 앞으로 나아가게 된다.

마치 베드로가 안디옥 교회에서 이방인들과 식사하다가 유대인들이 오자 살그머니 그 자리를 떠나는 사건에서 그와 같은 하나님의 인도를 볼 수 있다(갈 2:11-14). 비록 유대적인 관습이 베드로의 내면에 깊이 뿌리 박혀 있어서 베드로가 오류를 범했다 할지라도 베드로의 삶을 경영하시는 하나님은 그 사건으로 말미암아 베드로를 새롭게 깨닫게 하는 기회로 만들어 주셨다.

즉 이방인과 식사하는 것이 결코 부끄러운 일이 아니라는 사실에 대해 바울을 통해 알게 함으로써 유대적인 사고 방식에 깊이 찌들어 있던 베드로 자신의 근본적인 문제를 파악하게 하셨다. 이러한 깨달음을 바탕으로 베드로는 하나님의 나라가 세워져 나가는 데 있어 그 능력을 발휘할 수 있었다.

2) 옛 사람의 사고 방식에서 탈피한 새 사람

자기 자신의 전적 무능력을 인식한다는 것은 하나님께 자기를 헌상(獻上; display)하게 하는 근본적인 요소가 된다. 더 나아가 하나님께 헌상한 사람이라 할지라도 자신의 영적 기능을 가지고 하나님의 성품을 닮아갈 수 있다는 생각을 포기해야 한다. 인간이 가지고 있는 영적 기능에는 항상 죄의 오염된 요소가 있기 때문이다.

자기를 부인한다는 것은 무엇인가 새로운 힘을 가지고 있어야 함을 의미한다. 하나님의 성품을 닮고 발휘하기 위해 우리 영혼의 기능에 새로운 요소가 있어야 한다는 의미이다. 바로 이런 점에서 우리는 성신님을 의지해야 한다. 죄로 말미암아 오염되어 있는 영혼의 기능이 정상적인 기능을 발휘하기 위해 성신님의 도움을 받지 않으면 안 되기 때문이다.

그러므로 우리에게는 새로운 인간관人間觀이 정립된다. 즉 옛 사람적인 성품을 무가치하게 여기게 된다. 그리고 옛 사람적인 삶의 방법을 포기하게 된다. 이것은 우리 영혼의 깊숙한 곳에 담겨 있는 원죄原罪의 성격을 포기하는 유일한 길이다. 이처럼 새로운 생명력을 바탕으로 살아가는 사람에게는 하나님의 성품이 발견된다. 그 생명력 자체가 하나님에게서 나온 것이기 때문이다.

다시 말하면 하나님을 닮아가는 것이다. 이것이 새 생명의 특성이다. 그렇게 함으로써 성신님의 도움을 받아 새로운 성격을 발휘하여 원죄에 의해 더렵혀진 인성人性으로부터 벗어나 하나님께서 정해주신 새로운 삶의 길과 목적이 있다는 것을 깨닫게 된다.

"우리는 그의 만드신 바라(we are His workmanship) 그리스도 예수 안에서 선한 일을 위해 지으심을 받은 자니 이 일은 하나님께서 전에 예비하사 우리로 그 가운데서 행하게 하려 하심이라"(엡 2:10)는 바울의 말과 같이 우리는 하나님의 특별하신 목적을 위해서 지음 받은 사람들이다. 이것을 가리켜 새 사람이라고 한다. 그렇다면 의당히 창조주이신 하나님의 목적을 이루기 위해 살아가는 것이 새 사람으로서 마땅한 인생의 본분이 된다. 이 사실에 대하여 이제는 분명히 깨닫게 된다.

3) 새로운 생명의 법칙

그러기 위해 우리 자신이 하나님의 선한 일을 할 수 있는 새로운 사람이 되어야 한다(엡 4:24). 바로 그러한 삶을 가리켜 바울은 "우리가 알거니와 하나님을 사랑하는 자 곧 그 뜻대로 부르심을 입은 자들에게는 모든 것이 합력하여 선을 이루느니라"(롬 8:28)고 표현하고 있다.

이것이 바로 새 생명을 입은 사람에게 있어서 살아가는 생명의 법칙이다. 이제는 매사의 생활 속에서 하나님을 만나고 하나님께서 주관하심을 깨닫게 된다. 우리를 창조하신 목적이 하나님의 선한 일을 위해 창조하셨다는 사실을 알았다면 우리의 인생이 마땅히 무엇을 위해 살 것인가를 점검해야 한다. 바로 그러한 상태를 가리켜 새로운 피조물의 삶이라고 한다.

"그런즉 누구든지 그리스도 안에 있으면 새로운 피조물이라(new creation) 이전 것은 지나갔으니 보라 새 것이 되었도다"(고후 5:17)는 말과 같이 우리는 전혀 새롭게 창조되어 새로운 세계의 질서에서 살게 되었다. 이 말은 이 세상과 별개의 세상에서 별도의 생활을 한다는 의미가 아니라 지금까지 살아온 삶의 방법이나 목적과는 전혀 다른 새로운 삶의 방법과 목적을 가지게 되었음을 의미한다. 비록 우리는 예전에 살던 이 세상에서 여전히 살고 있지만 말이다.

하나님의 '선한 일'을 이루기 위해 존재한다는 대원칙이 세워지게 되면 그 안에서 자연스럽게 인생의 나아갈 길이 정해진다. 그리고 그 길을 나섬에 있어 제일 먼저 발견하게 되는 것은 그 길을 함께 가는 사람들이 있음을 보게 된다. 즉 이 세상에서 한 무리를 이루고 자기와 함께 새로운 인생의 길을 향해 나아가는 사람들이 있음을 발견하게 된다.

2. 새로운 질서와 새 사람의 공동체로서 '교회'

이 사람들이 하나님의 선한 일을 위해 불리움 받은 회중會衆이며, 이들이 바로 교회이다. 시편 1편에서 의인의 회중(시 1:5)이라고 말하는 이 교회에게는 여호와 하나님께서 인정하시는 구별된 길이 있다. 특별히 이 무리를 회중이라고 하는 것은 그들의 모임이 사회적인 특수한 성격을 발휘하고 있음을 강조하기 위함이다. 그리스도의 구속 사건으로 구원받은 이 회중은 세속 사회와는 다른 어떤 사회적인 성격을 발휘하기 마련이다. 바로 그 사회적인 성격을 가리켜 성경은 '하나님의 나라'(The Kingdom of God)라고 말한다.

그렇다면 그리스도의 몸에 참여한 성도들로 형성된 사회를 구성하는 한 지체로서, 즉 그리스도께서 머리가 되시는 교회의 지체로서 자기 존재의 의미와 가치를 발견한다는 것은 하나님의 선한 일을 이루어 가는 초보의 단계임을 알 수 있다. 따라서 우리가 하나님의 나라를 세워나간다고 할 때에는 먼저 그 나라에 속한 하나의 구성원으로서 막중한 책임과 의무를 가지고 시작한다는 사실을 인식해야 한다.

무조건 교회의 회원이 되는 것으로 하나의 사회를 형성하고 그 성격을 드러내어 하나님의 나라를 건설하는 것이 아니다. 먼저 자기의 책임과 위치가 있고 그것에 대한 바른 인식을 바탕으로 하나님 나라의 백성으로서 신성한 의무를 행할 때 비로소 하나님의 나라를 세워나갈 수 있다.

이런 점에서 교회는 각 시대와 처한 상황에 따라 그 역할이 다르다는 것을 알 수 있다. 그렇다면 우리 각 사람이 자신이 처한 위치와 상황을 바로 알고 하나님의 선한 일을 이루기 위해서는 무엇보다도 역사에 대한 통찰과 이해가 있어야 한다. 그것이 없이는 이 시대에서 하나님께서 이루시고자 하신 뜻을 파악할 수 없다.

때문에 구약의 역사에서부터 이 시대에 이르기까지 역사의 성격이 어떻게 흘러왔는가를 올바로 파악하고 우리가 처한 역사적인 현실을 바르게 정립해야 그 안에서 우리의 위치를 확인할 수 있다. 또한 우리 회중, 곧 교회가 처한 역사적인 역할이 무엇인가를 이해해야 비로소 그 안에서 '나' 라는 사람의 개인적인 위치를 발견하게 된다.

그러한 이해를 근거하여 창세부터 우리에게 향하신 하나님의 뜻을 발견하게 되고 그 뜻을 이루어 나가게 된다. 따라서 의인의 회중으로서 교회의 역사적인 사명이 분명할 때 각자의 인생길이 명확하게 판별될 수 있다. 이것은 우리에게 매우 중요한 의미를 가진다. 그것은 우리 각 개인의 삶이 그리스도의 구원의 터 위에 서 있지 않다면 아무런 인생의 의미가 없음을 말해주고 있기 때문이다.

즉 그리스도께서 구원의 방편으로 세우신 교회의 회원이 되지 않고서는 정당한 인생의 길을 갈 수 없다는 말이다. 이러한 교회 공동체로서 유기적인 연합을 가르치는 사상은 교회의 시초를 예표하는 홍해 사건에서 잘 보여준 바 있다.

1) 역사적인 사명에 대한 각성

이스라엘 사람으로서 애굽을 떠나 홍해에서 극적인 구원을 얻었다 할지라도 자신을 애굽에서 불러내신 하나님의 의도가 무엇인가를 이해하고 있지 못하다면, 홍해에서 죽지 않고 구원받았다는 사실은 아무런 의미가 없다. 또한 하나님께서 이스라엘을 구원하신 역사적인 의미를 파악하지 않고서는 자기가 발현해야 할 생명의 고유한 가치를 파악할 수 없다.

따라서 자기의 인생이 정당한 길을 가고 하나님의 선하신 뜻을 이루기 위해서는 먼저 애굽에서 이스라엘을 구원하신 하나님의 뜻이 무엇이고 이스라엘이라는 민족 공동체는 어떠한 역사적인 사명을 가지고 있는가를 알아야 한다. 그래야 비로소 자기의 존재 가치를 판별하여 그에 따른 하나님의 뜻을 성취할 수 있다.

이처럼 그들에게 향하신 하나님의 뜻이 어떤 것이었는가에 대하여 이스라엘 백성이 바르게 이해하고 그 안에서 각자의 인생의 길을 가고 있었다면, 그들은 가데스 바네아에서 열두 정탐꾼들의 보고를 듣고 그처럼 황망하게 하나님을 배역하는 행위는 저지르지 않았을 것이다.

그러나 그들은 하나님께서 애굽에서 구원해 내신 뜻을 바르게 파악하지 못했다. 이미 그들에게 율법을 제정하면서 말씀하신 것처럼 "나의 애굽 사람에게 어떻게 행하였음과 내가 어떻게 독수리 날개로 너희를 업어 내게로 인도하였음을 너희가 보았느니라 세계가 다 내게 속하였나니 너희가 내 말을 잘 듣고 내 언약을 지키면 너희는 열국 중에서 내 소유가 되겠고 너희가 내게 대하여 제사장 나라가 되며 거룩한 백성이 되리라 너는 이 말을 이스라엘 자손에게 고할지니라"(출 19:4-6)는 말씀 속에 나타난 하나님의 의도를 바로 이해하고 있어야 했다.

이스라엘이라는 고유한 존재 목적이 무엇인가를 바르게 파악하고 그 가운데서 각자의 인생이 가야 할 길을 찾아야 했다. 이것이 그들에게 요구된 하나님의 '선한 일' 이었다. 그러나 그들은 이스라엘로서 이루어야 할 민족적 사명 의식에 투철하지 못했다. 하나님의 선한 일, 즉 '가나안 땅에 들어가 거룩한 하나님의 나라를 세우고 그 문화를 세워나가야 한다' 는 역사적인 요청에 대하여 둔감한 것이 결국 그들을 모두 광야에서 멸절당하게 하는 결과를 초래하고 말았다.

2) 교회 공동체가 가지는 독특한 사상적 동질성

의인의 회중으로서 세워진 교회에 대한 개념이 분명하지 않다면 그 사람은 자기 인생의 본분을 완수하지 못하고 만다. 따라서 교회의 지체 의식이야말로 중요하다. 즉 구원을 이루어 가는 일에 있어서 교회 안에서 자아를 발견하고 그 안에서 자아를 성숙시켜 나가는 것은 매우 중요한 일이다. 왜냐하면 교회의 지체로서 '나' 한사람의 결핍은 '우리' 라는 교회 공동 운명체에 심각한 결핍을 가져오기 때문이다. 이러한 공동 운명체로서 책임의식은 유독 성경에서 강조된 매우 독특한 사상이다.

그와 같은 사상을 가르쳐 주는 사건들이 성경에 많이 나타나는데 그 중 하나가 아이성 사건이다. 아간이 범죄한 일로 인해 전 이스라엘이 하나님께 엄중한 심판을 당하였다(수 7장). 심지어 아간의 범죄와 아무런 관련이 없었던 36명이 죽임을 당하는 결과를 가져왔다. 그리고 아간은 그 일로 인해 자기뿐 아니라 자기에게 속한 아들과 딸들까지 죽임을 당하게 하였다. 이러한 운명 공동체적인 형벌은 교회의 성격과 연관지을 때 비로소 바르게 이해된다. 이처럼 단체의 대표로서 '나' 한 사람이 전체에 끼치는 영향은 절대적이며 이것이 성경의 원리이다.

반면에 죄지은 사람이 그에 따른 대가를 치르게 하는 개인 형벌주의는 우리 주변에서 흔히 볼 수 있는 죄형법정주의에 근거한 형벌의 원칙이다. 세상에서 삶의 원칙은 어디까지나 개인의 목적을 이루는 것을 원칙으로 한다. 다른 사람이 그의 인생의 목적을 완수하는 일이나 혹은 그 일에 실패하는 것이 '나'와는 아무런 상관이 없다. 그리고 그에 따른 보상도 각자 자기가 얻거나 대가를 치를 뿐이다.

세상에서는 다른 사람의 성취 여부에 따라 자기 인생에 커다란 영향을 받는 일은 없다. 혹 있다면 그것은 간접적인 문제이지 직접적으로 자기에게 책임이 주어지는 것은 아니다.

그러나 교회 공동체에서는 그렇지 않다. '나' 한 사람이 인생의 길을 정상적으로 이루어 나가지 않으면 그것은 교회 공동체에 심각한 결핍을 가져다 주는 결과를 초래한다. 그리고 교회 공동체의 결핍은 나아가 우주적인 교회(무형교회)에 결핍을 가져오게 한다. 그 결과는 구체적으로 하나님의 영광을 완전하게 나타내지 못하게 만든다. 결국 그 책임은 하나님의 나라를 구성하는 전 교회의 지체들이 짊어지는 짐으로 남게 된다. 이것은 궁극적으로 하나님의 영광을 드러내기 위해 존재해야 할 우주적인 하나님의 나라가 그 일을 완수하지 못하는 결과를 초래한다. 이처럼 '나' 한 사람의 인생의 경영은 하나님의 영광과 직접적으로 연관지어 나타난다는 점에서 우리의 위치가 얼마나 막중한가를 알 수 있다. 왜냐하면 우리 모두는 그리스도와 연합되어 있기 때문이다(엡 1:7).

3. 교회 안에서 발견한 '나'의 존재 의의와 가치

이처럼 상호 구원의 관계를 가지고 있는 것이 교회 공동체이다. '나' 한 사람의 구원의 완성이 결국 전체 교회원들의 구원의 완성을 가져오게 하는 반면에 '나' 한 사람의 인생에 대한 부실은 전 교회원들이 마땅히 행할 하나님의 선한 일에 막대한 지장을 준다는 점에서 우리는 각자의 인생에 대하여 심각한 책임을 통감해야 한다.

이러한 신비한 연합을 통하여 공동 사회를 건설하는 일이란 몇몇 사람들의 생각이나 사회적인 현상, 혹은 어떤 철학적인 사상을 바탕으로 이루어지지 않는다. 오로지 하나님의 계시에 대한 이해를 바탕으로 이루어진다는 사실을 중시해야 한다. 결국 복음에 대한 바른 이해가 우리로 하여금 영적 연합을 이루게 하는 원동력이 된다.

한 마음을 이루고 한 뜻이 되어 공동의 목적을 가지고 하나의 사회를 이룬 것이 바로 교회이다. 그리고 그 교회 안에서 공동 사회를 이루어 하나의 독특한 성품을 표출해 나가게 되는데 그것이 교회의 고유한 문화가 된다. 이 문화는 잠시 나타났다 사라지는 유물로서 존재하는 것이 아니라 영원한 시간을 따라서 하나님의 나라를 표방하는 귀중한 자료가 된다.

바로 이런 차원에서 우리는 하나님의 나라를 건설해 나간다고 말한다. 이 땅에 존재하는 국가 체제와 같이 구체적이고 유형적이며 완성된 나라를 건설하는 것이 아니다. 그러나 우리가 구성하고 있는 교회 공동체로서 삶의 형태가 복음의 보호 아래 지속적으로 이어지게 될 때 거기에는 아무도 무시할 수 없는 매우 고상하고 독특한 문화가 발생하게 된다. 바로 거기에서 하나님의 영광이 드러나게 되는 것이다.

이처럼 우리 각 사람이 교회 안에서 확인된 자기 인생을 정당하게, 역사 앞에서 책임 있게 경영해 나갈 때 그것을 바탕으로 하나님의 나라가 세워지며 하나님의 지고하신 영광이 드러난다. 바로 그것이 우리가 추구해야 할 궁극적인 인생의 목적이다.[1)]

---

1) 웨스트민스터 신앙고백서 대요리문답
제1문 : 사람의 제일되는 가장 중요하고 고귀한 목적은 무엇입니까?
답 : 사람의 제일되며 가장 중요하고 고귀한 목적은 하나님을 영화롭게 하는 것과 그분을 영원히 마음을 다하여 즐거워하는 것입니다.

Ⅲ. 교회의 지체로서 자아 발현 發現

디모데후서 3장 1-17절

1 네가 이것을 알라 말세에 고통하는 때가 이르리니
2 사람들은 자기를 사랑하며 돈을 사랑하며 자긍하며 교단하며 훼방하며 부모를 거역하며 감사
치 아니하며 거룩하지 아니하며
3 무정하며 원통함을 풀지 아니하며 참소하며 절제하지 못하며 사나우며 선한 것을 좋아 아니
하며
4 배반하여 팔며 조급하며 자고하며 쾌락을 사랑하기를 하나님 사랑하는 것보다 더하며
5 경건의 모양은 있으나 경건의 능력은 부인하는 자니 이같은 자들에게서 네가 돌아서라
6 저희 중에 남의 집에 가만히 들어가 어리석은 여자를 유인하는 자들이 있으니 그 여자는 죄를
중히 지고 여러 가지 욕심에 끌린 바 되어
7 항상 배우나 마침내 진리의 지식에 이를 수 없느니라
8 얀네와 얌브레가 모세를 대적한 것같이 저희도 진리를 대적하니 이 사람들은 그 마음이 부패
한 자요 믿음에 관하여는 버리운 자들이라
9 그러나 저희가 더 나가지 못할 것은 저 두 사람의 된 것과 같이 저희 어리석음이 드러날 것임
이니라
10 나의 교훈과 행실과 의향과 믿음과 오래 참음과 사랑과 인내와
11 핍박과 고난과 또한 안디옥과 이고니온과 루스드라에서 당한 일과 어떠한 핍박 받은 것을
네가 과연 보고 알았거니와 주께서 이 모든 것 가운데서 나를 건지셨느니라
12 무릇 그리스도 예수 안에서 경건하게 살고자 하는 자는 핍박을 받으리라
13 악한 사람들과 속이는 자들은 더욱 악하여져서 속이기도 하고 속기도 하나니
14 그러나 너는 배우고 확신한 일에 거하라 네가 뉘게서 배운 것을 알며
15 또 네가 어려서부터 성경을 알았나니 성경은 능히 너로 하여금 그리스도 예수 안에 있는 믿
음으로 말미암아 구원에 이르는 지혜가 있게 하느니라
16 모든 성경은 하나님의 감동으로 된 것으로 교훈과 책망과 바르게 함과 의로 교육하기에 유
익하니
17 이는 하나님의 사람으로 온전케 하며 모든 선한 일을 행하기에 온전케 하려 함이니라

Ⅲ. 교회의 지체로서 자아 발현發現

디모데후서 3장 1-17절

우리의 궁극적인 인생의 목적은 하나님의 지고하신 영광의 나라를 건설하는 것과 그 나라에 참여하는 데 있다. 따라서 우리의 존재 의미와 가치를 정상하게 발휘하는 것이 결국 인생의 목적을 이루어 나가는 초석이다.

이 말은 인생의 목적이 그 사람의 최종적인 삶의 결과를 가지고 결정되는 것이 아니라, 하나님께서 날마다 요구하시는 살아가는 삶의 과정, 즉 일상의 삶의 자태에서 나오는 결과로 이루어짐을 의미한다.

이런 점에서 교회의 회원인 성도들의 생활은 항상 종말론적 성격을 가진다. 이것은 우리가 지금 역사의 최종 종점에 서 있다는 사실을 중시하게 만든다.

1. 하나님의 주권에 대한 이해

기독교는 일반적으로 종교에서 추구하는 결과론적인 인생의 복리를 추구하지 않는다. 즉 이생에서 삶의 모양이나 형태가 어떠하든지 종교적인 목적만을 추구하고 완수하여 저생에서 복락을 얻는다는 식의 내세 지향적인 목적을 추구하지 않는다. 기독교는 현존의 삶의 경향과 내용 그리고 그 결실을 가지고 하나님의 거룩하신 다스림과 관계성을 얼마나 유지하고 있는가를 엄밀하게 점검하는 종말론적 종교이다.

때문에 자기 나름대로 계획한 인생의 길을 충실하고 규모 있게 살아가느냐에 따라 그 인생의 가치와 성패를 가름하는 것이 아니라, 어느 만큼 하나님의 통치에 순응하느냐에 따라 인생의 존재 가치를 판가름하게 된다. 이 점에서 기독교는 하나님의 주님되심Lordship을 그 인생의 과정 가운데 잘 드러내는 것을 생명으로 여긴다. 특히 우리는 하나님의 백성으로 창조되었다는 점에서 이 사실을 명심하지 않으면 안 된다. 그리고 이 사실은 저 세상이 아닌 현재 살아가는 이 세상에서 매일매일 결산되어야 한다.

하나님에 의해 우리가 이 땅에 보내심을 받았다면 거기에는 필연적으로 하나님께서 요구하시는 인생의 행로가 있기 마련이다. 그리고 하나님은 그 행로를 진행함에 있어 어느 시대든지 공동의 관심을 가지고 함께 진전해야 할 동역자를 보내주심으로써 각 개개인이 어느 일방으로 치우치지 않도록, 곁길로 빠져 나가지 않도록 각 시대를 주관하시고 경영해 나가는 분이시다.

이것이 유형화 될 때 자연발생적으로 교회가 탄생하게 된다. 우리는 '교회' 라는 '공동 운명체' 안에서 이러한 하나님의 거룩하신 경영에 참여할 수 있게 된다. 그러므로 우리에게 있어서 최대의 관심은 교회의 지체로서 어떻게 우리 인생의 가치와 의미를 적합하게 정상적으로 발현할 수 있는가 하는 것이다. 이러한 관심사에 대하여 우리는 성경에 나오는 몇가지 포도나무 비유를 통해 적절한 해답을 찾아 볼 수 있다.

1) 포도나무 비유가 주는 가르침

이사야 5장에 나오는 포도나무 이야기(사 5:1-6)는 심히 기름진 포도원에 극상품 포도나무를 심었으나 좋은 포도가 아닌 들포도가 맺혔음을 지적하고 그 결과에 대하여 포도원을 허물고 그 땅을 질려와 형극 가운데 내버려둘 것이라고 경고하고 있다.

요한복음 15장에서는 그리스도께서 참 포도나무이며 하나님이 포도원의 농부이심을 전제하고 열매 맺지 않는 포도나무 가지는 잘라 불에 태워버리신다고 경고하고 있다.

마태복음 21장에서는 포도원 주인에게 바쳐야 할 실과를 바치지 않고 주인이 보낸 종들과 그 아들을 죽인 자들이 마침내 주인에 의해 진멸을 당하게 될 것이라고 경고하고 있다(마 21:33-43).

이상의 이야기에서 공통적으로 발견할 수 있는 것은 '포도라는 열매를 얻기 위해 포도나무를 심었음에도 불구하고 열매가 없기 때문에 버림을 당한다'는 것을 강조하고 있음을 알 수 있다. 즉 정상한 열매가 없다면 더 이상 그것들을 보존할 필요가 없어서 내어버리거나 잘라버리거나 심판한다는 사실을 보여주고 있다.

저절로 자라난 포도나무라면 누가 거기에서 열매를 얻으려고 애를 쓰지도 않을 것이며 열매가 없다는 이유로 불평하거나 잘라버리는 일도 없을 것이다. 마찬가지로 우리 인생이 이 땅에 자연적으로 발생하였다면 하나님께서 우리에게 무엇을 요구하실 리도 없으며 그 요구에 합당하지 않다고 심판 당하는 일도 없을 것이다. 반면에 하나님의 경영에 정상하게 속해 있는 나무라면 시절을 좇아 좋은 열매가 끊이지 않는다는 점을 성경은 많은 곳에서 매우 대칭적으로 부각시키고 있다.

2) 정상한 상태에서 열리는 열매

"저는 시냇가에 심은 나무가 시절을 좇아 과실을 맺으며 그 잎사귀가 마르지 아니함 같으니 그 행사가 다 형통하리로다"(시 1:3)고 시편 기자는 노래하면서 하나님의 경영 가운데 속한 의인의 삶은 정상한 열매가 시시때때로 열릴 것이라고 말하고 있다.

특히 예레미야는 "그러나 무릇 여호와를 의지하며 여호와를 의뢰하는 그 사람은 복을 받을 것이라 그는 물가에 심기운 나무가 그 뿌리를 강변에 뻗치고 더위가 올지라도 두려워 아니하며 그 잎이 청청하며 가무는 해에도 걱정이 없고 결실이 그치지 아니함 같으리라"(렘 17:7-8)고 말하고 있다. 하나님의 경영 가운데 있는 사람에게서는 의당히 정상한 열매가 끊이지 않을 것이라는 의미이다.

여기에서 우리가 더 중요하게 여겨야 할 것은 열매를 맺고 못 맺는 것이 그 나무의 품종이나 품질에 관계되는 것이 아니라는 점이다. 즉 포도나무가 자생력이 있어 스스로 열매를 맺는 것이 아니라, 열매를 얻기 위해 심으시는 분이 있되 그의 요구에 합당한 열매를 맺지 않거나 소득이 없기 때문에 버림을 당한다는 사실을 성경은 강조하고 있는 것이다.

그렇다면 여기에서 열매란 자연 발생적으로 아무렇게나 맺혀진 열매를 의미하는 것이 아니라 그 열매를 얻고자 하는 분의 경영에 따라 그의 요구에 흡족한 열매를 맺어야 한다는 점을 중시해야 한다. 다시 말하면 우리가 임의대로 적절한 열매를 맺어 하나님께 드리는 것이 아니라 하나님의 의도와 목적을 충분히 이해하고 그것에 따라 그에 합당한 열매를 맺어야 한다는 것이다. 우리 인생의 궁극적인 목적은 바로 그 열매를 하나님께 드리는 데 있다.

3) 하나님께서 원하시는 열매

이 열매의 특징에 대하여 성경은 여러 곳에서 말하고 있다. 그 대표적인 것이 "오직 성신님의 열매는 사랑과 희락과 화평과 오래 참음과 자비와 양선과 충성과 온유와 절제니 이같은 것을 금지할 법이 없느니라"(갈 5:22-23)는 말씀이다. 여기에서는 성도들이 나타내어야 할 도덕적인 성신님의 성품을 지시하고 있다. 또한 "빛의 열매는 모든 착함과 의로움과 진실함에 있느니라”(엡 5:9)는 말씀처럼 우리의 열매는 빛의 성질이 그러한 것처럼 자연적으로 외형적인 운동의 성질을 가지고 있어야 할 것을 말하고 있다.

우리가 맺을 열매는 도덕적인 성품을 가지고 있되 외형적인 삶의 형태로 표출되어야 한다. 따라서 우리가 경영하는 삶의 유형적인 형태를 통하여 하나님의 영광을 구체적으로 드러내는 것이 우리가 이 세상에서 하나님께 드릴 열매이다. 이러한 열매를 하나님께서 요구하실 때 그에 합당한 열매가 없다면 그에 따른 보응과 심판을 받고 버림을 당하게 된다. 이 말은 하나님의 요구에 합당한 열매를 맺지 못하는 것은 하나님으로부터 발생한 사람이 아니라는 의미이다.

이 열매는 하나님의 경영과 통치 안에서 맺혀지되 외형적이며 구상적인 형태를 가지고 있어야 한다. 때문에 자연히 공동체로서 사회적인 문화의 형태를 가지게 된다. 하나님께서 원하시는 열매를 맺기 위해서 먼저 성도들로 구성된 사회를 조직해야 한다. 나아가 이 사회가 조직되고 운영되기 위해서는 서로간에 교통(communication)이 있어야 하는데 우리는 이것을 가리켜 성도들의 교통(κοινωνια)이라고 한다.

그러므로 한 신자가 하나님의 의중에 합당한 열매를 맺기 위해서는 먼저 그가 속한 사회를 구성하되 그 안에서 성도들의 교통을 통해 하나님 나라의 속성을 드러내는 열매를 맺어야 한다. 이 사회는 예수 그리스도와 일체된 성도들에 의해 구성된 사회로서 이것을 유형교회라고 한다

2. 교회의 사명 속에서 살아야 할 인생

한 시대의 공간과 시간대에서 함께 현실적으로 공존하는 사람들에 의해 구상적으로 나타나는 삶의 유형적인 형태, 즉 사회적인 문화의 형태로 나타나는 결실을 맺는 것이 하나님께서 우리에게 요구하시는 열매이다.

1) 교회의 사명 인식

교회와 상관없이 개인적인 삶의 형태로 하나님께서 만족하시는 열매를 맺는 것이 아니다. 또는 교회에 소속은 되어 있으나 개인적으로 종교적인 의식을 행사하는 것으로 신앙 생활이나 구원을 완성하는 것도 아니다. 교회의 한 지체로서 교회를 구성하되 그 안에서 계시를 근거로 성도들의 교통을 통하여 공동의 삶의 목표를 이루어 가는 것이 우리가 하나님께 드릴 열매이다. 이러한 교회 공동의 삶의 목표를 가리켜 '교회의 시대적 사명' 이라고 한다.

그러므로 성도들은 그가 속한 교회 공동의 존재 목적을 구체적인 삶의 형태로 나타내는 교회적인 사명으로서의 열매를 맺어야 한다. 이런 점에서 교회적인 사명은 도덕적 성격을 강하게 가지고 있다. 그 열매가 공동의 사회적인 문화 형태로 표출될 때 하나님의 통치와 경영이 그 안에서 나타나게 된다. 그리고 그 열매가 바로 하나님 나라의 문화로서 역사 안에 빛으로 남아 있게 된다. 때문에 교회 공동체의 목표를 상실하고, 즉 '교회의 시대적인 사명' 에 대한 각성 없이 일종의 종교 단체로 교회가 전락해 버린다면 하나님은 더 이상 그 교회를 보존하거나 유지하실 이유가 없다.

반면에 교회가 시대적인 사명을 각성하였다면 교회 공동체의 지체로서 각자에게 주어진 은사를 따라 그 교회의 사명을 완수하기 위해 자기가 맡은 일에 충성해야 한다. 즉 현실적이고 구체적인 교회라는 삶의 모양, 즉 교회의 문화를 드러내는 분자 중 한 사람으로서 각자 자기의 역할을 다해야 한다. 바로 이런 위치에 있을 때 그 사람을 가리켜 교회아 敎會我라고 한다. 즉 교회의 한 일원으로서 의식을 갖고 유기적인 연합을 이루어 하나의 몸을 구성하는 의미에서 '교회아' 라고 한다.

2) 공동의 구원을 추구해야 하는 교회

'교회' 는 각 개인의 구원을 이루어 가는 것이 아니라 공동의 구원을 이루어 가는 유기체적인 기관이다. 즉 '나' 한 사람의 구원은 교회를 구성하는 전체 회원의 구원이 완성될 때 보장된다. 반면에 '나' 한 사람의 구원이 보장되지 않는다는 것은 그 교회 공동체의 구원 역시 보장되지 않음을 의미한다.

다른 여타의 종교는 개인 구원을 그 목적으로 한다. 그것은 각자의 종교적 열정에 호소하는 그들의 교리에서 얼마든지 찾아볼 수 있다. 특히 불교와 같은 종교에서는 그러한 경향이 매우 강하게 나타난다. 불교에서는 개개인이 득도得道하여 해탈解脫에 이르는 것을 최고의 구원이라 여기고 있을 정도이다.

이런 종교에서는 공동체의 한 지체로서 가지는 존재 의미나 가치를 부여하지 않는다. 공동체에 속한 지체 의식보다는 각자 자기 나름대로 도를 닦고 득도하여 인생의 의미와 가치를 찾고 마침내 극락의 세계에 이르러 자기의 완성 단계에 도달하는 것이 전부이다. 이처럼 대부분의 종교는 자아自我를 확인하고 돈독하게 세워나가는 것을 그 목적으로 하고 있다.

비록 불교에서 아상我相을 포기할 것에 대하여 말하고 있다 할지라도 그것은 공동체의 이상과 목적을 이루기 위해서가 아니다. 오히려 이 세상에서 저 세상으로 도달하기 위해 거추장스럽고 방해되는 요소가 바로 자기 자신이라고 여기기 때문이다. 즉 해탈을 해야만 극도의 정신 세계에 도달하여 불타佛陀가 될 수 있는데 자기라는 아상이 남아 있는 동안에는 해탈을 하지 못하기 때문에 아상을 괴멸시키기 위해 포기한다는 것이다. 그러나 그 내면에는 영생 불사하는 불타의 경지에 도달하기 위한 자기의 욕심이 깊숙이 담겨 있다.

로마 천주교에서 엄격한 금욕 생활과 고행을 요구하는 것도 이와 유사하다. 교회적인 공동의 목적을 이루기 위해서가 아니라 자기의 업보를 만회해 보기 위해 스스로 금욕과 고행을 치른다. 자기 인생의 결핍된 부분에 대하여 그만큼 대가를 치름으로써 하나님과 화목하고자 하는 것은 천주교가 인간 중심의 종교관을 가지고 있기 때문이다.

그러한 경향은 개신교에서도 얼마든지 발견할 수 있다. 그래서 교회의 원대한 목표를 이루어 나가야 할 교회의 한 회원으로서 자기 인생을 경영한다는 지체 의식을 찾아보기가 어렵다. 이런 의식에서는 도덕적 성격조차 요구되지 않는다. 각자 자기 나름대로 신앙 생활하는 데에는 열심을 가지지만 교회 공동체로서 삶의 방향이나 역사 의식이 매우 메말라 있는 것도 이 때문이다.

한마디로 말해 교회관이 빈약한 결과이다. 우주적인 기관이며 그리스도의 몸된 기관으로서의 공동 운명체에 대한 개념이 없기 때문에, 그리고 그 안에서 자신의 지체됨에 대한 '교회아' 의식이 빈약하기 때문에 교회를 자신의 신앙 생활을 보장해 주는 도구로 생각한다. 심지어 신학자들까지도 교회를 자신의 학문을 적용하거나 주장하기 위한 도구로 여긴다. 이것은 교회의 머리이신 그리스도를 인정하지 않는 불신앙과 다를 바 없다.

3. 교회의 삶과 하나님 나라의 구현

기독교는 자기 자신을 구원시키고 마침내 천국에 이르기 위해 아상我相을 포기하는 것이 아니다. 하나님에 대하여 적대적이고 죄의 관성과 영향 아래 반신국적인 요소를 여전히 담고 있기 때문에 아상을 포기한다. 즉 하나님의 나라를 구현하는 인생이 가치 있고 그 과정을 통해 하나님 나라가 완성되는 것이 곧 구원의 완성을 의미하기 때문에 자아를 포기하는 것이다.

불교에서는 이기적인 목적을 위해 아상을 포기하지만 기독교에서는 이타적인 목적, 즉 교회 공동체의 구원을 완성하고 마침내 거룩하신 하나님의 영광을 드러내기 위해 아상을 포기한다. 이처럼 기독교에서 구원관은 개인 구원이 아니라 교회 공동체로서 구원을 이야기하고 있다. 여기에 우리를 구원하신 구원의 목적이 있다.

"그러므로 이제부터 너희가 외인도 아니요 손도 아니요 오직 성도와 동일한 시민이요 하나님의 권속이라 너희는 사도들과 선지자들의 터 위에 세우심을 입은 자라 그리스도 예수께서 친히 모퉁이 돌이 되셨느니라 그의 안에서 건물마다 서로 연결하여 주 안에서 성전이 되어가고 너희도 성령 안에서 하나님의 거하실 처소가 되기 위해 예수 안에서 함께 지어져 가느니라"(엡 2:19-22).

"우리가 다 하나님의 아들을 믿는 것과 아는 일에 하나가 되어 온전한 사람을 이루어 그리스도의 장성한 분량이 충만한 데까지 이르리니 이는 우리가 이제부터 어린 아이가 되지 아니하며 사람의 궤술과 간사한 유혹에 빠져 모든 교훈의 풍조에 밀려 요동치 않게 하려 함이라 오직 사랑 안에서 참된 것을 하여 범사에 그에게까지 자랄지라 그는 머리니 곧 그리스도라 그에게서 온 몸이 각 마디를 통하여 도움을 입음으로 연락하고 상합하여 각 지체의 분량대로 역사하여 그 몸을 자라게 하며 사랑 안에서 스스로 세우느니라"(엡 4:13-16).

이 말씀 속에서 다음과 같은 하나님의 구원 계획을 알 수 있다.

1) 교회는 그리스도의 터 위에 세워진 운명 공동체이다.

첫째, 교회는 그리스도를 터로 하여 세워진 공동 운명체로서 하나의 성전을 세우기 위해 각각 부르심을 받았다. 이 말은 교회를 구성하고 있는 우리 모두가 하나의 성전을 건설하기 위해 존재한다는 의미이다. 때문에 우리 교회는 유일한 우주적인 교회의 한 지체로서 존재하되 역사와 시대에 근거하여 우리 교회만이 가지는 시대적인 사명을 수행해야 할 고유한 목적이 있다. 그러한 교회의 시대적 사명을 완수하기 위한 역할이 나에게 주어졌다는 것은 전 우주적인 교회를 건설함에 있어서 중요한 부분 중 하나를 감당해야 한다는 의무가 있음을 의미한다.

따라서 나 하나의 불충함은 전 우주적인 교회가 완성되지 못한다는 결과를 초래하게 된다. 이런 점에서 '나' 한 사람의 존재 의미는 전 우주적인 교회의 존재 의미와 동등하다. 이처럼 의미가 있고 가치를 가지고 있기 때문에 한 신자의 생명은 천하보다도 가치가 있다. 그러므로 '나'라는 존재 의미가 전 하나님의 나라를 대표하고 있음에 대하여 우리는 하나님 나라에 대한 심각한 책임 의식을 가져야만 한다.

2) 교회는 하나님 나라의 경영에 참여해야 한다.

둘째, 우리의 궁극적인 존재 목적은 하나님의 나라에 친히 참여하는 데 있어야 한다. 하나님의 나라에 참여한다는 것은 먼 훗날의 종말론적인 관점에서가 아니라 지금 나의 삶 자체가 하나님의 나라를 표방하고 있어야 함을 의미한다. 그리고 내가 하나님의 나라에 참여하고 있다는 구체적인 삶의 정황이 바로 교회의 삶이 만들어내는 문화이다. 따라서 교회가 추구하는 존재 목적을 이루어 가는 과정에서 하나님 나라적인 특성을 발견할 수 있고 누리고 있어야 한다. 그리고 그렇게 살아가는 것이 교회의 지체로서 자아를 발현發現하는 삶이 된다.

오늘날의 시대적 특징 중의 하나가 바로 극단적인 이기주의이다. 철저한 무관심 속에 자기만의 세계를 구축하는 사회적인 현상이 그대로 교회에 들어와 나타난 현상이 바로 교회 안에서 자기 독자적인 종교의 영역을 확보하는 것이다. 남보다 봉사를 열심히 하고 기도를 많이 하고 헌금을 많이 함으로써 신앙이 돈독하다는 평가를 받아야 하는 것으로 여기는 풍토가 바로 그것이다. 이것은 아주 저급한 도덕적 가치관을 유발하게 한다.

그러한 평가를 받기 위해 집사나 장로를 선택하는 선거철이 되면 공공연히 뇌물로 표를 매수하거나 평소에 출석하지도 않는 친인척을 동원하여 한 표라도 더 얻으려는 기현상을 낳기도 한다. 심지어 자기를 밀어줄 만한 사람이 표를 주지 않았다는 사실을 알게 되면 그 일로 인하여 다툼이 일어날 정도로 심각하다.

교회 직원을 선택하는 선거가 그 본연의 의미를 상실하고 인기를 가름하는 평가의 장으로 전락된 것은 교회의 책임이 아닐 수 없다. 선거의 결과 기대한 이상의 표가 나오는 것이 그동안 자기가 교회에서 행한 봉사나 헌금에 대한 평가를 받는 것으로 생각하는 이러한 기현상들이 바로 극단적인 개인주의를 키워온 잘못된 교회에서 나오는 당연한 결과이다.

3) 인생은 교회 안에서 보장되어야 한다.

"네가 이것을 알라 말세에 고통하는 때가 이르리니 사람들은 자기를 사랑하며 돈을 사랑하며 자긍하며 교만하며 훼방하며 부모를 거역하며 감사치 아니하며 거룩하지 아니하며 무정하며 원통함을 풀지 아니하며 참소하며 절제하지 못하며 사나우며 선한 것을 좋아 아니하며 배반하여 팔며 조급하며 자고하며 쾌락을 사랑하기를 하나님 사랑하는 것보다 더 하며 경건의 모양은 있으나 경건의 능력은 부인하는 자니 이 같은 자들에게서 네가 돌아서라"(딤후 3:1-5)는 말과 같이 이러한 때일수록 우리 교회는 더욱 교회 공동체로서 삶의 모양을 구체화시켜 나아가야 한다.

무엇보다 교회는 시대적 사명을 각성함으로써 교회의 회원들이 이 땅에서 살아야 할 삶의 목적에 대해 구체적으로 제시해 주어야 한다. 이러한 교회의 지체로서 시대를 분별하여 교회적인 삶의 목적을 확인하고 그 안에서 자아를 온전하게 발현할 수 있도록 삶을 경영해 나갈 때 우리 인생은 하나님의 거룩하신 경영가운데 진정한 의미를 구현하게 된다.

Ⅳ. 교회의 지체로서 자아 완성 完成

마태복음 13장 1-23절

1 그날에 예수께서 집에서 나가사 바닷가에 앉으시매
2 큰 무리가 그에게로 모여들거늘 예수께서 배에 올라가 앉으시고 온 무리는 해변에 섰더니
3 예수께서 비유로 여러 가지를 저희에게 말씀하여 가라사대 씨를 뿌리는 자가 뿌리러 나가서
4 뿌릴새 더러는 길가에 떨어지매 새들이 와서 먹어버렸고
5 더러는 흙이 얇은 돌밭에 떨어지매 흙이 깊지 아니하므로 곧 싹이 나오나
6 해가 돋은 후에 타져서 뿌리가 없으므로 말랐고
7 더러는 가시떨기 위에 떨어지매 가시가 자라서 기운을 막았고
8 더러는 좋은 땅에 떨어지매 혹 백 배, 혹 육십 배, 혹 삼십 배의 결실을 하였느니라
9 귀 있는 자는 들으라 하시니라
10 제자들이 예수께 나아와 가로되 어찌하여 저희에게 비유로 말씀하시나이까
11 대답하여 가라사대 천국의 비밀을 아는 것이 너희에게는 허락되었으나 저희에게는 아니되
었나니
12 무릇 있는 자는 받아 넉넉하게 되되 무릇 없는 자는 그 있는 것도 빼앗기리라
13 그러므로 내가 저희에게 비유로 말하기는 저희가 보아도 보지 못하며 들어도 듣지 못하며
깨닫지 못함이니라
14 이사야의 예언이 저희에게 이루었으니 일렀으되 너희가 듣기는 들어도 깨닫지 못할 것이요
보기는 보아도 알지 못하리라
15 이 백성들의 마음이 완악하여져서 그 귀는 듣기에 둔하고 눈은 감았으니 이는 눈으로 보고
귀로 듣고 마음으로 깨달아 돌이켜 내게 고침을 받을까 두려워함이라 하였느니라
16 그러나 너희 눈은 봄으로 너희 귀는 들음으로 복이 있도다
17 내가 진실로 너희에게 이르노니 많은 선지자와 의인이 너희 보는 것들을 보고자 하여도 보
지 못하였고 너희 듣는 것들을 듣고자 하여도 듣지 못하였느니라
18 그런즉 씨 뿌리는 비유를 들으라
19 아무나 천국 말씀을 듣고 깨닫지 못할 때는 악한 자가 와서 그 마음에 뿌리는 것을 빼앗나니
이는 곧 길가에 뿌리운 자요

20 돌밭에 뿌리웠다는 것은 말씀을 듣고 즉시 기쁨으로 받되
21 그 속에 뿌리가 없어 잠시 견디다가 말씀을 인하여 환난이나 핍박이 일어나는 때에는 곧 넘
어지는 자요
22 가시떨기에 뿌리웠다는 것은 말씀을 들으나 세상의 염려와 재리의 유혹에 말씀이 막혀 결실
치 못하는 자요
23 좋은 땅에 뿌리웠다는 것은 말씀을 듣고 깨닫는 자니 결실하여 혹 백 배, 혹 육십 배, 혹 삼십
배가 되느니라 하시더라

Ⅳ. 교회의 지체로서 자아 완성完成

마태복음 13장 1-23절

인생의 궁극적인 목적은 하나님의 지고하신 영광이 찬란하게 빛나는 나라를 건설하는 것과 그 나라에 참여하여 하나님의 거룩하신 경영을 드러내는 데 있다. 따라서 우리 인생이 마땅히 하나님께 드려야 할 것으로 하나님의 경영에 따라 시간의 진행과 함께 발생하는 열매에 대하여 생각해 보고자 한다.

우리가 하나님께 드릴 열매는 우리가 임의로 결실하여 드리는 것이 아니다. 누군가 나무의 종류를 선택하여 심었을 때에는 그 나무로부터 소정의 결실을 얻고자 하는 목적이 있기 마련이다. 사과나무를 심었을 때에는 거기에서 사과를 얻기 위함이다. 다른 과일을 얻고자 했다면 다른 나무를 심었을 것이다. 때문에 하나님께서 우리에게 바라시는 것에 따른 소정의 결실이 있어야 한다. 여기에서는 그 결실이 맺혀짐으로써 인생의 완성에 도달한다는 것이 무엇인가를 함께 찾고자 한다.

1. 하나님 나라의 진행 과정에 대한 이해

마태복음 13장에 보면 우리가 잘 알고 있는 유명한 '씨 뿌리는 비유'

와 그에 따른 해석을 예수께서 그의 제자들에게 하신 말씀이 기록되어 있다(마 13:1-23). 특히 마태가 즐겨 사용하고 있는 도입구절導入句節인 "그 날에 예수께서 집에서 나가사 바닷가에 앉으시매 큰 무리가 그에게로 모여들거늘 예수께서 배에 올라가 앉으시고 온 무리는 해변에 섰더니 예수께서 비유로 여러 가지를 저희에게 말씀하여 가라사대"(1-3절상)라는 표현은 매우 독특한 형식이다.

이 표현은 예수께서 강설을 하실 때마다 도입되는 구절로 마태복음에는 다섯 개의 강설이 나오는데, 그때마다 마태가 즐겨 사용한 형식이다(마 5:1; 10:1-5; 13:1-3상; 18:1-3상; 23:1). 이것은 예수께서 특별하신 목적을 가지고 강설을 시작하신다는 것을 암시하는 일종의 표시와 같다.

이 강설에는 7가지의 비유가 나온다.

① 씨 뿌리는 비유(3-23절)에서는 천국 백성으로서 마음의 상태가 어떤 것이어야 하는가에 대하여, 즉 하나님의 나라가 어떻게 그 나라 백성의 마음에서 발생하는가에 대하여 말씀하셨다.

② 좋은 씨와 가라지의 비유(24-30, 34-43절)에서는 하나님의 나라가 역사상에서 어떻게 진행될 것인가에 대하여, 즉 전투하는 교회로서의 성격을 규명하셨다.

③ 겨자씨의 비유(31-32절)에서는 하나님 나라의 외형적인 확장에 대해 말씀하셨다.

④ 누룩 비유(34절)에서는 하나님 나라의 내형적인 확장에 대해 말씀하셨다.

⑤ 감추인 보화의 비유(44절)와 ⑥ 값진 진주의 비유(45-46절)에서 예수님은 하나님의 나라는 자신이 애써 발견하는 것이 아니라 하나님의 나라가 역사상에 그 자태를 나타내 보일 때 발견되어지는 것을 말씀하심으로써 하나님 나라에 대하여 정당하게 인식해야 할 것을 말씀하셨다.

⑦ 물고기와 그물 비유(47-50절)에서는 하나님의 나라가 완성될 때가 있고 그때에는 심판이 있을 것에 대하여, 즉 하나님 나라의 종말론적 성격을 말씀하며 강설을 마치셨다.

여기의 강설에서는 하나님 나라의 발생에서 시작하여 그 나라가 진행하는 과정과 완성에 이르게 되는 경로가 자세히 나타나 있다. 하나님 나라의 백성들이 그 나라의 백성이 아닌 사람들과 처음부터 어떻게 구별되어서 하나님 나라에 참여하게 되고, 마침내 그 결과로써 하나님 나라를 완성하게 되는가 하는 전반적인 성격에 대하여 기록하고 있다. 따라서 이러한 전체적인 주제를 상기하며 오늘 우리가 읽은 본문을 이해해야 한다.

2. 씨 뿌리는 비유가 주는 교훈

씨 뿌리는 비유에서는 씨 뿌리는 자가 있어서 씨를 밭에 뿌리고 난 뒤의 결과에 대해 네 가지 상태를 이야기하고 있다. 그 상태란 ① 길가에 떨어진 씨는 새들이 와서 먹어버리는 바람에 결실이 없고, ② 흙이 얇은 땅에 떨어진 씨는 싹이 났으나 햇볕에 타서 죽어서 결실이 없고, ③ 가시떨기 위에 떨어진 씨는 그 기운이 막혀 죽어서 싹은 났으나 열매가 없고, ④ 좋은 밭에 떨어진 씨는 잘 자라나서 좋은 결실을 맺었다는 것이다.

여기에서 생각할 것은 "씨 뿌리는 자"가 씨를 밭에 뿌릴 때에는 먼저 땅을 잘 고르고 거름을 충분히 준 상태에서 종자를 선별하고 소독하여 뿌린다는 사실이다. 그렇다면 여기 "씨 뿌리는 자"가 씨를 뿌릴 때에는 특별한 목적이 있어서 그 결실을 얻고자 하는 의도가 담겨 있음을 알 수 있다. 따라서 씨의 상태나 성질에 대해서는 전혀 염려할 이유가 없다.

여기에서 "씨를 뿌린다"는 것은 예수께서 해석하여 말씀하신 것처럼

"천국 말씀을 듣는 것"(19절)을 의미한다. 그렇다면 "씨 뿌리는 자"는 하나님이심을 알 수 있고 그 "씨"란 바로 로고스(말씀)로 오신 예수님 자신임을 알 수 있다. 그리고 그 씨가 떨어지는 밭은 바로 우리 자신의 상태를 말하고 있다. 따라서 이 비유를 통하여 하나님의 나라는 예수님의 말씀을 듣고 그 말씀이 우리에게 떨어져 결실을 맺는 것에서부터 발생하고 있다는 큰 사실을 발견하게 된다.

씨를 뿌릴 적절한 때를 정하여 뿌린다는 점을 감안한다면 우리에게 주어지는 씨에 대해서는 하등의 하자가 없다는 것을 알 수 있다. 문제는 그 씨를 받는 마음의 상태에 따라 결실이 있거나 없다는 사실이 결정된다는 점이다. 그래서 먼저 결실치 못하게 된 세 가지 상태를 점검함으로써 그 속성을 안다는 것은 결국 우리가 정상한 결실을 할 수 있는가를 점검하는 중요한 요소가 된다.

첫째, 길가에 떨어졌다는 것은 "아무나 천국 말씀을 듣고 깨닫지 못할 때는 악한 자가 와서 그 마음에 뿌리운 것을 빼앗나니 이는 곧 길가에 뿌리운 자요"(19절)라는 예수님의 해석에 비추어 이해되어야 한다. 이것은 아무런 하자가 없는 하나님의 말씀이 사람에게 주어졌음에도 불구하고 마치 그 마음의 상태가 길과 같이 꼭꼭 다져져 있어서 도저히 씨가 뿌리를 내리고 살 수 없는 상태를 의미한다.

이미 그 마음이 세상의 일로 수없이 밟히고 다져져 있어서 그곳에 말씀의 씨가 떨어졌음에도 불구하고 도저히 뿌리를 내릴 수 없을 정도가 되었다는 점이 강조되고 있다. 이런 마음의 상태를 가지고 있는 사람은 '악한 자' 곧 사탄에 의해 그 마음이 지배를 받고 있는 사람으로서 사탄의 노예가 되어 있는 상태이다.

둘째, 돌밭에 떨어졌다는 것은 그 사람의 마음의 상태가 겉으로는 부드럽고 온순하여 하나님의 말씀을 듣는 것 같지만 그 본 바탕에는 도저히 뽑아 낼 수 없는 인간적인 사상과 완고한 고집이 있어서 씨가 뿌리내리고 자랄 틈이 없다는 것을 의미한다. 여기에서 돌밭은 사람이 적당히 손을 가하면 일구어 낼 수 있는 자갈밭이 아니라 겉에는 흙으로 덮여 있지만 큰 바위 같은 것이 그 땅 속에 뿌리박고 있어서 도저히 뽑아낼 수 없는 밭을 말하고 있다.

이런 마음의 상태에서 햇볕이 나게 되면 자연히 그 씨가 뿌리를 내리지 못하고 타서 죽어버리고 만다. 이런 사람을 가리켜 예수께서는 잠시 뿌리가 있어 자라는 것 같다가도 '환난과 핍박이 오면 견디지 못하고 넘어지는 자' 라고 해설하셨다(21절).

셋째, 가시밭에 떨어졌다는 것은 처음부터 가시밭에 씨를 뿌린 것이 아니라 그 사람의 마음 밭에 가시떨기가 숨어 있다가 씨가 자랄 때에 함께 자라서 마침내는 씨보다 더 크게 자라고 그 기운을 모두 가리워 죽게 하는 상태를 의미한다. 여기에 대해 예수님은 "말씀을 들으나 세상의 염려와 재리의 유혹에 말씀이 막혀 결실치 못하는"(22절) 상태라고 해설하셨다. 이 사람은 그 본 바탕에 세상사에 대한 염려와 혹은 세상의 재리에 대한 욕망이 끊이지 않고 발생하는 사람을 의미한다.

3. 결실치 못하는 상태에 대하여

이상에서 보았듯이 첫 번째 경우는 근본적으로 마귀의 손에 잡혀 있는 상태를, 두 번째 경우는 자기의 자아에 대하여 강한 의지를 가지고 있어서 하나님의 말씀이 그 마음에서 자랄 수 없는 상태를, 세 번째의 경우는 그 마음이 끊임없이 다가오는 세상의 염려나 유혹에 대하여 이기지 못하고 그 기운에 막혀 하나님의 말씀이 자랄 수 없는 상태를 각각 보여주고 있다.

특히 세 번째 마음의 상태는 첫 번째와 두 번째와 같이 전적으로 하나님의 말씀을 배격하는 반동적인 것이 아니라 처음에는 하나님의 말씀에 대하여 친화력을 가지고 있어서 받아들이지만 그 마음에 세상적인 것도 함께 가지고 있어서 말씀이 정상적으로 장성하지 못한다는 점에서 특이한 현상임을 알 수 있다.

이 상태는 마치 바울이 말하는 어린아이의 상태와 같이 "육신에 속한 사람"(고전 3:1)과 같아서 정상적으로 장성하지 못하는 사람을 보여주고 있다. 그러나 바울이 말하는 '육신에 속한 사람 사람' 은 언젠가는 그가 말씀을 섭취하여 정상한 열매를 맺을 수 있는 가능성이 있는 사람이기 때문에, 여기 예수께서 비유로 말씀하신 '마음이 가시밭과 같은 사람' 과는 전혀 다른 사람이다. 육신에 속한 사람은 아직 장성하지 못하여 영에 속한 사람처럼 열매를 결실하지 못하는 상태에 있지만, 여기 예수께서 말씀하시는 '마음이 가시밭과 같은 사람' 의 결실하지 못하는 상태와는 근본적이 차이점이 있다. 문제는 이 두 상태가 처음에는 결코 구분이 가지 않을 정도로 서로 유사하다는 점이다.

어느 정도의 시간이 흘러가서 열매를 얻고자 할 때 육신에 속한 사람일지라도 그 사람은 점차 장성하여 영의 사람이 됨으로써 결실의 단계에 이르게 된다. 그러나 가시밭의 마음을 가지고 있는 사람은 처음에는 말씀을 받아들이고 그 씨가 자라서 줄기를 내고 잎을 피운다 할지라도 절대로 결실하지 못한다는 점에서 구분이 된다.

하지만 결실의 때가 아닌 상태, 즉 아직은 때가 이르지 않아 씨가 자라서 싹을 내고 줄기를 내고 잎을 내어 생명력을 발휘하는 것처럼 보이는 동안에는, '육신에 속한 마음' 의 상태인지 아니면 결실할 수 없는 '가시밭에 떨어진 마음' 의 상태인지 구별되지 않는다는 점을 조심하여 살펴보아야 한다. 따라서 우리는 과연 어떤 상태인가를 점검한다는 것은 하나님 나라를 이 땅에 건설하고 그 경영을 드러내는 일과도 깊은 연관이 있음을 알 수 있다.

4. 하나님의 뜻에 합당한 결실 맺어야

네 번째로 결실을 한 좋은 땅은 그 마음이 하나님의 말씀을 즐겨 받아들이고 마침내 그 장성의 결과로써 열매를 맺는 것으로 다른 상태의 마음들과는 전적으로 구별된다. 여기에서 우리가 조심해야 할 것은 이 열매란 하나님께서 뿌린 씨의 결실이어야 한다. 우리가 임의로 조작하고 상상하여 그럴듯한 열매를 작당하여 하나님께 내어놓은 것을 가리켜 열매라 하지 않는다.

하나님은 분명한 의도와 목적이 있어 우리 각 사람을 때에 따라 이 세상에 내셨고 그 각 사람에게 독특한 존재 의미를 주어 소정의 사명을 수행하도록 하셨다. 때문에 우리는 먼저 우리가 무엇을 위해 이 땅에 존재하는가에 대한 질문을 끊임없이 해야 한다. 이러한 원론적인 질문은 끊임없이 제기되어야 할 과제이며 교회는 언제든지 이 질문에 대한 답을 준비하고 있어야 한다.

그렇다면 과연 우리가 살고 있는 의무를 다하고 있는가에 대하여 질문하기 전에 "왜 이 땅에 존재하지 않으면 안 되는가?" 하는 질문이 당연히 앞서게 된다. 그리고 상당한 객관성을 가지고 이 질문에 대답하지 않으면 안 된다. 만일 이 질문에 대하여 막연하고 피상적으로 밖에 대답할 말이 없다면 사실 존재해야 할 명분을 잃고 만다.

아직도 우리가 존재의 의미를 명백하게 표할 수 없다는 불확실한 존재성 때문에 고민하고 있다면, 그것은 교회의 보호에 대한 확신을 가지지 못하고 있기 때문이라고 보아야 한다. 교회는 바로 이 문제에 대한 명확한 답을 가지고 있어야 하며 우리는 교회 안에서 풍성한 열매를 맺고 있어야 한다. 우리가 하나님 나라적인 삶을 경영해 나감에 있어서 아직도 아무런 유익을 주지 못하고 별달리 쓸 만한 가치가 없다면 무엇보다도 먼저 교회관에 대하여 다시 점검해야 할 이유도 여기에 있다.

우리는 교회의 한 회원으로서 하나님 나라의 문화를 이 땅에 건설하고자 하는 그 지표에 동참해야 한다. 이 일에 온전히 동참하고 있다면 하나님께서는 우리의 생존을 보장해 주신다는 점을 분명히 하셨다. 이 사실을 제2부 '우리가 가야 할 길' 에서 자세히 점검하고자 한다.

제 2 부

우리가 가야할 길

I. 우리가 서 있는 현 위치에 대하여

요한복음 3장 1-36절

1 바리새인 중에 니고데모라 하는 사람이 있으니 유대인의 관원이라
2 그가 밤에 예수께 와서 가로되 랍비여 우리가 당신은 하나님께로서 오신 선생인 줄 아나이다
하나님이 함께 하시지 아니하시면 당신의 행하시는 이 표적을 아무라도 할 수 없음이니이다
3 예수께서 대답하여 가라사대 진실로 진실로 네게 이르노니 사람이 거듭나지 아니하면 하나님
나라를 볼 수 없느니라
4 니고데모가 가로되 사람이 늙으면 어떻게 날 수 있삽나이까 두 번째 모태에 들어갔다가 날 수
있삽나이까
5 예수께서 대답하시되 진실로 진실로 네게 이르노니 사람이 물과 성령으로 나지 아니하면 하
나님 나라에 들어갈 수 없느니라
6 육으로 난 것은 육이요 성령으로 난 것은 영이니
7 내가 네게 거듭나야 하겠다 하는 말을 기이히 여기지 말라
8 바람이 임의로 불매 네가 그 소리를 들어도 어디서 오며 어디로 가는지 알지 못하나니 성령으
로 난 사람은 다 이러하니라
9 니고데모가 대답하여 가로되 어찌 이러한 일이 있을 수 있나이까
10 예수께서 가라사대 너는 이스라엘의 선생으로서 이러한 일을 알지 못하느냐
11 진실로 진실로 네게 이르노니 우리 아는 것을 말하고 본 것을 증거하노라 그러나 너희가 우
리 증거를 받지 아니하는도다
12 내가 땅의 일을 말하여도 너희가 믿지 아니하거든 하물며 하늘 일을 말하면 어떻게 믿겠느
냐
13 하늘에서 내려온 자 곧 인자 외에는 하늘에 올라간 자가 없느니라
14 모세가 광야에서 뱀을 든 것같이 인자도 들려야 하리니
15 이는 저를 믿는 자마다 영생을 얻게 하려 하심이니라
16 하나님이 세상을 이처럼 사랑하사 독생자(獨生子)를 주셨으니 이는 저를 믿는 자마다 멸망
치 않고 영생을 얻게 하려 하심이니라

17 하나님이 그 아들을 세상에 보내신 것은 세상을 심판하려 하심이 아니요 저로 말미암아 세
상이 구원을 받게 하려 하심이라
18 저를 믿는 자는 심판을 받지 아니하는 것이요 믿지 아니하는 자는 하나님의 독생자의 이름
을 믿지 아니하므로 벌써 심판을 받은 것이니라
19 그 정죄는 이것이니 곧 빛이 세상에 왔으되 사람들이 자기 행위가 악하므로 빛보다 어두움
을 더 사랑한 것이니라
20 악을 행하는 자마다 빛을 미워하여 빛으로 오지 아니하나니 이는 그 행위가 드러날까 함
이요
21 진리를 좇는 자는 빛으로 오나니 이는 그 행위가 하나님 안에서 행한 것임을 나타내려 함이
라 하시니라
22 이후에 예수께서 제자들과 유대 땅으로 가서 거기 함께 유하시며 세례를 주시더라
23 요한도 살렘 가까운 애논에서 세례를 주니 거기 물들이 많음이라 사람들이 와서 세례를 받
더라
24 요한이 아직 옥에 갇히지 아니하였더라
25 이에 요한의 제자 중에서 한 유대인으로 더불어 결례에 대하여 변론이 되었더니
26 저희가 요한에게 와서 가로되 랍비여 선생님과 함께 요단강 저편에 있던 자 곧 선생님이 증
거하시던 자가 세례를 주매 사람이 다 그에게로 가더이다
27 요한이 대답하여 가로되 만일 하늘에서 주신 바 아니면 사람이 아무 것도 받을 수 없느니라
28 나의 말한 바 나는 그리스도가 아니요 그의 앞에 보내심을 받은 자라고 한 것을 증거할 자는
너희니라
29 신부를 취하는 자는 신랑이나 서서 신랑의 음성을 듣는 친구가 크게 기뻐하나니 나는 이러
한 기쁨이 충만하였노라
30 그는 흥하여야 하겠고 나는 쇠하여야 하리라 하니라
31 위로부터 오시는 이는 만물 위에 계시고 땅에서 난 이는 땅에 속하여 땅에 속한 것을 말하느
니라 하늘로서 오시는 이는 만물 위에 계시나니
32 그가 그 보고 들은 것을 증거하되 그의 증거를 받는 이가 없도다
33 그의 증거를 받는 이는 하나님을 참되시다 하여 인쳤느니라
34 하나님의 보내신 이는 하나님의 말씀을 하나니 이는 하나님이 성령을 한량없이 주심이니라
35 아버지께서 아들을 사랑하사 만물을 다 그 손에 주셨으니
36 아들을 믿는 자는 영생이 있고 아들을 순종치 아니하는 자는 영생을 보지 못하고 도리어 하
나님의 진노가 그 위에 머물러 있느니라

I. 우리가 서 있는 현 위치에 대하여

요한복음 3장 1-36절

도달해야 할 목표점이나 나아가야 할 방향이 분명하지 않은 상태에서 길을 나서는 것처럼 무모하고 어리석은 일은 없다. 요컨대 처음부터 목적지를 확실히 정하고 거기에 도달할 수 있는 최선의 방도를 찾아 길을 떠나는 것이 헛되이 시간과 정력을 낭비하지 않는 지름길이다.

신앙에 있어서도 마찬가지이다. "하나님께서 그의 부르신 백성이 어떠한 삶의 길로 가기를 원하시는가?"에 대하여 알지 못하면서 그분을 신앙하며 살아간다고 말하는 것은 참으로 위험하다. 하나님이 원하시는 길이라고 생각하며 나아가는 삶의 방향이 오히려 그분의 뜻과는 정반대의 위치에서 서성일 수 있기 때문이다. 하나님께서 요구하시는 성도들의 나아가야 할 정상한 길에 대한 올바른 각성만이 더 이상 세월을 허비하지 않는 유일한 방책이고 성도들이라면 마땅히 가져야 할 정당한 생각이다.

이제 우리의 나아가야 할 길에 대하여 우리가 서 있는 위치에서부터 점검해 보고자 한다.

1. 그 출발, 신자로서의 각성

우리가 점검해야 할 것은 무엇보다도 신자로서 각성이 되어 있는가 하는 점이다. 신자는 중생자 곧 하나님의 영으로 말미암아 다시 태어난 사람을 가리킨다. 이 중생한 사람의 특성은 죄로부터 철저하게 자유롭다는 점이다. 즉 중생자란 죄의 자리에서 벗어나 하나님의 보호를 받는 위치에 서 있음을 의미한다. 따라서 우리는 하나님께서 주시는 모든 능력에 힘입어 살아가는 성도들인데 그 능력은 죄에 대하여 대항할 때 가장 힘있게 발휘된다.

중생하기 이전에는 무엇이 죄인지에 대한 올바른 이해도 없을 뿐 아니라 죄라는 것이 크게 문제시되지 않는다. 물론 하나님의 형상을 본받아 지음받은 사람은 양심이 있어서 자기가 배운 바 도덕적, 윤리적인 관습에 저촉이 되면 스스로 반성하거나 아니면 외부적인 법률에 의해 죄를 범하지 않도록 스스로 노력할 수도 있다. 그러나 하나님께서는 그러한 세속적인 윤리나 도덕에 근거해서 죄의 유무를 판단하시지 않는다.

1) 죄에 대한 인식

하나님께서 우리에게 죄가 있다 없다 판단하실 때에는 하나님께서 갖고 계신 속성인 의義에 저촉이 되는가를 따져서 판단하신다. 우리가 살아온 인간적인 관습을 표준으로 결정하시는 것이 아니라 비록 그 안에서 아무리 깨끗하고 의롭다 할지라도 하나님의 '의'에 합당하지 않으면 그것을 죄라고 하신다.

예를 들면 문화적 상대성에 기인한 것으로, 상당히 높은 수준의 문화 사회에서 큰 죄가 되는 것이 그보다 수준이 낮은 사회에서는 전혀 문제가 안 되는 경우가 많이 있다. 생존을 위해 사람을 잡아먹는 행위는 문명 사회에서 용납될 수 없는 일이다. 하지만 미개 사회에서는 오히려 정당화되기도 한다. 이렇게 관습이나 문화 또는 주위 여건에 따라서 변할 수 있는 가치 기준에 저촉된 것을 가지고 성경은 죄라고 판단하지 않는다.

성경에서는 하나님의 절대적인 의에 비추어서 결핍이 있을 때 죄罪라고 한다. 하나님의 의는 하나님의 순결하심으로부터 발생한다. 하나님 자신이 순결하고 순전하시기 때문에 그것으로 명명백백하게 역사 속에서 하나님의 뜻을 밝히시고 경영해 나가시는 데서 하나님의 의가 나타난다.

하나님께서 세우신 어떤 계획이 시간이 가면서 변질되어 버린다면 거기에는 의가 있을 수 없다. 하나님께서 어떤 계획을 세우시면 그 계획을 끝까지 변치 않고 경영해 나가시는 신실함이 있어야만 그것이 판단의 기준이 될 수 있는 것이다. 그래서 하나님에게 있어서는 사상의 불순이 없다. 불순 때문에 하나님의 뜻이 자주 변경된다면 무엇이 하나님의 의義인지 알 수 없을 것이다.

또한 하나님께서는 자신의 순결을 보전하기 위해 그 순결을 유지하고 지킬 수 있는 능력을 가지고 있어야 한다. 왜냐하면 전능한 힘이 있어야 그 순결이 보존되기 때문이다. 그리고 그 순결하심에 따라 계획되어진 경영에 대해 저촉되고 위배되는 반대 세력이 있다면 하나님의 의를 발동하여 심판하시는 능력이 동반되어야 한다. 여기에서 우리는 역사를 경영하시는 하나님의 전능하심을 발견할 수 있다. 이러한 하나님의 신실하심과 순전하심을 가리켜 하나님의 인자하심(חסד:헤세드)이라고 한다.

한편 하나님의 전능성, 혹은 하나님의 공의가 발휘된다는 의미 속에는 하나님의 영원성이 내재되어 있다. 그래서 우리는 영원히 변치 아니하시는 하나님 곧 신실하신 하나님을 볼 수 있다. 만일 하나님이 영원하지 않다면 어떤 일시적인 공의나 능력이나 순결성이 발휘된다 할지라도 그것은 의미가 없다. 이런 점들을 통해서 우리는 하나님의 의와 순결하심과 전능하심 그리고 영원하심을 볼 수 있다.

하나님의 속성에 비교해 볼 때 우리는 너무나 단편적이고 불순하고 무능하다. 우리의 생각은 언제나 갈피를 잡지 못하고 항구적이지 못해서 항상 하나님의 의도에 못 미치기 때문에 그만큼의 결핍으로 인하여 하나님의 뜻을 다 알지 못한다. 뿐만 아니라 안다 해도 그것을 행할 수 없는 것이 더 큰 결핍이다. 그러한 결핍이 있다는 것이 바로 죄이고 그러한 사실을 알지 못하는 것이 더 큰 죄이며 알고도 행하지 못하는 것은 하나님의 심판을 받을 만한 근거가 된다. 이 모든 것들을 가리켜 죄라고 한다.

2) 하나님과 일체 이뤄야

우리가 죄로부터 자유함을 받은 중생자로 부르심을 받았다 할지라도 여전히 우리는 계속해서 하나님의 긍휼을 받아야 할 위치에 서 있다. 우리가 하나님으로부터 의롭다 인정을 받았다면 하나님의 백성이며 동시에 하나님의 아들이라는 점에서는 틀림없다. 하지만 우리가 계속해서 하나님의 신실하심과 성실하심과 순결하심과 영원하심과 전능하심을 좇아 살기 위해서는 끊임없이 하나님의 능력을 힘입어야만 한다.

그렇지 못한다면 우리의 생각이나 의지 혹은 계획 등 우리 삶의 여러 가지 속성이 자꾸 변질되고 갈피를 잡지 못하여 인생을 낭비하며 살아갈 수밖에 없다. 그리하여 하나님께서는 우리가 예전과 같은 삶의 형태에서 살지 않고 전혀 새롭게 살아갈 수 있는 삶의 형태를 주셨는데, 바로 그것은 성신님이 우리와 함께 하시는 일이다.

우리를 자유인으로 구속하셨고 하나님의 백성으로 살게 하셨지만 우리의 능력이나 사상이 부족하고 무기력하고 천박하기 때문에 더 이상 진전하지 못하거나 애써 나아가다가도 마음이 변하고 유혹을 받고 생각이 못 미쳐서 실패할 때가 많이 있다. 그 이유는 근본적으로 우리가 죄의 영향 아래에서 태어나 자랐기 때문이다.

그래서 하나님께서는 우리를 보호하시고 우리로 하여금 계속해서 하나님의 의를 좇아 살 수 있도록 하기 위해 하나님의 영을 그의 사랑하는 자녀들에게 보내셨다. 그 결과 우리가 가지고 있는 능력이나 지혜로써 하나님의 의를 이루며 살아가는 것이 아니라, 이제는 하나님의 영을 통해 하나님과 한 몸을 이룸으로써 하나님의 능력과 지혜로 살아가게 되었다.

하나님께서는 우리와 하나가 되는 것을 기뻐하시기 때문에 친히 영으로 오시어 우리와 함께하신다. 그로인해 우리의 생각이 자유로워지고 온화해져서 하나님의 의를 좇아 사는 것이 참으로 편하게 되었다. 삶의 경향이나 사상이 자연스럽게 하나님의 의를 이루며 살아가게 된다. 이러한 상태에 도달한 것을 가리켜 하나님과 신비한 연합unio mystica을 이루었다고 한다.

하나님과 한 몸을 이루었다는 말은 '우리의 인격이 하나님의 인격과 동일하게 되었다'는 의미이다. 즉 하나님의 신격神格이 우리의 인격이 되었다는 의미이다. 그래서 우리를 가리켜 하나님의 아들이라고 한다. 하나님의 아들다운 인격을 가졌다는 뜻이다.

이후부터 우리는 이 세상을 본다든지 판단한다든지 또는 내가 무엇을 행하겠다고 할 때에 지금부터는 성신님의 도우심을 받아 하나님의 인격으로 보고 판단하고 결정하게 된다. 이전에 내 마음과 이성과 인격으로 행하였을 때는 수없이 불편을 느끼고 실패할 수밖에 없었는데 그러한 처지에서 벗어나, 이제는 하나님의 인격을 가지고 세상을 판단하며 이기고 앞서 나가는 사람이 되었다.

3) 하나님의 인격을 발휘하려면

하나님의 아들된 성도들로서 인격, 즉 신자격神子格으로서 인격을 드러내는 데 있어서 그 인격을 고양시키는 유일한 방편으로 성신께서는 하나님의 말씀을 깨우치게 하심으로 그 인격이 성장해 나가도록 하신다.

그러기 전까지는 하나님의 말씀에 대해 들어도 깨닫지 못하고 누가 들려준다 해서 감화를 받는 것도 아니다. 그것이 도덕적이고 윤리적인 차원에서 작용할지는 모르지만 하나님의 백성된 자로서, 즉 하나님의 아들된 자로서 인격을 고양시키고 성장시키는 일에는 전혀 영향을 발휘하지 않는다. 왜냐하면 그 일은 오직 성신님만이 하시는 일이기 때문이다.

성신께서 우리를 붙잡아 주시고 감화시키실 때 가장 먼저 우리의 인격을 순전하게 보존하시는 일을 하신다. 그것은 곧 하나님의 말씀을 통해서만 가능한데 하나님의 말씀이 성신님으로 말미암아 우리 안에서 양식이 되고 힘이 되어, 이 세상에 있는 여러 가지 사상들과 풍습들과 유혹과 죄로부터 우리를 보존하고 성장해 나갈 수 있게 한다. 이처럼 우리를 성장시키시는 하나님의 목적은 우리가 하나님의 아들다워야 하는 데 있으며, 우리에게 하나님의 아들답게 행하기를 요구하시는 것이다.

이렇게 하나님의 말씀을 따라 살 수 있도록 성신께서 인도하시는 성도들과 그러한 자리에 서 있음을 자각한 사람에게 하나님께서는 그에 합당한 책임을 요구하신다. 그런데 여기에서 하나님은 그로 하여금 하나님의 아들답게 성장해 나갈 수 있는 모든 여건을 허락하심으로써, 그의 삶을 지키고 보장하시는 과정 안에서 책임을 요구하신다는 것이다. 즉 하나님께서는 우리에게 철저한 삶의 보장을 해주신 후에 하나님의 아들답게 살라고 요구하신다.

2. 긴장과 갈등 속에 있는 현실

우리가 하나님의 아들이라는 또는 신자라는 각성이 있게 되면 그 다음에는 현실적인 긴장과 갈등이 오기 마련이다. 왜냐하면 그리스도인으로서 살고자 할 때 현실이 강력하게 방해하는 세력으로 대두되기 때문이다. 전에는 현실이 살아가는 데 있어서 방해가 되거나 불편을 주지 않았다.

1) 긴장과 갈등의 원인

하나님의 아들이 되었다는 사실이 분명해질수록 현실은 우리를 가만히 놓아두지 않는다. 어떻게든지 유혹하고 넘어뜨려 자기들과 동질의 것으로 삼기 위해 수단과 방법을 가리지 않고 덤비기 시작한다. 그래서 현실과 신앙 사이에 긴장과 갈등이 생기게 된다. 그런 긴장과 갈등이 나타나는 원인을 세 가지로 나누어 생각해 볼 수 있다.

① 옛 사람적인 습관이 발휘되기 때문이다.

성신께서는 하나님의 말씀을 깨우치게 하심으로 새 힘을 얻게 하시고 하나님 나라에 대한 사상을 가지고 이 세상에 대해 승리하며 나갈 수 있도록 보장해 주신다. 그러나 우리가 새 사람, 새 생명으로 태어났다 할지라도 여전히 우리 안에는 옛 사람적인 습성이 남아 있어서 세상과 타협하려는 갈등이 생기기 마련이다.

이것을 죄의 타성惰性 혹은 죄의 관성慣性이라고 한다. 한번 죄에 얽매였다가 이제는 그 죄에서 벗어났음에도 여전히 그 죄의 관성이 남아 있어서 세상과 타협하려 하거나 죄와 싸우기보다는 적당한 선에서 해결을 도모하는 못된 버릇이 여전히 드러나고 만다.

이런 사람은 신자로서 각성은 있을지 몰라도 생동감 있게 살아가는 것이 오히려 부담이 되기 마련이다. 하나님의 아들이라는 사실을 깨달았으나 세상에서 살아가는 것이 부담이 되고 어려움이 많은 것이다. 사실 가정과 친구들 사이에서 그리고 사회에서 또는 세상적인 풍습에서 그들과 짝하며 재미를 느끼고 살던 사람이 하루아침에 하나님의 백성으로 산다는 것은 매우 어려운 일이다.

로마서 12장에서 바울 사도가 '너희는 이 세대를 본받지 말라' 고 했으나 이 세상의 모든 풍습과 관습을 떠나서 산다는 것이 그리 쉬운 일은 아니다. 여기에서 말하는 '이 세대' 란 사탄의 조직과 통제로 말미암아 운영되는 일종의 세력권을 의미한다. 따라서 태어날 때부터 그 속에서 자라나고 교육을 받으며 살아온 사람이 하루아침에 그런 세대의 풍습에서 벗어난다는 것은 어려운 일이다.

여전히 우리는 사탄에 의해 통제되는 이 세대 속에서 살고 있기 때문에 옛 사람적인 품성이 드러나기가 훨씬 쉽다는 의미이다. 바로 세상의 풍조를 따라 사는 것이 편하게 느껴져서 자꾸 그 죄의 관성이 드러나려고 한다. 그래서 우리에게는 항상 긴장과 갈등이 생기게 된다.

② 우리가 속한 현실이 여전히 사탄의 지배 아래 있기 때문이다.

이 세상은 사탄의 두 팔에 안겨 있어서 누구나 사탄의 영향력을 벗어나서 산다는 것이 어렵게 되어 있다. 어떻게든지 사탄은 이 세상과 사람들이 자기의 품 안에 안겨 있게 하려고 모든 영향력을 발휘하고 있다. 때문에 그 가운데서 벗어나려고 하면 할수록 그만큼 어려움이 많고 그에 따른 대가를 지불해야 한다.

또한 사탄의 지배권으로부터 벗어나려면 지금까지 자기가 살아온 모든 것에서부터 벗어나야 한다는 강한 생존의 위협 때문에 차라리 그 안에 안주해 버리는 것이 훨씬 편하게 느껴지기 마련이다. 사실 세상 사람들은 그 안에서 사는 것이 훨씬 쉽고 편하다. 반면에 그 터전에서 떠난다는 것은 생존과 직결되는 문제이기 때문에 그렇게 쉬운 일이 아니다.

더구나 중생 이전의 수많은 시간 동안 죄의 습성에 길들여져 살아 왔기 때문에 하나님의 말씀에 대해서 하나님의 나라에 대해서 약간 맛을 본 것 가지고 하루아침에 사탄의 통제 아래 있던 습성을 벗어나지는 못한다. 이런 것들이 우리에게 갈등을 가져다주는 크나 큰 요소가 된다.

③ 현실 교회가 바로 서 있지 못하기 때문이다.

하나님의 백성답게 살 수 있도록 우리의 삶을 보전해 주는 기관으로서 교회가 명확하게 이 땅 위에 서 있어야 하고 이러한 교회를 통하여서 우리의 인생이 인도와 보호를 받아야 됨에도 불구하고 이미 대부분의 교회가 역사적인 개혁 교회의 영향 아래에서 떠나버렸다는 것이 매우 큰 문제이다.

어떤 사람이 복음을 듣고 접해서 하나님의 백성으로 살려 해도 대부분의 현실 교회가 하나님의 거룩한 자취로부터 떠나 순전히 자기들 나름대로 독자적인 삶의 방편을 정하고 그 길을 추구하고 있기 때문에 그가 복음 안에서 살기가 어렵게 된 것이 현실이다.

예수님을 그리스도로 영접한 초창기에는 열렬하고 뜨거운 마음으로 신앙 생활을 하는 것 같다가도 교회의 타성에 젖어 10년이나 20년씩 교회를 다니다 보면 교회에 잘 길들여진 사람은 될지 몰라도, 진정으로 하나님의 복음을 힘입고 살아가는 것이 아님을 우리는 현실을 통해 얼마든지 찾아 볼 수 있다.

하나님께서 세우신 참된 교회보다는 사람들이 인위적으로 수단과 방법을 가리지 않고 세운 교회들이 훨씬 더 득세를 하고 진취적이고 발전적인 것처럼 위장되어 있다. 그래서 하나님의 백성들이 그러한 거짓된 교회에 미혹되기가 쉬운 것이 현실이다.

이런 현상 때문에 진정한 교회가 교회로서 서 있기가 쉽지 않다. 또 그러한 참 교회를 이 세상에서 찾기가 어렵다. 구원의 기관으로서의 역할이 무시되어 버리는 현실적인 현상 때문에 어느 교회에 소속되어 있다는 사실이 이제는 별 의미가 없게 되어 버렸다.

원래 교회에 소속되어 있다는 그 자체가 구원의 증거이고 구원의 능력이며 그것이 각자의 삶을 경영하는 원동력이 되어서 모든 사상의 기반이 되어야 한다. 그런데 이미 교회가 본연의 모습과 능력을 상실해 버렸다면 그런 것들도 다 없어져 버리고 만다. 결국 구원의 능력이 교회들에 의해 오히려 무시되고 있는 실정이다. 때문에 교회에 다닌다는 것이 특별한 의미로 다가서지 않게 되었다.

교회가 가장 염두에 두어야 할 예배의 정신마저 왜곡되어 있어서 하나님께 찬송을 드리는 일조차도 찬송의 정신을 찾아볼 수 없다. 오히려 하나님께 드려져야 할 찬송이 인간적인 종교적 감흥을 자극하는 데 쓰이고 있다. 뿐만 아니라 하나님께 자신을 드려 구별하여야 할 헌상의 시간이 인간의 얄팍한 명예욕과 자기 만족 때문에 얼마나 부패되어 있는지 알 수 없다.

더욱이 하나님과 거룩한 교통으로서 말씀이 선포되어지는 강설은 하나님의 말씀이라기보다는 교회의 경영을 위한 전략을 홍보하기 위해 변질되어 사용되고 있다. 심지어 인간의 감정을 교묘하게 자극시켜 종교적 팽만감을 채우기 위해 쓰여지고 있다는 것은 참으로 심각한 일이 아닐 수 없다. 우리는 그런 현실을 보고 가슴 아파해야 한다.

2) 세속 영향에서 벗어나 있어야

하나님의 백성답게 살기 위해서는 다음과 같은 것들로부터 우리를 철저하게 구별시킬 필요가 있다.

첫째, 옛 사람적인 구습에서 우리를 분별해 내어야 한다.

둘째, 악의 세력 곧 사탄의 주장 아래 있는 이 모든 악의 세력으로부터 하나님의 능력으로 말미암아 우리가 보호되어야 한다.

셋째, 소위 시중 교회라고 불리는 일반적인 교회의 성향이나 타성으로부터 자신을 구별해 내어야 한다.

이렇게 놓고 본다면 우리는 이 세상에서 발붙이고 살 곳이 없는 것처럼 보인다. 사실 아직도 무언가 이 세상에 발붙이고 살 만한 곳이 있다고 생각하는 것은 커다란 착각이다. 그렇다고 그러한 악조건을 대항해서 싸워 보겠다고 나서는 것은 더 어리석은 일이다. 왜냐하면 그만큼 세상에 대하여 아직도 미련이 있다든지 아니면 어떤 가치를 부여하고 있다는 말이 되기 때문이다.

내가 새 생명을 얻었기 때문에 세상과 갈등을 느끼고 그들과 싸워야겠다고 생각한다는 것은 그만큼 열심이 있어 얼른 보기에는 좋을지 모른다. 하지만 평생을 그러한 일에 쏟아 붓는다 해도 그처럼 조직적이고 광대한 악의 조직을 없앨 수 없으며 또한 싸워 이길 수도 없다. 오히려 그 일에 얽매여 헤어 나오지 못하고 그 가운데서 인생을 낭비하고 말 뿐이다. 그런 일들 때문에 우리의 귀중한 시간을 허비해서는 안 된다. 오히려 우리의 갈 길을 묵묵히 나가는 일에 최선을 다해야 한다.

3) 적에 대하여 바로 알고 있어야

이제는 구태여 우리의 모습에 대하여 남들에게 설명할 필요가 없다. 우리는 그저 우리의 갈 길을 갈 뿐이다. 남들이 어떻게 볼까 하는 것 때문에 마음쓸 필요가 없다. 세상의 모든 일에 일일이 신경을 쓰고 바로 잡으려 하는 노력과 수고가 헛되다기보다는, 그 일들은 각각 그 일을 맡은 자들에게 맡기고 우리는 우리에게 주어진 당위를 수행해야 한다.

우리에게 주어진 이 시대적 사명을 이루어 나가는 것이 곧 우리에게 주어진 십자가이다. 우리가 해야 할 일을 묵묵히 해 나갈 때 거기에는 고난이 따르고 핍박이 있다. 무릇 신앙을 돈독히 세우는 것 자체가 세상에 대하여 싸우는 것이고 그것이 세상으로부터 오는 핍박의 대상이 된다.

우리가 싸워야 할 싸움은 단순히 세상의 조직이나 불의에 대한 것이라기보다는 바른 신앙에 대한 싸움이다. 때문에 종교를 갖고 있지 않은 사람들로부터 핍박을 당하기보다는 오히려 종교를 가지고 있는 사람들로부터 더 고난을 당하기 쉽다. 우리가 추구하는 이 복음적인 삶이 자기들의 종교와 대적이 되기 때문이다.

바꾸어 말하자면 세상 사람들은 자기들의 먹고사는 일 때문에 또는 자기들의 명예욕 때문에라도 우리에게 그다지 관심을 두지 않는다. 오히려 종교를 가지고 있는 사람들이 우리에게 적대감을 가지게 된다. 그러므로 성도들에게 가장 큰 해를 주는 주체는 세속에 물들어 타락해 버린 교회들이다. 그들은 겉으로는 우리와 같은 신앙을 표방하고 하나님의 교회인 것처럼 위장하지만 이면적으로는 참된 교회를 질투하고 훼방하며 심지어 가혹한 핍박을 자행하기도 한다.

3. 역사가 주는 교훈

우리 자신이 이러한 위치를 분별하고 이 세상으로부터 우리를 구별해낸다 할지라도 냉정하게 살펴볼 것이 있다. 그것은 바로 역사의 진행이다. 우리는 '역사가 어떻게 어디로 진행하고 있는가?' 를 볼 수 있어야 한다.

대부분의 사람들은 역사의 진행을 볼 때 매우 낙관적으로 보는 경향이 있다. 어제보다는 오늘이, 오늘보다는 내일이 더 풍요롭고 더 편리하고 더 인간답게 살 것이라는 기대감을 갖는다. 그래서 대부분의 사람들은 낙관론적인 역사관을 가지고 있다. 그러나 역사의 진행은 결코 낙관적이지만은 않다는 것을 역사를 통해 배워야 한다.

1) 잘못된 역사관

지나간 역사 속에서도 얼마든지 찬란한 문화와 문명을 찾아 볼 수 있다. 그리고 그 가운데서 지금보다 훨씬 인간을 사랑하고 아끼는 휴머니즘을 볼 수도 있다. 뿐만 아니라 하나님에 대하여 훨씬 진솔하게 신앙하는 인물들이 얼마든지 있었음을 알 수 있다. 물론 그들이 살았던 시대적 상황을 차치하고 신앙의 수준을 평가할 수는 없지만, 여하튼 지금의 일반적인 신앙의 경향을 놓고 본다면 지금이 훨씬 부패해진 것이 사실이다.

현대에 접어들수록 인간성의 파괴가 더 심해졌음을 역사는 보여주고 있다. 특히 우리 주변에서 얼마든지 볼 수 있는 것 중에 하나가 바로 인간의 부패성이다. 순전함, 온전함 또는 순결함이 부패한 인간 사회 속에서는 절대로 보존되지 못한다는 것이 그 증거이다. 시간이 갈수록 더 정갈해지고 아름다워지는 것이 아니라 점점 더 오염되고 훼손되는 경향이 농후하다.

이처럼 역사는 심판을 향하여 줄곧 달려간다. 하지만 우리는 그 역사를 거슬러 올라가는 또 다른 무리가 역사의 진행 가운데 존재하고 있음을 보아야 한다. 그들이 바로 그리스도인이며, 그것이 곧 그리스도인의 삶이다. 죄의 영역 아래 있는 세계는 겉으로는 활달하고 아름답게 보이지만 결국 죽음을 향해 끊임없이 진행하고 있다. 그와는 달리 하나님의 영을 입은 하나님의 자녀들은 그러한 역사 가운데서 분명하게 하나님의 나라를 세워 나가고 돈독하게 그 나라의 영광을 드러내고 있는 것을 볼 수 있다.

2) 구속사만이 진전 있어

아담에게서 시작된 하나님의 나라가 노아의 시대, 아브라함의 시대를 거쳐 이스라엘 시대와 다윗 시대에는 얼마나 아름답게 역사 위에 세워져 나갔는가를 볼 수 있다. 또한 이 하나님의 나라가 예수 그리스도에 의해 유기적이고 우주적이며 통일된 나라로서 세워지고(이것을 우리는

Catholic Church라고 한다), 오순절 이후 신약 시대에는 세상의 문화를 헤치고 당당히 역사 속에 세워지게 된 것을 볼 수 있다.

이러한 하나님의 나라가 종교개혁 시대를 거쳐 우리에게 왔을 때는 훨씬 더 명확하고 구체적인 하나의 아름다운 나라로 등장해 와 있음을 보고 그 감격을 감출 수 없다. 이러한 구속의 역사를 우리는 자세히 보아야 한다.

반면에 일반 세상의 역사는 그렇지 않다. 아담 시대부터 부패하기 시작한 세속의 역사는 노아의 홍수를 통해서도 깨끗하게 정화되지 못하고 점점 더 부패하여서 이 시대는 말할 수 없이 부패해 있음을 누구나 알고 있다. 이렇게 세상의 역사가 부패할수록 그리고 부패의 모습이 극단화될수록 오히려 우리는 하나님의 나라가 더 선명하고 아름답게 세워지고 있음을 볼 수 있다.

따라서 우리가 이러한 하나님의 나라 안에 있다고 한다면 이 현실의 세계에 대하여 참으로 엄청난 적대 세력을 느끼고 있어야 한다. 악의 큰 세력 밑에서 끊임없이 부패하고 있는 이 세상의 역사를 분명하게 보고 있다면 결코 이 세상에서 어떤 향수를 느끼거나 미련을 가지지 않을 것이다. 오히려 그 안에 있다가는 세상과 함께 꼼짝없이 멸망할 수밖에 없다는 두려움과 위협을 느껴야 한다.

우리는 세상보다는 오히려 자연스럽게 하나님의 나라에 대하여 친화력을 갖게 된다. 세상을 염려하고 잘 되기를 바라기보다는 하나님의 나라에 대하여 관심이 쏠리고 그 나라를 위해 무엇인가를 하고자 하는 마음이 발생하게 된다. 이것이 그 나라의 백성된 성도들의 자연스러운 경향이다. 누가 하나님을 위해 살라고 강요하는 것도 아니고 그 나라를 위해 헌신하라고 억압하지 않아도 당연히 하나님을 위하고 그 나라를 사랑하는 것이 세상을 위하고 기대를 거는 것보다 훨씬 강하게 나타나게 된다.

3) 세상의 편리함에서 분리되어야

하나님의 나라는 갈수록 부패해 가는 인간의 역사 속에서 더욱 분명하게 우리 가운데 제시되며 더 완전하게 우리 안에서 세워져 나가야 한다. 아무리 교회마저 부패하고 하나님의 뜻을 저버리고 방황하는 시대라 할지라도 그러한 역사 가운데 더 명확하고 더 순결한 하나님에 대한 사랑과 신앙과 지식을 가지고 살아가는 사람들이 분명하게 드러나게 된다. 비록 고난과 핍박이 있다 할지라도 세상에서 사는 그러한 편리함에서 부단히 그리고 과감하게 탈피하고 나오는 용기를 가진 사람들이 있다. 이것이 바로 중생한 자의 모습이요 생명 있는 자의 몸부림이다.

① 우리의 관심은 하나님 나라에 있어

전에는 세상 때문에 갈등을 느끼고, 세상 때문에 긴장을 느끼고, 그것을 어떻게 해결할까 고민하면서 인생을 허비하던 사람들이 이제는 그런 허망한 데서 구별되어 나와 전혀 새로운 삶을 갖기 시작한다. 그리고 세상에 대해서가 아니라 하나님의 나라에 대해서 오히려 아픔과 갈등을 느끼게 된다. 그럴 때 하나님 나라의 일에 관심이 있고 하나님 나라 때문에 몸부림을 치게 된다. 나아가 하나님의 백성으로서 하나님을 더 순전하게 섬기고 그 나라의 순일한 백성답게 살고자 더욱 애를 쓰는 모습이 생기기 마련이다.

이때부터 바로 그러한 하나님 나라의 백성답게 순일한 모습을 갖고 살 수 있을 만큼의 능력을 소유하고 있는가를 점검하고 그 능력을 얻기 위한 노력이 시작된다. 내가 가지고 있는 지식과 능력이 과연 나를 하나님의 백성답게 살 수 있도록 하는가 아니면 거기에 비해서 얼마만큼 무력한가를 따져보게 된다. 그리하여 내가 그 나라의 백성으로서 살아가고자 할지라도 그동안 살아온 죄된 관습 때문에 그 나라의 백성답게 살지 못하는 결핍에 대한 아픔을 뼈저리게 느끼게 되고, 마침내 자신이 철저하게 무능력함을 절감하게 된다.

② 자신의 무기력 인식해야

그 결과 당연히 자기 자신을 부정하게 된다. 자기의 자아自我를 철저하게 깨뜨리고 대신 그리스도의 십자가를 의지하게 된다. "그렇구나! 나를 부인하자. 내 자신을 철저하게 부인하자"고 결단하면서 우리는 우리 옛 사람을 십자가에 못박는 것이다. "내가 그리스도와 함께 십자가에 못박혀 죽었나니..." 하는 바울 사도의 고백과 같이 우리 자신을 십자가에 못박혀 죽게 한다. 내 현실 때문에 고민하고 내 생존을 위해 애쓰고 어떤 정신적 또는 문화적 욕구를 위해 안달하고 명예의 충족을 위해 사용한 모든 수단들을 다 십자가에 못박아야 한다.

이처럼 자신을 철저하게 부인할 때 우리에게 주시는 성신님의 능력이 절대적으로 필요하다는 사실을 알게 된다. 성신님의 능력만이 이 세상을 이겨 나갈 수 있고 내가 하나님의 백성답게 살아감에 있어서 유일한 은혜인 것을 절감하게 된다.

그리고 내가 세상 때문에 넘어졌다는 사실에 대하여 더욱 뼈저리게 아파하게 된다. 그래서 나의 무력한 현실에 대해 과감하게 미련을 버리고 그 대신에 그 가운데서 나를 구원해 내시는 하나님의 큰 능력을 의지하게 된다. 이처럼 나 자신을 부인할 때 그 자리에서 나를 붙잡고 일으키시는 하나님의 능력과 보호하심 그리고 인도하심을 이제부터는 실제로 체험하게 된다.

그렇다면 그동안 우리가 왜 현실의 삶 가운데서 그러한 하나님의 능력과 보호와 인도하심에 대하여 무감각하고 오히려 현실 앞에서 넘어지고 무너지고 실패할 수밖에 없었는가를 생각해야 한다.

첫째 이유는 우리의 무지無知 때문이다. 하나님에 대하여 그리고 풍요로운 하나님의 나라에 대하여 알고 있는 게 많지 않다. 그래서 그러한 능력을 접할 처지가 되지 못한 것이다. 하나님의 은혜를 받으려면 그 은혜에 합당한 자리에 서 있어야 한다. 그래야 하나님의 은혜가 나를 통해 온전하게 발휘된다. 그런데 하나님의 은혜를 받을 처지가 못되기 때문에 그런 복된 삶을 누리지 못한 것이다. 하나님의 은혜를 헛되이 받아들인다면 그처럼 하나님 앞에 불손한 일도 없다.

하나님의 능력을 체험하지 못하는 또 하나의 이유는 우리의 완고함 때문이다. 단단한 고집이 있어서 하나님의 말씀을 접해도 받아들이지 않고, 따라서 하나님에 대한 지식이 쌓이지 않는다. 자기가 가지고 있는 조그마한 인식의 테두리에 갇혀, 풍요로운 하나님의 나라를 접하면서도 하나님의 능력을 체험하지 못하는 것이다.

4. 하나님의 말씀으로 자라남으로써 발휘되는 참 생명의 능력

앞서 말했듯이 성신께서 그의 능력을 발휘하기 위해 꼭 필요한 요소가 있다. 바로 하나님의 말씀에 대한 풍요로운 지식이다. 하나님의 말씀이 풍성해야만 성신께서 우리를 능력 있게 인도하시고 사용하신다. 우리에게 절박한 것은 하나님의 말씀에 대한 관심과 그 말씀을 풍성하게 담는 일이다. 그것만이 하나님 나라의 백성답게 살아갈 수 있는 유일한 길이다.

말씀에 대한 지식이 없기 때문에 우리는 자꾸 실패한다. '내가 과연 말씀에 대하여 풍요로운가? 내 인생을 진행시킬 만큼 충분한 지식을 가지고 있는가?'를 확인해야 한다. 그리고 그러한 확인이 되어있지 않다면 함부로 어떤 일이든 하나님의 일인 것처럼 여긴다든지 나서는 일이 없어야 하며 사물을 자기 마음대로 판단하거나 그것으로 자신의 길을 결정해서는 안 된다.

1) 하나님의 말씀에 대한 생득적 욕구 있어야

이제 우리는 성신님으로 말미암아 우리 인생을 어떻게 경영해 나갈 것인가를 결정함에 있어서 가장 원칙적이고 초보적인 지식을 얻게 된다. 그것은 철저하게 수동적으로 사는 것이다. 갓난아이가 어머니의 태에서 나오면 그의 모든 삶을 철저하게 어머니에게 위탁하는 것과 같다. 오직 어머니의 손에 의지해 살아갈 뿐이다.

갓난아이가 스스로 알아서 자기의 인생을 개척해 나가기 위해 자신의 생존권을 보존하며 보호하려고 방어력을 키우는 일은 없다. 갓난아이는 그런 능력을 가지지도 못했을 뿐만 아니라 필연적으로 그 어머니에게서 버림을 받아 내던져짐을 당하면 죽을 수밖에 없을 정도로 연약한 존재이다. 이것이 갓난아이의 처지요 형편이다.

곧 갓난아이는 그저 젖을 먹고 살아갈 뿐이다. 그것이 그 아이가 유일하게 할 일이다. 그것도 최선을 다해야 한다. 어머니의 젖이 아프든 말든 상관하지 않고 거기에 생사를 걸고 젖을 빨아야 한다. 여유자적해 가면서 쉬엄쉬엄 젖을 먹는 것이 아니다. 그 일에 자기의 생명이 달려 있기 때문이다. 바로 그것이 그 아이의 생명력이다. 그리고 그 아이에게서는 젖을 먹는 일에서 그 생명력이 발휘되는 것이고 그것만이 그에게는 유일한 생명의 능력이 된다.

마찬가지로 우리의 생존을 위해서 그리고 우리의 생명을 위해서는 하나님의 말씀에 대하여 갓난아이가 자기의 전 삶을 다해 어머니의 젖을 먹는 것처럼 신령한 젖을 사모해야 한다. 단지 기독교적인 지식을 채워나가고 그 욕구를 충족시키기 위해서가 아니다.

참 생명은 그리스도 안에서 성신님에 의해 하나님의 말씀으로 자라남으로써 그 능력이 발휘될 수 있다. 이것이 성신께서 우리를 인도하시는 원칙적인 모습이다. 성신께서 우리에게 오셔서 가장 먼저 하나님의 말씀에 대하여 욕구를 일으키게 하신다. 그리고 섭취된 그 하나님의 말씀으로 말미암아 자기 자신을 양육시켜 나가게 하시는 것이 성신께서 우리를 인도하시는 방편이다.

2) 우리가 서 있는 위치에 대하여

성신님의 충만한 삶이라고 하는 것은 다른 것이 아니라 하나님의 말씀에 충만한 삶을 가리킨다. 우리가 하나님의 말씀에 대하여 풍요롭고 충일했을 때 성신께서 우리를 가장 능력 있게 인도하신다. 그 상태가 바로 성신의 충만한 상태가 되며 비로소 우리는 참으로 자유로운 삶을 갖게 된다.

그것이 바로 신자다운 삶을 살아가는 길이다. 가장 자연스러운 인격의 발휘가 그때부터 나타난다. 아무 것도 거리낌이 없는 자연스러움이 있다. 이런 상태가 바로 고린도전서 2장에 나오는 '신령한 사람'이다. "신령한 사람은 아무에게도 판단을 받지 아니하나 모든 것을 판단한다"는 말씀과 같이 우리가 그와 같은 장성한 분량에 이르기까지 성신님의 인도를 받음에 있어서 가장 초보적인 모습이 바로 신령한 젖을 사모하는 데서부터 시작된다.

우리의 현실 위치는 바로 이 자리에 있다. 하나님의 말씀을 간절히 사모하는 단계에 지금 서 있다. 내 인생에 대하여 내 장래에 대하여 또는 미래에 대하여 염려할 것이 아니라, 지금 우리는 그 무엇보다도 하나님의 말씀에 대하여 강한 흡입력을 가지고 있어야 한다. 그것이 없다면 우리의 생명을 더 이상 지탱할 아무런 힘도 얻을 수 없다. 다른 어느 곳에서도 찾을 수 없다.

이제 우리의 위치를 파악하고 유아적이며 피동적인 삶에서부터 출발해야 한다. 어떤 일을 하겠다고 나서기보다 그리고 뭐라도 한번 들추어 보겠다고 하거나 무슨 굉장한 일을 이뤄 보겠다고 할 것이 없다. 무엇보다도 하나님의 말씀에 대하여 풍요로울 때 우리가 장성해 나가면 나갈 수록 그만큼 더 큰 능력이 나타나게 된다. 그리고 바로 그 모습이 하나님 나라의 실체이기도 하다. 또한 그것이 곧 우리 삶의 능력이다. 이보다 더 큰 구원의 역사는 없다.

기도

거룩하신 주여!

세상이 얼마나 부패하고 완악한지 이제는 천사의 탈을 쓰고 교회를 미혹하여서 교회와 세상이 짝하고 살아도 문제가 없고 아무런 다툼도 없을 만큼 되었사옵나이다. 교회는 교회대로, 세상은 세상대로 서로를 잘 돕고 사는 것을 보옵나이다. 하오나 우리는 그것을 교회라 말하지 않습니다. 오히려 그러한 현실의 역사 가운데서 분연히 뛰쳐나와 강력하게 살아가는 또 다른 무리가 있음을 우리가 보온즉 그것이 하나님께서 세우신 교회요 신령한 교회인 것을 고백하옵나이다.

그러한 무리들로서 우리를 부르셨고 그러한 무리들과 한 몸을 이루게 하신 것을 이제는 우리가 보옵나이다. 그러하오니 주여! 우리가 여전히 옛 사람적인 습성과 혹은 세상적인 유혹과 혹은 교회의 부패함 때문에 그러한 것들에게 우리의 인생을 낭비하는 일이 없게 하옵소서. 참으로 우리 인생을 순전하게 하나님께 드리고 순결하게 하나님과 교제할 수 있는 그런 복된 자리를 주께서 마련해 주셨사오니, 이제 우리를 그곳에 세우시고 살아가게 하옵시기를 소원하옵나이다.

그러기 위해서 먼저 이 시간에 우리가 하나님의 신령한 말씀에 대해서 신령한 젖을 사모하는 마음으로 각성하게 하셨사온즉, 이제 우리의 생애가 다하는 날까지 바로 이 순간에서부터 하나님 말씀만을 사모하고 살 수 있는 그런 소원을 우리 안에 주시옵소서.

예수님의 이름으로 기도하옵나이다. 아멘.

II. 참 생명의 발현

고린도전서 13장 1-13절

1 내가 사람의 방언과 천사의 말을 할지라도 사랑이 없으면 소리나는 구리와 울리는 꽹과리가
되고
2 내가 예언하는 능이 있어 모든 비밀과 모든 지식을 알고 또 산을 옮길 만한 모든 믿음이 있을
지라도 사랑이 없으면 내가 아무 것도 아니요
3 내가 내게 있는 모든 것으로 구제하고 또 내 몸을 불사르게 내어 줄지라도 사랑이 없으면 내
게 아무 유익이 없느니라
4 사랑은 오래 참고 사랑은 온유하며 투기하는 자가 되지 아니하며 사랑은 자랑하지 아니하며
교만하지 아니하며
5 무례히 행치 아니하며 자기의 유익을 구치 아니하며 성내지 아니하며 악한 것을 생각지 아니
하며
6 불의를 기뻐하지 아니하며 진리와 함께 기뻐하고
7 모든 것을 참으며 모든 것을 믿으며 모든 것을 바라며 모든 것을 견디느니라
8 사랑은 언제까지든지 떨어지지 아니하나 예언도 폐하고 방언도 그치고 지식도 폐하리라
9 우리가 부분적으로 알고 부분적으로 예언하니
10 온전한 것이 올 때에는 부분적으로 하던 것이 폐하리라
11 내가 어렸을 때에는 말하는 것이 어린아이와 같고 깨닫는 것이 어린아이와 같고 생각하는
것이 어린아이와 같다가 장성한 사람이 되어서는 어린아이의 일을 버렸노라
12 우리가 이제는 거울로 보는 것같이 희미하나 그때에는 얼굴과 얼굴을 대하여 볼 것이요 이
제는 내가 부분적으로 아나 그때에는 주께서 나를 아신 것같이 내가 온전히 알리라
13 그런즉 믿음, 소망, 사랑, 이 세 가지는 항상 있을 것인데 그중에 제일은 사랑이라

Ⅱ. 참 생명의 발현

고린도전서 13장 1-13절

우리가 하나님의 성도들로서 각성되어 있다면 의당히 하나님께서 주시는 말씀에 따라 살아야 한다. 그리고 그 말씀을 대할 때는 마치 어린 아이가 어머니의 젖을 필요로 하는 것처럼 갈급하게 신령한 젖을 사모해서 적극적으로 그 말씀에 따라 우리의 생명이 유지되어야 한다. 그럴 때 우리의 참 생명이 이 땅에서 그 가치를 발휘하고 정상한 모습으로 발현된다.

1. 생득적 생명의 발현

모든 생명체는 태어날 때부터 생득적生得的으로 어떤 형태로든 생명을 발현할 수 있는 능력을 가지고 있다. 하나님의 아들로서 다시 태어난 성도들에게도 당연히 자기의 생명을 보존하기 위한 생득적 능력, 즉 생득적 욕구가 있기 마련이다. 그리고 성도들에게 있어서 생득적 욕구는 바로 신령한 젖을 사모한다는 점이다.

이것은 매우 필연적인 생명의 욕구이다. 요컨대 '하나님의 백성이다'

혹은 '중생한 사람이다' 라고 한다면 제일 먼저 하나님의 말씀에 대한 절대적인 필요성을 느끼게 된다. 이것은 살아 있다는 모습을 다른 형태로 드러내기 전에 먼저 말씀에 대한 욕구를 드러내는 것에서부터 생명력이 발출發出한다는 의미이다.

마치 갓난아이가 태어나자마자 어머니의 젖을 찾듯이 복음으로 말미암아 태어난 사람이라면 다른 것보다 복음에 대해서 가장 갈급해 한다. 어머니의 젖을 먹어야 할 어린아이의 입에 아무거나 다른 것을 넣어주면 먹지 못하고 넣어 준다한들 다 뱉어 버린다.

만일 다른 것을 먹게 되면 소화가 되지도 않고 오히려 생명에 지장을 주는 경우도 발생한다. 마찬가지로 성신님으로 말미암아 태어난 하나님의 백성은 제일 먼저 복음을 사모하게 된다. 뿐만 아니라 생득적으로 그 복음에만 분별하여 반응한다. 이런 것이 모두 태어날 때부터 갖는 지식이며 생리적 욕구이다.

1) 복음에 대해서만 반응하는 새 생명

하나님의 백성은 처음부터 참 복음에만 반응할 수 있는 지적인 능력을 갖고 태어난다. 그리고 철저하게 복음만을 추구하고 흡수하며 소화할 수 있다. 이것은 자기의 생존을 위한 절대적인 노력이다. 이 능력은 성신님께로부터 온다. 성신께서는 하나님의 아들이 하나님의 말씀이 아니거나 복음이 아닌 것에 아무렇게나 반응하지 못하도록 방관하지 않고 지켜주신다.

이것이 성신께서 우리와 함께 하시어 우리로 하여금 생명력을 발휘하게 하실 때 가장 먼저 하시는 일이다. 따라서 새 생명을 가진 성도들은 복음이 순결하고, 순수하며, 순일할 때에만 성신님의 보호하심 가운데 그 복음에 대하여 반응하게 된다. 그래서 복음이 아닌 것은 철저하게 거부하도록 되어 있다. 이것이 살아 있는 생명의 특성이다.

① 성신님의 사역

여기에서 우리는 큰 원리 하나를 볼 수 있는데 처음부터 복음에 반응할 수 있어야 살아 있는 생명이라는 사실이다. 다시 말하면 성신께서 우리 안에 역사하셔서 우리로 하여금 하나님의 백성으로 태어나게 하신다면 처음부터 복음 안에서 태어나게 하시고 복음을 받아들이게 하시고 반응하도록 하신다. 이것은 우리가 결정하는 것이 아니라 생득적인 욕구이며 지식이다. 성신께서 그렇게 하신다. 이처럼 성신께서는 처음부터 우리가 정상적인 복음에 접할 수 있도록 우리의 삶을 보장해 주신다.

이런 성신님의 역사가 없다면 우리는 절대로 우리의 힘으로 복음을 접촉할 수 없고 복음에 정상적으로 반응할 수 없다. 또한 그 사람은 복음을 알 수도 없고 받아들이거나 소화할 수도 없다. 성신께서 우리의 삶을 철저하게 복음에 반응할 수 있도록 역사하지 아니하신다면 사람이 아무리 애를 쓰고 노력한다 해도 결단코 복음을 접할 수 없기 때문이다.

성신께서 복음에 반응하게 하시는 이 사역이야말로 하나님의 절대적인 구원 사역이라고 할 수 있다. 이 절대적인 구원 사역 안에 들어 있는 성도에게만 성신께서 유효하게 복음에 접촉하도록 기회를 주시고 그 복음 안에서 각자의 생명을 발현하도록 여건을 마련해 주신다.

② 참 생명은 복음을 분별함

정상적인 하나님의 백성으로 태어난 성도들이라면, 즉 성신님으로 말미암아 거듭난 사람이라고 한다면 복음에만 반응하게 되고 복음이 아닌 것에 대해서는 철저하게 거부하는 모습이 있다. 이것이 바로 하나님의 지혜요 능력이다. '어떻게 하나님의 백성만이 유일하게 그리고 유효하게 복음에만 접촉하고 반응할 수 있는가?' 하는 것은 구원의 신비이다.

한편 예수 그리스도께서 십자가에 못박혀 돌아가심으로 구원을 완성하셨는데 그 십자가의 공효, 즉 효력이 선택된 하나님의 백성에게만 미칠 수 있는가는 우리로서는 도무지 이해가 안 되는 부분이며 우리가 관여할 수도 없는 일이다. 그것은 하나님의 지혜이며 능력이고 신비한 구원 사역이다.

바울은 이 신비한 구원 사역에 대하여 에베소서 3장 1-10절에서 "찬송하리로다 하나님 곧 우리 주 예수 그리스도의 아버지께서 그리스도 안에서 하늘에 속한 모든 신령한 복으로 우리에게 복주시되… 창세 전에 우리를 택하셨다"고 말한다. 하나님께서 택하신 그들을 구원하실 방편을 예비하신 것에 대해서는 "우리가 그리스도 안에서 그의 은혜의 풍성함을 따라 그의 피로 말미암아 구속 곧 죄사함을 받았으니"라고 이야기한다.

이 십자가 사건이 하나님의 지혜와 능력이며 이것이 곧 복음이다. 그리고 그것을 통하여 우리가 죄사함을 받았다는 것이 바로 복음의 능력이다. 이 복음의 능력을 통해 하나님께서 원하시는 것은 "하늘에 있는 것이나 땅에 있는 것이 다 그리스도 안에서 통일되게 하려 하심이라"는 말씀과 같이 모든 피조 세계가 그리스도 안에서 통일되는 것이며 이것이 바로 구원의 완성이다.

2) 구원은 하나님의 절대적인 주권 의지의 표현

구원이라고 할 때 거기에는 원 창조의 질서가 파괴되었음을 전제하고 있다. 그래서 원 창조의 질서를 깨뜨리고 부패시킨 죄에 대해서 구속하는 것을 구원이라고 한다. 이 구원의 결과로 무너진 창조의 질서를 회복하여 마침내 새 창조를 완성하는 것이 구원의 궁극적 완성이다. 바로 그것이 그리스도 안에서 하늘에 있는 것이나 땅에 있는 것이 모두 통일되는 모습이다. 이처럼 무너진 원 창조의 질서를 회복하고 하나로 통일되는 것이 곧 구원이다.

이 일을 위해 하나님께서는 창세 전부터 그의 백성을 택하셨고 그들을 구속하시기 위해 십자가를 준비하셨다. 그 십자가를 통하여 온 인류와 우주를 그리스도 안에서 통일시키도록 작정하셨다. 여기에 하나님의 무한한 지혜와 무한한 능력과 전능하심과 영원하심이 나타나고 있다. 이 안에 우리가 부르심 받아 들어가 있을 때 비로소 복음에 대하여 정상적으로 반응하게 된다.

① 구원의 완성은 창조 질서의 회복에 있어

내가 구원받았다고 한다면 바로 이러한 하나님의 영원하신 구원의 계획안에서 창조의 질서를 회복해 가는 과정 속에 있어야 한다. 그리고 함께 부르심을 받은 지체들과 필연적인 관계를 이루어서 그들과 공동으로 이루어가야 할 역사적인 사명을 인식하고 있어야 한다.

다시 말하면 나에게 임한 구원은 곧 지금까지 진행된 역사의 완성으로 임한 결정체이다. 그리고 지금 나의 위치는 그 결정체를 완성하는 마지막 위치에 있어야 한다. 나아가 다음 시대 교회에게 구원의 결정체를 전달해야 하는 의무를 지고 있는 상태이다. 그래서 나의 존재는 지금까지 흘러온 역사의 최종점에 서 있는 구원의 완성체이며 나아가 계속해서 다음 시대 교회에게 구원을 완수하기 위한 원인자가 되고, 마침내 이러한 구원의 연속성의 결정체가 궁극적인 구원의 완성으로 나타나 그리스도 안에서 모든 성도들과 우주가 통일을 이루게 된다.

이러한 하나님의 구원 역사 안에 있을 때 로마서 8장 28절에서 말씀하시는 것처럼 "하나님을 사랑하는 자 곧 그 뜻대로 부르심을 입은 자들에게는 모든 것이 합력하여 선을 이루느니라"는 말씀이 적용될 수 있다. 정상적인 복음에 대해서 반응하고 그 복음에 따라 자기의 생명력이 발현될 때 그를 통하여 하나님께서 마침내 구원을 완성하신다. 이 일을 성취해 나가시는 것이 하나님의 능력이다. 이 안에 들어가 있어야만 모든 것이 합력하여 선을 이루어 나가게 된다.

다시 말하면 구원의 완성을 향해 하나님의 능력이 작용하는 정도正道

안에 있는 경우에 그 일을 이루어 나가시는 하나님의 능력이 역사하여 모든 것이 합력하여 선을 이루게 하는 것이다. 자기 나름대로 살아가는 여러 과정에서 일이 잘 풀리든 안 풀리든 어떤 목적을 달성하기만 하면 모든 것이 합력하여 선을 이룬다는 그런 의미가 아니다.

그래서 바울 사도는 로마서 8장 29-30절에서 "미리 정하신 그들을 또한 부르시고 부르신 그들을 또한 의롭다 하시고 의롭다 하신 그들을 또한 영화롭게 하셨느니라"고 한다. 여기에서 사도는 정하신 성도들을 그 목적지인 영화의 자리에까지 인도하시는 하나님의 절대적인 능력을 가리켜 '선을 이룬다' 는 의미로 말씀하고 있다.

우리가 이 세상을 살아가는 길에서 어려운 일이 있어도 나중에 돌이켜 보면 은혜가 되고 자기에게 크나큰 교훈이 되기 때문에 하나님의 은혜가 크고 모든 것이 합하여 선을 이루었다고 하는 말이 아니다. 우리가 정상적으로 하나님의 말씀에 반응하고 그 복음에 따라서 생명력이 발현될 때 그 사람이 세상에서 비록 어렵게 살든 편히 살든 그러한 것과는 관계없이 구원을 완성해 내고야 마는 상태, 즉 하나님의 능력으로 구원이 완성된 상태를 가리켜 모든 것이 합력하여 선을 이룬다고 한다. 요컨데 하나님의 능력으로 구원을 이루어 가는 그 과정을 '선' 이라고 한다.

② 복음의 능력

하나님께서는 이처럼 우리 안에 복음의 능력이 발휘되어서 철저하게 하나님 앞에서 살 수 있고 마침내 그 구원의 완성을 이루게 하시려고 구원의 역사를 친히 경영하시고 이끄신다. 그래서 친히 십자가의 구속 사건을 성취하셨고 그 안에서 각각 하나님의 백성을 불러모아 구원을 완성해 나가신다. 이러한 일을 통하여 우리는 하나님의 전능하심을 보게 된다.

'하나님은 전능하시다' 는 말은 하나님께서 베푸신 언약을 마침내 성취하시는 역사의 진행 가운데서 나온 말이다. 여기에서 우리는 역사 안에서 언약을 신실하게 성취하시는 사실을 통해 하나님께서 역사의 주관자이심을 명백히 확인하게 된다.

이러한 하나님 곧 역사의 주관자이시고 신실한 언약의 시행자이시며 전능하신 하나님이신 그분이 우리가 순일한 복음에 접촉하고 반응할 수 있도록 역사하시는 일에서부터 그 자신을 계시하기 시작하신다.

하나님이 우리의 아버지이신 것을 여타의 기기묘묘한 어떤 현상으로 나타내지 않으시고 먼저 그의 자녀들을 순전한 복음에 접촉케 하심으로써 우리가 하나님의 아들임을 알아가게 하시는 분이시다. 그리고 그러한 복음에 접촉한 성도들은 그 복음을 흡수하고 소화시켜 지식이 자라남으로써 하나님이 역사의 주관자이시며 신실한 언약의 하나님이시며 전능하신 하나님이시라는 사실을 알아 가게 되고, 또한 그 지식에 근거하여 자기가 하나님의 아들임을 알아 가게 된다.

마치 신생아가 처음부터 어머니를 알아보고 어머니를 위해 효도를 하겠다고 나서는 것이 아니라, 어머니가 신생아에게 젖을 먹여 자라게 해서 그 장성한 아이가 나중에 어머니를 위해 효도를 하는 것과 같다. 우리가 새 생명으로 태어났다면 하나님께서는 그 생명을 보존하고 장성케 하기 위해 먼저 신령한 젖을 공급해 주신다. 우리는 그 신령한 젖을 먹고 자라서 하나님의 자녀라는 사실을 깨닫게 되고 비로소 하나님의 거룩하신 뜻을 알아 그의 영광을 발현하는 자리에까지 도달하게 된다.

③ 교회는 복음을 순결하게 보수해야

하나님께서 그의 자녀들에게 공급하실 신령한 젖을 위탁하신 곳이 바로 교회이다. 따라서 역사적인 개혁 교회는 하나님께서 그의 자녀들을 위해 공급하시고자 하신 신령한 젖 곧 복음을 순결하게 보존해야 한다. 또한 그 복음으로 하나님의 자녀들을 잘 양육해야 할 의무가 있다. 그러기 위해 이 복음이 오염되지 않게 파수하고 이단들로부터 복음이 훼손되지 않도록 지켜야 한다. 나아가 이 복음을 잘 간직하여 다음 시대 교회에 전수해 주어야 한다. 이렇게 해서 순일한 복음이 역사를 타고 우리에게까지 전수된다.

바로 이러한 전달의 과정에서 곧 우리에게 복음이 전수되는 과정에서 하나님께서 철저하게 보호해 주지 않으셨다면 우리가 받은 복음은 이미 상당히 훼손되거나 오염되었을 것이다. 때문에 우리는 절대적인 하나님의 보호 속에서만 순수한 복음을 받을 수 있다.

반면 만일 하나님께서 복음이 변질되지 않도록 지켜주시지 않는다면 우리의 생명을 유지할 수 있는 복음을 섭취할 수 없다. 따라서 우리가 받은 복음이 참으로 살아 있고 우리의 생명이 새 생명으로서 분명하다면 그 복음의 능력으로 장성하게 되어 비로소 하나님의 아들다운 품성이 드러나고 정상적인 생명의 모습이 발현되어야 한다.

그러므로 우리의 새로운 생명력이 처음부터 하나님을 위한다는 명분으로 나타나는 것이 아니다. 교회를 위해 봉사하고 구제 사업을 많이 하고 기도를 많이 하는 등의 종교적 행사를 하는 것에서부터 구원받은 생명이 발현되는 것도 아니다. 오히려 제일 먼저 정상적으로 복음에 대하여 정당하게 반응하는 것이 그가 참 생명을 가지고 있다는 표징이 된다.

때문에 어떤 사람이 복음이 아닌 것에 반응하고 마음이 끌려 살아간다면, 그 사람이 비록 교회에 열심히 출석하고 또 어떤 직분을 맡아서 봉사하고 심지어 자기 몸을 불사르는 데까지 내어준다 할지라도, 그 사람이 새 생명을 가지고 있다고는 절대로 말할 수 없다.

살아있는 생명이라 한다면 복음 이외의 다른 것에 대해서 반응할 수 없다. 때문에 이단 사설邪說에 빠져 있다거나 복음이 아닌 비진리에 대해서 고집하는 사람에게 있어서는 함부로 새 생명을 가졌다든지 중생했다고 말할 수 없다.

2. 참 생명의 성장

이처럼 참으로 중생한 사람 곧 하나님께로부터 태어난 사람에게는 처음부터 하나님께서 그 생명을 보장해 주시기 위해서 순일한 복음을 주신다. 그래서 그는 그 복음 안에서 당연하고 자연스럽게 정상적인 하나님의 아들로서 장성하게 된다. 그렇다면 여기에서 우리는 무엇이 참 복음이고 정상적인 하나님의 아들로서 성장할 수 있도록 하는가에 대해서 살펴볼 필요가 있다.

1) 복음은 제일 먼저 그리스도의 속죄를 깨닫게 해

우리가 하나님의 아들로서 성장하는 데 있어 제일 첫걸음은 그리스도의 속죄 사실을 깨닫는 일이다. 이것은 정상적인 복음에 접촉되었고 그 복음 안에서 자기 생명이 발현될 때 가장 먼저 깨닫는 것이 바로 그리스도의 속죄 효력이다. 따라서 우리가 하나님의 복음에 노출되면 우리 자신이 죄인이라는 사실을 통감하게 된다. 그래서 당연히 속죄를 받아야 할 위치에 서 있다는 사실을 인식하게 되고, 속죄의 절대적인 필요성을 심각하게 느끼게 된다.

① 죄에 대하여

죄를 속하기 위해서는 속죄의 대상인 '죄'가 무엇인지를 알아야 한다. 성경에서 속죄란 자기가 좀더 윤리적으로 깨끗하고 도덕적으로 완성되는 면에서 죄를 없애는 것을 말하지 않는다. 성경에서는 하나님과 관련지어 부족한 것을 죄라고 한다. 그래서 우리가 복음을 접하게 되면 먼저 하나님 앞에서 자기 자신이 전적으로 결핍되어 있다는 사실부터 자각하게 된다.

곧 하나님의 순전하심과 온전하심에 비하여 자기 자신이 얼마나 부족이 많고 불순하며 불완전한 존재인가를 알게 된다. 그런 면에서 우리는 부패하고 결핍이 많은 사람들이다. 하나님의 순결하심과 흠 없으심에 비하여 우리가 얼마나 추하고 악한지를 말할 때 부패했다고 표현하는 것이다. 그중에서도 가장 심각한 것은 하나님에 대한 지식이 부패해 있다는 사실이다.

하나님에 대하여 바로 알지 못하는 것부터가 하나님께 불손한 모습이다. 의당히 대접해야 할 대상에게 전혀 걸맞지 않는 대우를 한다면 그처럼 큰 실례는 없다. 더군다나 그 대상이 온 우주의 대주재이신 하나님이라고 한다면 우리는 마땅히 죽어야 할 대역죄인이다. 그래서 복음을 접하면 먼저 하나님께 정당한 대접을 해드리지 않았다는 것에 대하여 가장 부끄러움을 느끼게 된다. 지금까지 하나님을 대주재이신 하나님으로 알지 못하고 대접하지 못한 것에 대하여 깊은 통분을 느끼게 된다.

반면에 복음으로 말미암아 하나님에 대하여 정당한 지식을 갖게 되면 그 다음에 하나님의 절대적인 의의 속성에 대하여 두려움을 느끼게 된다. 일반적으로 우리는 사랑의 하나님이라는 말을 너무나 쉽게 들을 수 있기 때문에 사실 왜 하나님의 사랑이 소중한지조차 모르고 하나님의 사랑을 쉽게 여기고 만다.

이런 폐단은 소위 복음주의라고 자처하는 사람들에게서 흔히 나타난다. 그들은 누구에게나 그리스도의 복음을 전파해야 한다는 명분 아래 사람들의 관심을 끌어내기 위해서 하나님의 사랑부터 강조한다. 근본적으로 하나님이 누구인가를 가르쳐야 하는데도 그러기 위해서는 많은 시간과 노력이 필요하다는 핑계를 구실 삼아 그런 편법을 쓰고 있다.

그러나 진정으로 복음을 이해하기 위해서는 먼저 우주의 대주재이시고 역사를 경영하시며 구원을 완성하시는 하나님 앞에 자기 자신이 얼마나 결핍이 많고 악한 죄인인가를 각성해야 한다. 구원을 이루어 가시는 하나님의 경영에 대하여 얼마나 대적해 왔고 사단의 편에서 하나님의 나라에 대항하여 왔는가를 통분히 여겨야 한다. 그 결과 자신의 결핍과 부패 때문에 하나님에 대하여 정당하게 알지 못하였다는 사실과 하나님의 구원 사역에 대하여 무관심했던 사실이 하나님의 엄중하신 심판의 대상이라는 점에서 두려워해야 한다. 여기서부터 하나님을 경외하는 의식을 가지게 된다. 그러므로 '경외'란 말속에는 하나님을 두려워하고 그 앞에서 떤다는 의미가 내포되어 있다.

② 교인들의 무관심

심각한 문제는 이미 교회 안에 들어와 있는 사람들이 오히려 정상적으로 복음을 접할 기회를 상실하기 쉽다는 점이다. 오랫동안 교회에 다니는 타성에 젖어 매일 듣는 하나님의 말씀이 심판대 앞에서 엄중하게 꾸짖으시는 엄위하신 하나님의 음성으로 들리지 않고, 자기를 위로하고 혹은 윤리적으로 좀더 깨끗하게 살라는 교훈 정도로 밖에 들리지 않는다.

어떤 사람들에게는 하나님의 말씀에 대한 관심이 학구적인 욕구를 채우는 것으로 방향이 바뀌게 되는 경우도 있다. 이런 사람들에게는 하나님의 말씀이 유익하고 쾌감을 가져다 줄지는 모르지만 실제로 그의 영혼을 살리고 구원을 이루어 나가는 복음의 능력과는 아무런 상관이 없다.

하나님의 말씀을 접하는 자세에 있어서도 매우 신중할 필요가 있다. 결코 하나님의 말씀이 부드럽고 안온한 것만은 아니다. 왜냐하면 그의 사랑하는 백성이 하나님의 뜻을 알고 행하는 데 있어서는 그처럼 위로와 평안이 되는 말씀이 없지만, 하나님을 거스르는 자들에게는 그만큼 엄중한 심판의 말씀도 없기 때문이다. 우리는 하나님의 말씀에 대해 최대의 두려움과 떨림으로 대해야 한다.

③ 복음을 이해할 능력이 결여되어 있어

하나님의 말씀에 두려움을 느끼고 하나님에 대하여 바르게 알지 못함에 대한 깨달음이 있다면, 그 다음에 우리는 하나님에 대한 지식을 바르게 알 만한 능력이 없다는 각성이 뒤따라야 한다. 그래서 복음을 접촉하게 되면 그 다음 단계로 내가 하나님에 대한 정당한 지식을 내 안에서 이끌어 낼 만한 능력이 없고, 또 비록 하나님에 대하여 어느 정도 지식을 가지고 있다 할지라도 우리의 지혜와 능력으로는 하나님의 의에 대하여 정상적으로 반응할 수 없다는 전적인 무능력에 빠져 있음을 알게 된다.

따라서 이제 더 이상 하나님을 나의 노력으로 알려고 하는 시도나 내 의지로 하나님의 의를 충족시켜 보려는 시도는 하지 않게 된다. 자신의 지혜와 능력으로 하나님으로부터 구원을 얻으려 하는 그런 비천한 생각은 하지 말아야 한다. 오히려 정상한 그리스도인이라면 예수 그리스도의 속죄 공효를 입어야만 한다는 것을 더욱 절실하게 느끼게 된다. '그렇구나! 그러니까 하나님께서 십자가를 마련해 놓으셨구나!' 하는 십자가의 절대적인 필요성을 절감하게 된다.

이 십자가만이 죄인으로 하여금 하나님 앞에서 의롭다고 인정받게 하는 유일한 하나님의 원칙이다. 예수 그리스도의 십자가 외에 다른 어떤 것으로든, 어떤 이유로든 하나님으로부터 칭의를 받을 수 없다.

2) 그리스도의 속죄로 말미암은 칭의

이러한 사실을 깨닫게 되면 하나님의 절대적 구원 사역이 내 생애 전체의 과정 속에서 마침내 이루어지고야 말 것을 믿을 수 있다. 다시 말하면 이처럼 나를 구원시키기 위해 역사를 진행하시는 하나님이라면 나에게 새 생명을 주실 뿐만 아니라 그 새 생명을 통하여 나를 가장 온전하게 하나님 나라의 한 분자로서 역할을 하도록 도우시고, 마침내 하나님께서는 역사의 최종점에 이르러서 나의 구원을 완성하시는 분이심을 신앙하게 된다.

① 그리스도의 십자가 효력 의지해야

이것을 바탕으로 이제 내가 하나님 앞에서 의롭다 하는 것을 체득한다. 단지 이론적으로만 "나는 하나님께서 나에게 죄가 없다라고 선언하셨기 때문에 나는 하나님 앞에서 의롭다"고 여기는 것이 아니다. 앞에서 말한 것처럼 하나님께서 역사 안에 마련해 놓으신 구속의 유일한 방편으로 십자가를 정해 놓으시고 거기에 접촉할 수 있도록 나 자신을 철저하게 경영해 나가시는 분이기 때문에 마침내 내 인생 과정 속에서 복음을 통하여 나를 구원시키실 하나님의 능력을 보아야 한다.

그리고 나에게 하나님께서 예수 그리스도의 구속을 이루실 것을 내다봄으로 말미암아 하나님으로부터 내가 의롭다함을 받았음을 확신하게 된다. 하나님께서 나를 의롭다 하실 때에도 마찬가지이다. 내가 예수 그리스도의 십자가의 공효를 입고 의지할 때 하나님께서는 나의 나머지 인생에 대하여 의롭다고 인정해 주신다. 즉 내가 예수 그리스도의 십자가의 공효를 힘입어 산다면 마침내 구원을 이루고야 말 것을 하나님께서 아시기 때문에 그것을 바라보시고 나를 의롭다고 인정하시는 것이다. 지금 내가 의를 완성해 놓고 하나님 앞에서 떳떳하고 완성된 인간이기 때문에 의롭다고 하시는 것이 아니다. 십자가를 의지하고 십자가의 공효를 힘입고 있기 때문에 지금은 완전하지 않지만 십자가 안에서 마침내 완성될 구원을 보시고 하나님께서는 의롭다고 선언하신다.

② 그리스도의 속죄는 하나님의 공의를 만족하게 해

우리가 십자가의 공효를 의지한다고 할 때 '죄의 오염과 부패로 인한 지금까지의 결핍을 어떻게 해결할 것인가?' 하는 문제가 남아 있다. 우리가 살아오는 동안 우리 인생이 가지고 있는 죄로부터 기인된 오염과 부패를 우리가 어떤 대가를 치러서 보완하고 보충한다는 것은 도저히 불가능하다. 우리에게는 그럴 능력도 없으며 이미 한번 낭비된 인생은 다시 회복할 수 없다. 이것은 불가능한 것이 아니라 전혀 회복할 기능이 없는 무기능한 상태이다.

특히 우리의 인생이 낭비된 면에 대하여 생각한다면 마땅히 우리가 하나님 앞에서 살아야 할 본분에 대해 무지하고 무기능하고 무관심하게 지금까지 살아온 것이 바로 낭비이다. 그것이 하나님 앞에서 결핍이다. 결국 이 순간까지 내 인생으로서 마땅히 살아야 될 본분에 대해서 철저하지 못한 그 모든 것이 하나님 앞에서 불순종이며 죄이다.

③ 우리의 결핍을 해소하는 십자가

반면에 우리가 온전하다는 의미는 예수 그리스도의 십자가의 공효를 통해서 지금까지 우리의 모든 결핍을 예수님께서 보충해 주신다는 사실을 근거로 한다. 지금까지 인생의 결핍을 예수께서 십자가의 효력으로써 만회하여 주신다. 때문에 예수님께서는 우리에게 "하늘에 계신 너희 아버지의 온전하심 같이 너희도 온전하라"(마 5:48)고 말씀하신다.

창세기 17장 1절에는 "너는 내 앞에서 행하여 완전하라"고 하나님께서 요구하시는 말씀이 나온다. 이 말씀은 히브리적인 특수 용법으로 "네 자신을 네 스스로 내 앞에서 완전하게 행하거라"는 재귀적 강조형이다. 이 말씀은 인생의 여정 가운데 점차 완전한 데로 나아가라는 하나님의 격려의 뜻을 담고 있다. 우리에게는 지금까지 살아온 죄의 흔적이 많이 있고 여전히 결핍이 남아 있어서 결코 하나님 앞에서 완전할 수 없다.

그러나 예수 그리스도의 십자가 공효를 힘입을 때 그 모든 것이 만회된다. 그래서 우리가 지금 하나님 앞에서 완전해 질 수 있다. 내 자신을 하나님 앞에 내어놓았다고 해서 완전한 것이 아니라 이미 그리스도께서 내 인생의 모든 구멍난 것을 채워주심으로 말미암아 완전한 것으로 삼아주었다는 의미이다. 그래서 우리는 의로운 사람으로 하나님께 인정받는 것이고 거룩한 성도라고 일컬음 받게 되었다.

④ 하나님 앞에서 온전하게 산다는 의미

바로 이러한 자리에 서 있을 때 비로소 하나님의 사랑을 받고 또 하나님을 사랑할 수 있는 자격이 주어진다. 그러기 전에는 하나님과 어떤 관계도 가질 수 없다. 도저히 우리로서는 하나님과 교통할 수 있는 자격이 없다. 하지만 예수님이 십자가의 공효로 결핍된 우리의 모든 것을 메워주셔서 우리가 하나님 앞에 설 자격이 주어졌다.

때문에 좀더 일찍 복음을 접촉하고 그 안에서 장성하는 것이 보다 복된 삶이다. 나이가 든 후에 그 은혜를 누리기보다는 일찍부터 복음을 접하고 복음을 통해서 성장하는 것이 훨씬 아름답다. 그것처럼 복된 삶이 없다.

이렇듯 언제든지 예수 그리스도의 십자가 공효를 분명히 입기만 하면 죄의 흔적과 결핍이 우리의 생애 속에 많이 남아 있다 할지라도 그 모든 것을 예수께서 만회하여 주신다는 사실이 우리로 하여금 힘있게 살아가게 한다. 이로써 하나님 앞에서 우리가 온전하게 살아갈 수 있다.

그 결과 온전한 성도들로서 하나님을 사랑할 수 있으며 하나님의 자녀로서 자격을 인정받게 된다. 그렇게 될 때 비로소 '나는 하나님의 아들이다' 고 말할 수 있다. 그러므로 아직까지 예수 그리스도의 십자가의 공효에 대하여 실감하지 않고 있다면 어떤 이유로든지 자신을 하나님의 아들이라고 할 수 없다.

3. 사랑, 하나님의 아들만이 누리는 특권

이제 우리가 하나님의 아들이 되었다면 그 다음에 할 일은 하나님을 순결하게 사랑하여야 한다. 순결한 사랑이란 오롯한 사랑을 말한다. 오직 유일하게 하나님만을 사랑의 대상으로 삼아야 한다. 결코 여기에는 불순不純과 불경不敬이 있어서는 안 된다. 하나님을 사랑하는 것이 인생의 최종 목적이 되어야 한다. 이것이 중생한 사람이 가지는 고유한 특성이다.

1) 사랑은 하나님 아들된 자의 성품

"사랑은 오래 참고 사랑은 온유하며 투기하는 자가 되지 아니하며 사랑은 자랑하지 아니하며 교만하지 아니하며 무례히 행치 아니하며 자기의 유익을 구치 아니하며 성내지 아니하며 악한 것을 생각지 아니하며 불의를 기뻐하지 아니하며 진리와 함께 기뻐하고 모든 것을 참으며 모든 것을 믿으며 모든 것을 바라며 모든 것을 견디느니라"고 고린도전서 13장 4-7절에서 사랑에 대하여 말씀하고 있다.

이것이 하나님의 아들된 자의 사랑이며 곧 하나님의 아들된 자로서 삶의 모습이다. 그리고 이것이 하나님께 대한 신앙이다. 신앙에 대하여 여러 가지 많은 말을 할 수 있다. 하지만 이처럼 온전한 신앙은 없다. 하나님을 온전히 사랑하고 순결하게 사랑하는 것, 오롯이 순전하게 사랑하는 것 그리고 온 마음을 다 드리는 것이 바로 신앙이다.

따라서 고린도전서 13장에 나오는 이 사랑의 독특한 성격은 유일하게 하나님의 아들된 성도들, 즉 하나님을 신앙하는 자들에게서만 나타나는 독특한 성품이다. 하나님의 아들된 자가 아니고서는 이러한 모습을 나타낼 수 없다. 이 까닭은 우리가 믿음이 좋아지고 점차 하나님을 잘 섬기게 되어서 하나님을 그처럼 사랑하는 것이 아니라 처음부터 하나님의 아들이라면 의당히 그렇게 하나님을 사랑해야 하기 때문이다. 여기에서부터 우리의 신앙이 시작하는 것이고 구원받은 성도로서의 삶이 시작되는 것이다.

여기서 사랑의 속성, 즉 '오래 참고 온유하고 투기하지 않고 자랑하지 않고 교만하지 않고 무례히 행치 않는' 이런 특성들은 모두 하나님의 속성과 관련된다. 곧 하나님의 인격이다. 하나님만이 이런 완전한 사랑을 하실 수 있다.

그러면 우리가 어떻게 해서 하나님의 인격을 드러내고 하나님만이 가지신 그러한 고결한 사랑을 나타낼 수 있는가 하는 의문이 발생하게 된다. 또한 이것은 우리 안에서 그와 같은 고결한 하나님의 품성을 과연 드러낼 수 있는가 하는 문제이기도 하다. 바로 그 해답이 곧 예수 그리스도를 닮는 일이다. "너희 안에 이 마음을 품어라 곧 그리스도 예수의 마음이니"(빌 2:5)라는 말씀과 같이 그리스도를 닮아야 한다.

바울은 빌립보 성도들에게 서로 사랑하는 가운데서 행하는 겸손하고 헌신적인 봉사를 통해 하나되는 공동체를 이루는 것이 복음에 합당한 삶이라고 강조한다. 이 주제는 "너희 중에는 그렇지 아니하니 너희 중에 누구든지 크고자 하는 자는 너희를 섬기는 자가 되고 너희 중에 누구든지 으뜸이 되고자 하는 자는 모든 사람의 종이 되어야 하리라"(막 10:43-44)는 예수님의 가르침에 근거해 있다.

이 예수님의 가르침은 "사람의 모양으로 나타나셨으매 자기를 낮추시고 죽기까지 복종하셨으니 곧 십자가에 죽으심이라"(빌 2:8)에서 그 극치를 이루고 있다. '낮추셨다' (ϵταπεινωσεν)는 말은 어떤 큰 업적을 이루려 애쓰지 않았다는 의미이다. 다툼과 허영 그리고 남보다 나를 높이는 사람들과는 달리 그리스도는 명예와 권리와 신용을 얻기 위한 싸움이 있는 곳에 서지 않으셨다. 대신 그리스도의 전 생애는 자기 부인과 자기 헌신과 자기 희생으로 특징지어진다.

바울은 이 '낮추셨다' 는 단어를 더 자세히 설명하기 위해 그리스도께서 죽기까지 복종하셨다고 강조한다. 그리스도는 스스로를 낮추시되 죽기까지 하나님께 순종하셨다. 그 극치가 바로 십자가에 못박힌 죽음이다. 여기에서 바울은 그리스도의 십자가 죽음의 초점을 자신의 십자가

신학theologia crucis과 일치시킨다. 이것은 그리스도의 죽음이 대속의 죽음이었기 때문이다. 그러나 여기에서 바울은 이 십자가의 죽음을 그리스도의 낮아짐의 극치, 곧 하나님으로부터 분리된 인간의 가장 처참한 상황까지 낮아짐을 강조하기 위해 등장시키고 있다.

그리스도께서 십자가의 죽음을 받아들이신 것은 하나님과 사람에 대한 궁극적인 긍정의 대답이었고 사람들에게 헌신적으로 봉사하는 것으로 나타난 하나님에 대한 궁극적 순종의 행위였다. 그렇지만 그리스도의 죽음은 다른 사람들이 그랬던 것처럼 자연적인 죽음이 아니었다. 곧 그리스도의 십자가 위에서의 죽음은 하나님으로부터 저주를 받은 죽음(신 21:22, 23; 고전 1:23; 갈 3:13; 히 12:2)이었으며, 하나님의 형상으로 계셨고 하나님과 동등이셨던 분이 자기를 비우고 자기를 낮추고 자기를 범죄자의 죽음에 맡긴 죽음이었다.

여기에서 바울은 빌립보 성도들도 그리스도의 모범을 따를 것을 요구하고 있다. 그리스도께서 죽기까지, 십자가에서 죽기까지 복종하셨다면 성도들 역시 하나님의 명령에 복종해야 한다. 그 복종은 성도들의 생활 가운데서 주님의 정신, 곧 하나가 되고 겸손하여지며 서로 돌아보는 정신을 발휘하는 것으로 나타나야 한다. 그것이 하나님을 기쁘시게 하는 일이기 때문이다.

2) 그리스도의 인격 닮아야

사도 바울이 지적한 대로 '하나님의 아들이신 예수 그리스도를 아는 일에 하나가 되어 온전한 사람으로 장성해 나간다'(엡 4:13-16)는 말씀과 같이 예수 그리스도를 닮는다는 것은 가장 온전한 사람으로 장성한다는 의미이다. 바로 그 모습이 우리의 삶을 통하여 하나님의 인격을 드러내는 모습이어야 한다.

여기에서 바울은 빌립보 교회를 향하여 그들이 항상 복음에 복종하였음을 상기시키고 있다. 바울은 복음에 담겨 있는 하나님의 요구를 맨 처음 전달했을 때 그들이 보여 주었던 태도를 기억하고 있다(행 16:14, 32, 33). 마찬가지로 빌립보 교회는 지금도 자신의 사도적인 명령을 계속해서 따를 것을 의심치 않는다. 그들의 복종은 선포된 하나님의 말씀을 듣는 것(살후 1:8)과 그 말씀을 따르는 것으로 나타난다. 그러므로 바울은 빌립보 교회가 전에도 복음에 복종했던 것처럼 지금도 계속 복종할 것을 바라면서 '너희 구원을 이루라' 고 권하고 있다.

바울은 이 구원을 '두려움과 떨림' 으로 이루어 나가기를 기대한다. 이 말은 경외와 존경의 의미를 가지고 있지만 여기에서는 하나의 관용구로 공동체 안에서 상호간의 존경과 경외의 태도를 가리키는 말로 사용되었다. 이것은 그리스도의 모범에 따라 하나님의 뜻에 복종하거나 자기를 낮추는 태도와 잘 어울린다. 따라서 '두려움과 떨림' 으로 구원을 이루라는 말은 교회 공동체 안에서 영적인 성장을 이룸에 있어 서로 순종하고 힘쓰라는 의미를 가진다. 예수의 삶에서와 마찬가지로 교회의 삶에서도 하나님 아버지의 뜻에 대한 복종이 행동의 가장 강력한 동기가 되기 때문이다

때문에 바울은 다툼과 허영, 원망과 시비와 같은 교회의 하나됨을 깨뜨리는 요소들을 제거할 것을 강력하게 명하고 있다. '흠이 없고 순전하여' 란 사람에게나 하나님에게서 비난이나 야단을 맞을 것이 없을 정도로 흠이 발견되지 않는다는 사실을 강조하고 있다. 이러한 변화는 하나님의 요구에 대한 인간 의지의 겸손하고도 적극적인 응답이 있을 때 가능하다. 더불어 하나님께서 이러한 것들을 요구하신다는 것은 하나님이 베푸시는 은총의 창조적인 힘과 결합되어 있다는 사실을 명심해야 한다.

우리가 순수한 인격을 갖고 순결한 사랑을 하나님과 나눌 때 세상을 이길 수 있는 힘이 발휘된다. 세상의 악과 죄를 이길 수 있는 능력이란 하나님에 대한 사랑이 얼마나 철저하고 순결하느냐에 따라 달라진다.

하나님에 대한 사랑이 그만큼 순전하지 못하면 우리는 세상의 악과 죄 앞에서 타협하거나 무너질 수밖에 없다. 그 예를 하와를 통해 찾을 수 있다.

3) 사랑은 유일한 대상에게 절대적으로 발휘되어야

하와 자신은 온전한 인격을 가진 사람으로서 아담을 향한 사랑에 대해 철저해야 했다. 그런데 정상적으로 아담에게 베풀어야 할 사랑의 교통이 뱀에게로 흘러감으로써 거기에서 죄가 잉태되기 시작했다. 사랑의 잘못된 대상에 대한 발휘가 이처럼 낭비될 때 거기에 틈이 생기고 악이 발생하기 시작했다.

인격을 가진 하와가 교제할 대상은 인격을 가진 아담 한 사람이어야 했다. 그런데 그 대상이 아담이 아닌 뱀이라는 것에서 악이 발생한 것처럼 사랑의 대상에 대한 철저함이 없다면 그 사랑은 순일함이 상실되고 능력 또한 감소하게 된다. 마찬가지로 하나님에 대한 사랑이 빈약하면 할수록 그 속에 죄가 들어오기가 쉽다.

하나님에 대한 사랑이 철저할 때 비로소 우리는 하나님의 나라를 소망하고 의를 구하는 하나님의 군사가 될 수 있다. 하나님의 능력 있는 군사는 얼마나 하나님을 사랑하는가에 따라 그 능력의 정도가 달라진다. 오직 하나님 한 분만을 사랑하는 사람만이 능력 있는 군사가 된다. 하나님의 군사가 된 자라야 비로소 하나님께 헌신할 수 있고 하나님의 뜻을 구할 자격이 있으며 그 뜻을 이룰 수 있다.

로마서 6장 12-13절에서 "그러므로 너희는 죄로 너희 죽을 몸에 왕노릇하지 못하게 하여 몸의 사욕을 순종치 말고 또한 너희 지체를 불의의 병기로 죄에게 드리지 말고 오직 너희 자신을 죽은 자 가운데서 산 자 같이 하나님께 드리며 너희 지체를 의의 병기로 하나님께 드리라"고 한 말씀처럼 우리를 적극적으로 하나님께 드리기 위해서 하나님을 철저하게 사랑해야 한다. 이런 사람이어야 무엇을 먹을까, 무엇을 입을까 염려하지 않고 온전히 하나님의 나라와 그의 의를 구할 수 있다.

그리하여 로마서 12장 1-3절에서 말하는 것처럼 "이 세대를 본받지 말고 하나님의 의로우시고 선하신 뜻이 무엇인지 분별하라" 하신 분별력이 생기게 된다. 이러할 때 비로소 우리의 본분이 무엇인지를 알게 된다. 곧 충분하게 하나님께 대한 지식과 하나님의 말씀에 대한 분별력이 있을 때 비로소 하나님의 뜻을 구현하게 되고 하나님의 뜻을 성취할 수 있는 위치에 서게 된다.

기 도

아버지!

우리 인생이 죄로 말미암아 부패하고 오염되어 있어서 결단코 하나님 앞에 설 수가 없고 하나님을 반역할 수밖에 없는데, 이제 성신께서 우리로 하여금 정상적인 자리에 서게 하시고 복음으로 말미암아 말씀을 깨닫게 하심을 생각할 때 참으로 그 은혜가 한량없이 크고, 우리에게 은혜의 능력이 되옵나이다.

아버지! 우리가 이와 같이 하나님의 말씀에 정당하게 반응할 수 있는 위치에 서게 되었사오니, 신령하게 자라나서 하나님께 대하여 순전하게 사랑하고 그 사랑에 힘입어 새 힘을 얻고 그리스도의 의로운 군사들이 되게 하시옵소서. 이제 우리를 하나님 앞에 의로운 병기로 드리오니 주께서 받으시고 하나님의 나라를 이루는 일에 우리를 사용하옵소서.

바로 그것이 우리의 본분이오니 그러한 것을 잘 깨달아서 이 세대를 이겨나가고 그들과 짝하지 않고 온전히 하나님 나라를 구현해 나가는 삶을 우리 안에서 성취하게 하시옵소서.

예수님의 이름으로 기도하옵나이다. 아멘.

III. 우리의 본분 BEING

고린도전서 3장 1-23절

1 형제들아 내가 신령한 자들을 대함과 같이 너희에게 말할 수 없어서 육신에 속한 자 곧 그리스도 안에서 어린아이들을 대함과 같이 하노라
2 내가 너희를 젖으로 먹이고 밥으로 아니하였노니 이는 너희가 감당치 못하였음이거니와 지금도 못하리라
3 너희가 아직도 육신에 속한 자로다 너희 가운데 시기와 분쟁이 있으니 어찌 육신에 속하여 사람을 따라 행함이 아니리요
4 어떤 이는 말하되 나는 바울에게라 하고 다른 이는 나는 아볼로에게라 하니 너희가 사람이 아니리요
5 그런즉 아볼로는 무엇이며 바울은 무엇이뇨 저희는 주께서 각각 주신 대로 너희로 하여금 믿게 한 사역자들이니라
6 나는 심었고 아볼로는 물을 주었으되 오직 하나님은 자라나게 하셨나니
7 그런즉 심는 이나 물 주는 이는 아무 것도 아니로되 오직 자라나게 하시는 이는 하나님뿐이니라
8 심는 이와 물 주는 이가 일반이나 각각 자기의 일하는 대로 자기의 상을 받으리라
9 우리는 하나님의 동역자들이요 너희는 하나님의 밭이요 하나님의 집이니라
10 내게 주신 하나님의 은혜를 따라 내가 지혜로운 건축자와 같이 터를 닦아 두매 다른 이가 그 위에 세우나 그러나 각각 어떻게 그 위에 세우기를 조심할지니라
11 이 닦아 둔 것 외에 능히 다른 터를 닦아 둘 자가 없으니 이 터는 곧 예수 그리스도라
12 만일 누구든지 금이나 은이나 보석이나 나무나 풀이나 짚으로 이 터 위에 세우면
13 각각 공력이 나타날 터인데 그날이 공력을 밝히리니 이는 불로 나타내고 그 불이 각 사람의 공력이 어떠한 것을 시험할 것임이니라
14 만일 누구든지 그 위에 세운 공력이 그대로 있으면 상을 받고
15 누구든지 공력이 불타면 해를 받으리니 그러나 자기는 구원을 얻되 불 가운데서 얻은 것 같으리라
16 너희가 하나님의 성전인 것과 하나님의 성령이 너희 안에 거하시는 것을 알지 못하느뇨

17 누구든지 하나님의 성전을 더럽히면 하나님이 그 사람을 멸하시리라 하나님의 성전은 거룩
하니 너희도 그러하니라
18 아무도 자기를 속이지 말라 너희 중에 누구든지 이 세상에서 지혜 있는 줄로 생각하거든 미
련한 자가 되어라 그리하여야 지혜로운 자가 되리라
19 이 세상 지혜는 하나님께 미련한 것이니 기록된 바 지혜 있는 자들로 하여금 자기 궤휼에 빠
지게 하시는 이라 하였고
20 또 주께서 지혜 있는 자들의 생각을 헛것으로 아신다 하셨느니라
21 그런즉 누구든지 사람을 자랑하지 말라 만물이 다 너희 것임이라
22 바울이나 아볼로나 게바나 세계나 생명이나 사망이나 지금 것이나 장래 것이나 다 너희의
것이요
23 너희는 그리스도의 것이요 그리스도는 하나님의 것이니라

Ⅲ. 우리의 본분BEING

고린도전서 3장 1-23절

우리 인생의 참된 가치의 발견이란 하나님께 우리 자신이 온전하게 드려질 경우에 거기에서부터 참된 가치가 생성되어 그것을 바탕으로 우리의 본분이 무엇인가를 알게 된다. 그리고 우리의 존재 가치를 가장 온전하게 드러낼 수 있는 본연의 모습이 무엇인가를 알기 위해서는 존재의 의미나 가치라는 기준이 분명해야 한다.

그러므로 항구한 가치에 기준을 두고 우리 인생의 가치를 발견해야 한다. 그런데 우리의 존재 의미나 가치를 정하는 기준은 사람에게 있지 않고 하나님에게 있다. 따라서 '하나님 앞에 존재하는 나의 가치는 무엇인가? 그리고 존재의 의미는 무엇인가?' 를 찾아야 된다.

1. 중생자, 그 변개變改된 삶

소위 사람들이 말하는 인생 철학이나 또는 세계관 등에서 삶의 가치와 존재의 의미를 찾으려 한다면 결국 다람쥐 쳇바퀴 도는 인생밖에는 안 된다. 평생 그러한 사조를 향해 좇아간다 할지라도 내내 그 안에서

빙빙 돌다 끝나고 만다. 이런 현상을 가리켜 순환 논리라고 한다.

"왜 살아야 하느냐?"는 질문에 "사람답게 살기 위해 산다"고 대답하면 그 다음에는 "사람답게 사는 것이 무엇인가?" 하는 질문이 나오기 마련이다. 이에 대한 대답으로 사람으로서 살아야 할 여러 가지 모습들을 연구하고 살펴보지만 결국 따져보면 또 "내가 왜 그렇게 살아야 하는가?" 하는 문제에 부딪히게 된다. 그러면 또다시 "왜 살아야 하느냐?" 하는 원시적인 질문이 반복될 수밖에 없다.

이처럼 사람들이 제시해 놓은 여러 가지 인생관이나 표준들이 항구하지 않고 시대의 흐름이나 당시 사회적인 정황이 가져다 주는 영향 아래 자꾸 변하기 때문에 그 안에서는 어떤 항구적인 존재의 의미나 가치를 찾을 수 없다.

1) 인생의 가치 판단의 근거

① 인생의 의미는 항구한 가치 가지고 있어야

그렇다면 '어디에 우리 인생을 발붙이고 살아 갈 것인가?'를 따져보고 이처럼 가변적인 사회 속에 사는 것이 좋을지 아니면 항구한 원칙이 있어서 그 원칙 아래에서 진정한 삶의 의미를 찾는 것이 더 보람 있는 일인지를 생각해 보아야 한다. 그렇지만 막상 아무리 찾아보아도 이 세상에는 그렇게 항구적인 기준이 없음을 알아야 한다. 내가 태어난 그 시대의 분위기와 상황에 따라서 '가치'라는 것이 항상 바뀌게 되는 것은 물론 존재의 의미조차도 바뀌고 마는 것이 현실이다.

이처럼 가치 기준이 모호한 인간 세상의 흐름 속에서도 결코 변치 아니하고 인간의 참된 가치를 인정하고 존재 의미를 드러내는 것은 하나님께서 우리에게 계시해 주신 말씀에 따라 하나님의 나라를 추구하는 삶뿐이다. 이것만은 창조 이래로 지금까지 한번도 바뀐 적이 없다.

아담 때부터 시작하여 노아, 아브라함, 이스라엘 그리고 지금 우리 세대에 이르기까지도 변치 아니한다. 이처럼 영구한 가치에 자기를 접붙여야만 비로소 자기의 가치라는 것이 아름답게 발현되어 거기에서 삶의 의미를 찾을 수 있는 실마리를 얻게 된다.

② 인생의 가치, 하나님 말씀 안에서 찾아야

시류에 따라 이리 붙기도 하고 저리 붙기도 하며 살게 되면 시류를 잘 타서 남보다 편하게 살 수도 있고 아니면 시류에 역행해서 평생을 감옥에서 보낼 수도 있는 것이지만 그것들이 모두 가치 있는 것이라고는 할 수 없다. 원래 인간은 고유한 삶의 의미를 가지고 태어나서 정당한 일에 쓰임을 받도록 되어 있다.

그런데 이 세상의 시류에 얽매여 평생동안 이리 붙었다 저리 붙었다 하면서 끊임없이 살길을 궁리하며 사는 것을 가리켜 의미 있는 삶이라고는 할 수 없다. 이처럼 사람이 이 세상에 얽매여 살고 있는 동안에는 결코 항구한 가치를 누릴 수 없다.

그러므로 우리는 항구한 가치를 지니는 하나님의 나라를 추구하며 살아야 한다. 그것만이 우리 인생을 가장 인생답게 해준다. 그러기 위해 우리가 할 일은 철저하게 하나님께 헌신하는 일이다. 바로 거기에서부터 우리의 존재 의미가 발생한다. 반면에 하나님께 바쳐지지 않은 사람의 인생은 아무리 자기가 인생을 고귀하게 여기고 평생을 살았다 할지라도 그것이 항구한 가치를 가진다고 할 수 없다.

2) 하나님 말씀만이 항구한 존재 가치 가지고 있어

① 말씀만이 인생의 행로를 보여줘

우리가 기독교인이 된 것은 하나님께서 우리를 전격적으로 선택하고 구속하셔서 그의 백성으로 살도록 불러내신 것이다. 이 사실을 명백하게 신앙하고 받아들여야 하나님을 신앙하고 그의 말씀에 따라 살게 된다. 그러한 신앙이 확인되어 있지 아니하면 아무리 성경을 배우고 연구한다 할지라도 이해도 되지 않을 뿐더러 그 인생의 행로가 바뀔 리도 없다.

결국 전 역사 안에서 하나님께서 계시하신 그 말씀을 접촉할 수 있도록 부르심을 받고 그 계시를 충분히 수긍하고 받아들이기로 작정한 성도들 사이에서 계시가 계시로서 의미를 가지며 참된 가치를 드러내게 된다. 아무데서나 계시를 밝혀 드러낸다고 해서 유효한 능력이 발휘되지는 않는다.

② 말씀만이 우리 인생에게 진정한 삶의 원동력 공급해

무엇보다도 우리가 먼저 해야 할 일은, 곧 '나는 하나님께 드려졌다'는 사실에서부터 우리의 삶을 시작하는 일이다. 바로 이것이 중생한 성도들의 제일보이다. 빌립보서 2장 13절은 "너희 안에서 행하시는 이는 하나님이시니 자기의 기쁘신 뜻을 위해 너희로 소원을 두고 행하게 하시나니"라고 말씀하고 있다.

하나님의 기쁘신 일을 위해 우리로 하여금 어떤 소원을 갖게 하시는데 그 소원을 이루어 가기 위해 하나님께서는 우리 안에서 에너지를 공급해 주신다(*ενεργεω*). 이런 점이 중생한 성도들이 세상 사람들과 다른 점이다. 그리고 이처럼 하나님의 기쁘신 뜻을 좇아가는 것이 내 인생의 기쁨이고 즐거움이 된다.

다른 것에 내 시간과 정열과 능력을 투자하는 것은 마음이 편치 않고 즐겁지 않은데 하나님의 뜻을 좇아 살려고 하는 데에는 참 기쁨을 느끼게 된다. 이것이 중생한 사람의 모습이다.

③ 중생한 사람만이 자의적으로 말씀에 반응할 수 있어

그와 같이 하나님의 기쁘신 뜻을 좇아 사는 것이 어떤 강제적인 힘에 의해 생기는 것은 아니다. 오히려 자신이 가지고 있는 순수한 자유의지적인 소원이다. 자기의 이성과 인격이 그러한 일에 순일하게 발휘된다. 누가 뭐라고 하지 않아도 자연스럽게 그 길을 추구해 나가게 된다.

외부의 어떤 힘이 강압적으로 몰아붙이는 것이 아님에도 불구하고 우리가 가지고 있는 가치관이 그 길에 온통 쏟아지게 된다. 한번도 자기의 자유의지를 이렇게 사용해 본 적이 없을 만큼 온전하고 순수한 열정을 하나님의 일을 추구해 나가면서 얻게 되고 경험하게 된다.

사람은 여러 가지 이유가 있어서 어떤 일을 추구해 나가다가 도중에 좌절하기도 하고 계획이 변경되기도 하는 것이 보통이다. 그러나 하나님의 일만은 그렇지 않다. 모든 여건도 그렇고 해야 할 당위성도 분명하지만 무엇보다도 그 길이 참으로 나에게 마땅하다는 마음이 생겨서 즐겁고 기쁜 마음으로 그 일을 추구해 나가게 된다. 이것이 사람으로서 가지고 있는 자유의지의 가장 고상한 상태이다. 곧 인격의 가장 온전한 발현이다.

사람의 인격은 하나님의 형상으로부터 나왔다. 하나님의 인격 곧 신격神格을 본받아 사람의 인격이 형성되었다. 때문에 사람의 인격은 하나님의 신격을 닮은 성품을 가지고 있다. 예를 들면 사랑을 행사할 수 있는 주체는 오직 하나님과 사람뿐이다. 다른 여타의 피조물들이 사랑을 행사할 수 없다. 그것들을 가리켜 본능이라고 한다. 유일하게 사람만이 하나님과 인격적인 관계를 누릴 수 있으며 그 사랑의 대상이 된다.

고린도전서 13장에서도 말하지만 "사랑은 오래 참고 온유하며 투기하지 않고 자랑하지 않고 교만하지 않고 ... 진리와 함께 기뻐하고 모든 것을 참으며 모든 것을 믿으며 모든 것을 바라며 모든 것을 견딘다"고 하는데 그와 같은 인격을 가지고 그러한 사랑을 발현하실 수 있는 분은 오직 하나님 한 분밖에 없다. 그런데 그와 같은 사랑이 내 안에서 자연스럽게 발전되어 나타나는 것이 바로 성신님으로 말미암아 거듭난 새 사람 안에서만 가능하다.

그동안은 죄에 얽매여 있어서 자신의 인격이 한번도 순수하게 발출된 적이 없었다. 오히려 제약이 많았다. 그런데 이제는 내 자유의지를 하나님의 백성으로서 사는 일에 쓰는 것이 기쁘고 힘이 나게 되는데 이러한 것이 모두 중생한 사람의 품성이다. 성신께서 임하실 때부터 가장 순수한 인격으로 변개되어서 비로소 죄로부터 구별되고 보호받는 상태 안에서 하나님의 기쁘신 뜻을 소원하게 되는 모습이 바로 이 모습이다.

3) 성신님으로 말미암아 자유의지를 발휘해

이러한 모습은 우리가 원해서 된 것이 아니다. 처음부터 하나님께서 성신님을 우리 안에 함께하게 하심으로 거듭나게 하시고 우리로 하여금 온전하고 순전한 복음에 접촉케 하셔서 하나님의 백성다운 인격을 소유하게 하고 그러한 마음이 자연스럽게 나오게 하신다. 이것이 사람의 가장 기본적인 본분이다. 곧 하나님의 기쁘신 뜻을 소원하고 그를 위해 전력 투구하는 것을 가장 큰 기쁨과 보람으로 여기는 모습이 원래 사람이 창조되어 태어날 때부터 가지고 있던 바로 그 모습이었다.

사람의 본분이라고 할 때 '본분'이란 존재BEING 그 자체를 말하는데 '하나님께서 인간을 창조하신 본래의 인간으로서 할 일'을 의미한다. 그러므로 하나님의 지혜와 영광과 존귀하심을 가장 완벽하게 반사reflection 또는 투영시키는 것이 사람의 첫째 되는 본분이다. 이것이 바로 온 우주에서 유일하고 가치 있는 사람의 인격 안에 담긴 특성이다. 따라서 사람의 인격이 하나님과 관계없는 일에 쓰인다면 이미 그 인격은 인격 본연의 가치를 상실한 것과 다름없다.

이 지상에 살아 있는 사람이라면 자신의 인격을 가지고 자신의 품성을 발휘하여 하나님의 그 고매하신 인격을 드러내는 일이 곧 그의 본분이다. 좀더 구체적으로 말한다면 하나님의 사랑을 본받아서 하나님의 사랑과 같은 동질의 사랑을 발휘하고 하나님의 온유하심을 본받아서 고상한 온유함을 드러내고 하나님의 의로우심을 본받아서 절대적인 의를 행사하는 이 모든 것이 바로 인간이 본래 가지고 있던 모습이자 본분이다. 그것이 인생의 최후 가치이기도 하다.

사람의 인격은 하나님의 인격과 같이 고상하게 발전이 되어 그 인격의 발현이 하나님의 인격과 버금가는 것으로 드러내는 것에 최고의 가치가 있다. 거기에 인간의 궁극적인 삶의 목표가 있다. 인간의 궁극적인 목표란 하나님과 같아지는 것 곧 하나님화化 되는 데 있다. 인간의 완성이란 하나님과 버금가는 위치에서 인격적인 교제를 나누는 데 있다. 그것을 가리켜 구원救援이라고 한다.

4) 구원의 완성이란?

구원의 완성된 모습은 예수 그리스도 안에서 미리 보게 된다. 부활하신 예수 그리스도의 인격 안에서 하나님과 동등하고 하나님과 비견할 만한 인격을 보게 된다. 부활하신 그리스도께서는 인간의 몸과 품격을 가지고 하나님 우편에 계신다. 하나님과 동등한 자리에 서 계시고 동등한 인격으로서 교통을 나누고 계신다.

이 예수님은 인간으로 태어나신 바로 그분이시다. 인간이신 예수님이 영화롭게 되어 하나님과 동등한 자리에 서게 되셨다. 이것이 구원의 완성이다. 피조물인 인간이 창조주이신 하나님과 비견할 만한 위치에 서게 되는 모습이 바로 영광된 모습이다. 이것을 조직신학에서는 영화glorification라고 한다.

영화란 구원의 완성이다. 우리 인생의 궁극적인 목표가 구원이기 때문에 결국 영화된 모습이 우리가 도달해야 할 최후의 모습이다. 부활하신 예수 그리스도의 영광된 몸과 같이 우리가 변화되었을 때 우리는 하나님과 순일한 사랑을 나눌 수 있는 최선의 상태에 도달하게 된다. 이 구원이야말로 인간 본분의 극치이다.

그러므로 모든 사람들의 삶의 결과가 곧 구원이어야 한다. 구원에 이르지 못할 것 같으면 아무도 그 사람이 자기의 본분을 다했다 할 수 없다. 그래서 빌립보서 2장 12절에서 "그러므로 나의 사랑하는 자들아 ... 두렵고 떨림으로 너희 구원을 이루라"고 말하고 있다. '너희의 구원을 이루어 나가라!'는 이 말씀이야말로 우리의 본분을 다 행하라는 말이기도 하다.

하나님께서는 구원을 이루기 위해서 하나님의 영靈을 우리 안에 보내어 어떤 에너지를 주신다. 곧 하나님의 기쁘신 일을 소원하게 하는 그 힘을 주신다. 우리가 성신님으로 말미암아 거듭났다 혹은 중생했다고 할 때에는 그 힘을 통해 가장 기본적으로 하나님의 기쁘신 뜻을 좇기 시작하게 된다. '어떻게 하는 것이 하나님께서 기뻐하실 것인가?'에 우리의 총체적인 인격을 투자하게 된다.

나를 기쁘게 하기 위함도 아니고 또 다른 사람을 즐겁게 하기 위함도 아니다. 그것은 부차적인 문제일 뿐이다. 오직 하나님 한 분만을 가장 기쁘시게 할 수 있는 일이 무엇일까 하는 데에 전인격을 발휘하게 된다. 그것은 사람이 자기의 본분을 찾아가는 제일보이다. 그러므로 그 기쁘신 뜻을 찾아서 사는 것이야말로 의당히 우리가 지금부터 살아가야 할 당위가 된다.

2. 인간 본분의 극치로서 '구원'

우리에게 향하신 하나님의 기쁘신 뜻이란 하나님께서 나를 이 세상에 보내신 본의를 알고 그에 합당하게 살아가는 것이라 할 수 있다. 그런데 '나를 이 세상에 보내신 하나님의 본의가 무엇인가?'를 알고 그것을 좇아 살아가기 위해서 절대적으로 필요한 것이 있다.

그것은 바로 하나님을 사랑함으로 말미암아 비로소 하나님의 가장 기뻐하시는 뜻을 좇아 살아가는 것이다. 이러한 바탕에서 순일하고 순결한 사랑이 발휘된다. 이럴 때 자연스럽게 우리 안에서 우러나오는 것이 바로 하나님께서 기뻐하실 바로 그 일을 위해 내 모든 삶을 투자하고자 하는 변화가 발생하게 된다.

1) 구원에 이르기 위해 첫 번째 단계인 지적知的 변화

이러한 변화에는 의당히 어떤 전환점turning point이 있기 마련이다. 그 첫째가 지적인 전환점이다. 하나님의 기쁘신 뜻을 아는 것에서부터 내 삶의 방향이 바뀌게 된다. 그렇다고 해서 처음부터 온전히 하나님의 뜻을 다 아는 것은 아니다. 적어도 하나님께서 나에게 원하시는 길이 있다는 사실을 안다는 것이 매우 중대한 변환점이 된다.

이런 ① 지적인 변개가 생기면 그 다음에는 ② 정적인 변개가 시작되어 그 일을 향해 온 마음을 쏟아 붓는 결단이 발생하게 된다. 그 일에 모든 뜻과 힘을 모으게 된다. 그 다음에는 ③ 의지적인 변개가 발생하게 된다. 이제는 뜻과 힘을 모아 자신의 모든 삶을 그 일을 위해 경영해 나가고자 하는 출발을 하게 된다.

하나님을 사랑함으로 말미암아 생기는 변화에서도 이처럼 구분해 놓고 본다면 먼저는 지적인 변화가 발생하고 다음에는 힘을 축적하는 정적인 변화가 생기고 마침내 그 일을 향하여 모든 능력을 표출해 내는 의지적인 변화가 있기 마련이다.

우리가 그와 같은 본분을 행함에 있어서 무엇보다도 하나님에 대해서 바르게 알아야 한다. 그런데 하나님을 아는 방법은 하나님께서 자기 자신을 계시해 주신 것 외에는 우리가 하나님을 알 길이 없다. 하나님께서 나를 기쁘시게 사용하실 길이 무엇인가를 알 수도 없다.

하나님을 우리가 알기 위해서는 오직 하나님께서 자신을 알려주셔야 한다. 여기에서 중요한 사실은 하나님께서 자신을 가장 완벽하게 계시해 주신 것을 기록해 놓은 것이 바로 성경이다. 성경 외에는 어디서든 하나님을 알 방법이 없다. 성경은 그리스도를 통해 완성된다. 성경을 통해서 하나님을 향해 가는 사람은 결국 그리스도에게 이르게 된다.

그러므로 그리스도를 아는 지식에서부터 하나님을 알게 된다. 따라서 하나님을 사랑하고 하나님의 의를 이루기 위해 살아감에 있어서 우리의 관심의 초점이 항상 그리스도에게로 모아진다.

2) 그리스도를 아는 것에서 지적 변개 가져와

내가 중생한 사람으로서 살아가는 삶이란 항상 얼마만큼 그리스도를 아는가와 그리스도를 얼마나 사랑하느냐에 달려 있다. 그것이 우리가 이 땅에서 살아가는 유일한 삶의 목적이다. 이것이 곧 우리가 말하는 대의적大義的인 존재 의미이다. 이 목적이 분명할 때 그 단계별로 우리의 구체적인 삶의 목표가 분명해진다.

우리가 예수 그리스도를 알고 사랑하는 길을 찾을 수 있도록 하나님께서 이 지상에 주신 유일한 제도가 바로 교회이다. 교회를 통하지 않고서는 예수 그리스도를 알 수도 없고 사랑할 방법도 알 수 없다. 에베소서에서 말한 것처럼 천하 모든 만물이 그리스도에게 무릎을 꿇게 하셨고 그리스도를 그 머리로 삼으셨다는 의미가 여기에 있다.

그리스도의 몸된 교회, 이 교회는 우주적인 교회universal church로서 유일한 공교회이며 이 교회에 소속된 성도들만이 교회의 머리되신 그리스도와 연락하고 그리스도께서 주신 힘과 지혜로 살아가며 그리스도와 사랑의 교제를 나눌 수 있다.

교회는 하나님 나라를 상징한다. 그것은 우주적인 교회가 하나님의 유일한 통치 기관이 되기 때문이다. 그리고 그와 방불한 실체로서 지상에 세워진 것이 바로 유형교회이다. 유형교회는 예수 그리스도를 사랑하고 하나님께서 보내주신 인간의 가장 고상한 삶의 목표를 완수하기 위해 지상에 세우신 유일한 방편이다. 그래서 교회에 소속이 되어 있다는 것이 우리에게는 구원의 증표가 된다.

3. 유일한 구원의 방편으로서 '교회'

이 사실을 우리가 알게 되면 이제부터는 그러한 구원의 보증이 되는 교회를 추구해야만 한다.

1) 교회 안에서만 구원의 증거 찾을 수 있어

지금까지는 자기 하나의 구원에만 매달려 자기 본분을 추구해 왔다면 그런 모든 과정이 완성되고 보증을 받기 위해서는 절대적으로 하나님께서 지상에 세우신 유일한 구원의 기관인 교회에 우리의 모든 삶이 귀착되어 있어야 한다. 교회만큼 우리 인생에서 소중한 것이 없다. 교회가 없다면 하나님의 나라를 세워나갈 방편도 없으며, 구원을 이루어 갈 길도 없어, 우리의 본분을 행사할 방도조차 없어지기 때문이다.

우리의 모든 삶은 당연히 교회 중심적인 삶의 형태를 가져야 한다. 결국 교회를 선택한다는 것은 본인에게 큰 책임이 돌아가게 된다. 우리가 교회를 선택할 때에는 과연 내 인생의 본분을 가장 정당하게 행사할 수 있는 교회인가 아닌가를 깊이 생각하고 분별해서 결정해야 한다. 내가 이 교회의 회원이 되는 것이 하나님께서 나를 보내신 본의를 가장 잘 행사할 수 있는 유일한 터전인가 아닌가를 따져서 그 교회의 회원이 되어야 한다. 그러기 위해서 먼저 교회를 분별할 수 있는 분별력이 있어야 한다. 그런데 이 분별력은 복음 안에서 장성한 성도들만이 가지게 된다.

처음 전혀 예수 그리스도가 누구인지도 모르는 사람이 교회에 나오면 그러한 분별력을 바로 가질 수 없다. 그러나 그가 성신님으로 말미암아 중생한 성도라면 성신께서는 제일 먼저 오염되지 않은 복음을 접촉케 하심으로써 복음 안에서 장성하도록 돌보아 주신다. 아무리 부패한 세상 속에서 오염이 심한 교회라 할지라도 성신께서는 그 사람을 보호하고 인도하셔서 그러한 부패와 오염을 제거하고 순수한 복음을 듣게 함으로써 그의 영혼이 정상적으로 자라게 하신다. 이것이 '들을 귀 있는 자는 복이 있느니라' 고 하신 주님의 의도이다.

장성한 성도들은 하나님 앞에서 자신의 본분을 찾아 살기 위해 의당히 그 본분을 행사할 수 있는 터전을 찾게 된다. 그는 자기에게 가장 합당하고 자신의 본분을 가장 아름답게 드러내기 위한 인생의 가장 온전한 삶의 극치로써 교회를 추구하게 된다.

① 교회 선택은 본인에게 책임 있어

그럴 경우 과연 내가 지금까지 소속되었던 이 교회가 그러한 삶을 보장해 줄 수 있는 교회인지 아닌지 따질 수 있는 분별력을 발휘하게 된다. 그런 후에야 그 교회가 참으로 하나님께서 내 인생을 가장 온전하게 발현하기 위해 세워주신 교회인가를 확인하고 그 교회의 회원으로 가입하게 되고 교회의 회원으로서 인정을 받아 세례를 받게 된다. 교회의 회원이 될 때에는 자기 인생의 본분을 가장 확실하게 제시해 줄 수 있고 발현해 줄 수 있는 교회의 회원으로서 세례를 받아야 한다. 이것은 자기의 책임이다.

점차 자기의 본분이 확실해지고 그 능력을 행사함에 있어서 교회가 보장을 해주지 않는다면 심각하게 자신의 위치를 확인해 보아야 한다. 그렇지 않고 내가 한번 이 교회의 회원이 되었으므로 죽을 때까지 온갖 충성과 봉사를 다하며 살겠다고 하는 것은 크게 잘못된 생각이다. 먼저 자기가 복음을 충분히 접하고 세례를 받으려고 할 때에 이 문제를 생각했어야 한다. 그래서 이 교회야말로 내 인생의 가치를 가장 아름답게 그리고 가장 완전하게 발휘할 수 있는 유일한 터전이 확고해질 때 그 교회에서 세례를 받고 회원으로 가입해야 한다.

② 교회는 그 회원을 분별해야

반면에 교회도 똑같은 책임이 있다. 한 신자가 교회의 회원으로서 들어오고자 할 때 과연 이 사람이 교회의 한 지체로서 하나님이 주신 목적을 함께 수행할 수 있는가를 면밀하게 살펴본 후에 세례를 주고 교회의 회원으로 받아들여야 한다. 그러기 위해서는 교회가 먼저 이 세상에 존재하는 목적이 무엇인가를 분명히 파악하고 있어야 한다.

교회는 우주적인 하나님 나라와 긴밀한 관계 아래 있기 때문에 하나님께서 경영하시는 나라의 전체적인 진행 아래서 그 교회만이 가지는 독특한 존재 의미를 발견하고 그 일을 함께 이루어 갈 지체들을 확인해야 한다. 그 교회의 회원에게는 자기가 그 교회 안에서 맡고 있는 고유한 역할을 파악하고 그 역할을 다하는 것이 자기의 본분을 다하는 일이다.

여기에서 하나님의 기쁘신 뜻이 무엇인가를 아는 것이고 그 뜻을 이루어 갈 위치에 비로소 서게 된다. 그러니까 하나님께서 세우신 정당한 교회 안에서 자신의 위치를 발견하고 그 역할을 충실하게 해나가는 것에서 하나님의 뜻을 구현하게 된다. 이것이 하나님께서 나에게 향하신 기쁘신 뜻이다.

③ 교회와 회원과의 관계

한 개인은 하나님께서 세우신 교회를 찾는 것이 가장 중요한 일이고, 교회는 먼저 교회적 사명을 파악하고 난 뒤 그에 적합한 교우들을 지체로서 맞이하는 일이 중요한 일이다. 이러한 일을 함에 있어서 가장 중추적인 역할을 하는 사람이 바로 목사이다. 그래서 한 교회를 세우고 운영함에 있어서 목사의 위치와 역할은 매우 중요하다.

목사는 교회의 정체성을 항상 파악하고 있어야 한다. '이 교회가 어디를 향하고 있는가?' 하는 방향성과 역사성 나아가 교회의 시대적 사명을 분명히 파악하고 있어야 한다. 그리고 그에 적합한 성도들로 구성이 되어 있는가 아닌가를 분별할 수 있어야 한다. 여기에 각각의 성도들이 과연 그 길을 가고 있는가를 판단할 수 있는 안목도 갖추고 있어야 한다. 그래서 목사 한 사람은 교회 전체 생명을 좌지우지할 만큼 중요한 위치에 서 있다고 말할 수 있다.

반면에 성도들도 똑같은 책임을 가지고 있다. 과연 목사가 그럴 만한 자질을 가지고 있는가 없는가를 분별할 줄 알아야 한다. 그리고 확고하게 복음에 입각한 개혁교회의 신학에 따라 그러한 자질이 있는 목사라고 인정이 된다면 함께 생명을 걸고 그 일을 수행해 나가야 한다. 그렇지 않다면 자신이 가야 할 정당한 길을 찾을 수 없다. 그럴 경우에는 자신이 서 있어야 할 정당한 위치를 빨리 찾아 나서야 한다.

마찬가지로 목사와 어느 신자 한 사람간에만 그러한 관계가 형성되는 것이 아니라 나머지 모든 성도들 사이에도 그러한 관계가 확인이 되어야 한다. 그 교회를 구성하는 모든 공동체 사람들이 이제는 서로에 대한 동질성도 확인하고 있어야 한다. 그리고 무엇보다도 세례를 받을 때 이미 그러한 관계 확인이 되어 있어야 한다.

뿐만 아니라 그 뒤에라도 계속해서 서로 한 몸이라는 증거를 서로 드러내 주어야 한다. '내가 가지고 있는 신앙은 이런 것이다' 하는 신앙고백을 통해서 교회 앞에 분명히 드러내어야 한다. 그래서 모두가 다 거기에 합의하고 함께 교회가 나아가야 될 방향을 향해서 협력해야 한다. 그렇게 해 나갈 때 모두가 궁극적 목표인 구원에 이르게 된다.

2) 공동 운명체로서 교회

한 사람의 삶이 모든 교회와 모든 교회 공동체 회원들의 구원을 책임져야 한다. 그래서 그 한 사람의 삶의 완성이 곧 전체 교회의 구원의 완성으로까지 연결되어 있을 만큼 긴밀한 관계를 늘 유지하고 있어야 한다.

따라서 개인의 지적인 능력이나 경제적인 능력 아니면 윤리적인 것, 사회적인 것, 정치적인 능력으로 판단할 것이 아니라 과연 그 사람이 그리스도의 복음 안에서 중생한 사람인가를 면밀하게 판단하고, 나아가 함께 교회를 세워 갈 수 있는 사람인가에 대한 확인이 있어야 한다. 교회는 그 사람이 발휘하고 있는 신앙의 인격이 예수 그리스도에게 접목이 되어 나타나고 있는 그리스도적인 인격인가 아닌가를 분별해야 한다.

그러기 위해서라도 우리는 개혁 신학에 대하여 철저하게 연구해야 한다. 어떤 사람의 인격이 그리스도의 인격인가 아닌가를 판단할 길은 지금까지 개혁 교회를 세워 온 개혁 신학에 비추어 분별할 수밖에 없기 때문이다. 개혁 교회를 세워 온 신학이라는 자(尺)로 각 사람의 인격을 잴 때에 비로소 그 인격이 온전한가 아닌가를 판단할 수 있다.

따라서 개혁 신학이라는 자의 눈금이 분명하고 세밀해야 한다. 눈금이 듬성듬성한 허술한 자로 재서는 진리가 아닌 것도 진리로 받아들이기 쉽기 때문이다. 또한 여기에서 주의할 것이 하나 있는데 지상에 세워진 유형교회는 무형교회와는 달리 상대적으로 가라지를 포함하고 있다는 사실이다. 이는 이미 주께서 경고하신 바 있다. 천사들도 이 교회 안에 있는 가라지만은 뽑아 낼 수 없다. 오직 심판 날까지 그냥 두어야 한다. 그래서 지상 교회는 결코 온전하다고 할 수 없다.

그렇다고 해서 지상 교회가 항상 불안정하여 교회인지 아닌지 구분이 안 되는 것은 절대 아니다. 교회는 교회로서 갖추고 있어야 할 명확한 자태가 있다. 교회적인 속성이 있는데 곧 교회의 ① 순결성 ② 보편성

③ 통일성이 그것이다. 그래서 교회는 비록 완전하지는 않더라도 교회로서 갖추어야 할 속성은 명확하게 드러내고 있어야 한다.

적어도 교회의 실세實勢라 할 수 있는 교회의 대다수 성도들이 명확하게 개혁교회의 신학을 증시하고 있어야 한다. 그래서 교회는 교회의 총원總員이 있다. 곧 교회가 교회로서 나타낼 속성을 드러내기 위한 교회의 만수滿數가 있다. 그 가운데 어쩌다 가라지가 있는 것이지, 교회의 대부분의 사람들이 가라지이고 그 가운데 성도들이 몇 사람 끼어 있어서 이것이 참 교회인지 아닌지 구분이 안 될 정도라면 교회라고 하기가 어렵다.

① 교회로서 실증實證이 나타나 있어야

교회라고 한다면 거기에는 구원받은 성도들이 분명히 있어야 하고 그리스도의 지체로서 확인된 성도들의 만수가 있어야 한다. 적어도 그 교회를 구성하고 교회의 사명을 수행하기 위한 그리스도의 군사로서 총원이 있어서 일사불란하게 하나님의 나라를 건설해 나가야 한다. 그 결과 교회는 하나의 독특한 사회로서 큰 힘을 표출할 수 있어야 한다.

그렇지 않고 가라지가 오히려 더 많아서 어정쩡한 상태가 되어 있으나마나한 무력한 모습으로 존재하고 있다면 이미 교회로서 그 속성이 상실된 것과 같다. 교회는 교회 공동체로서 힘을 드러내고 서로를 격려하고 위로하고 동역자로서 하나님의 뜻을 성취해 나가는 모습이 확연하고 역력하게 보여져야 한다.

교회는 하나님께서 '이것은 내 나라이다' 고 인정할 만한 독특한 존재의미를 가지고 있어야 한다. 이런 교회에 소속되어 있을 때 비로소 각각의 사람들이 신자다운 자기의 본분을 찾아 의미 있는 삶을 경영해 나가게 된다. 이러한 삶의 진행이 마침내 구원을 완성하게 된다.

구원의 완성은 하나님께서 창조하신 창조 목표를 완성함과 같다. 때문에 개인이 구원의 완성을 이루었다는 것은 결국 하나님의 창조 목표를 완성하는 것과 같다. 이러한 것을 바탕으로 해서 각 개개인의 삶이 평가되고 서로 협력하여 가장 그 사람답게 살 수 있도록 돕는 것이 바로 교회 공동체이다. 이러한 거룩한 공동체의 삶을 가리켜 '성도들의 교통(κοινωνια)' 이라고 한다.

② 성도들의 교통에 대하여

성도들의 교통이란 서로 얼굴이나 알고 음식이나 같이 나누는 것이 아니라, 한 사람의 구원의 완성이 하나님께서 창조하신 '창조의 목적'을 완성하는 것임을 알아서, 각각 개인의 구원에 대하여 나머지 모든 사람들이 가장 고귀한 가치를 부여할 수 있는 상태에서 이루어진다. 그것을 위해 온 교회가 한 사람, 한 사람에 대하여 최선을 다해야 한다.

비록 어린아이 하나라 할지라도 그를 신자의 한 사람으로서 그리고 성도들의 교통을 나누는 대상으로서 인격적인 대우를 해야 한다. 그 아이의 부모라서 베푸는 인간적인 사랑이 아니라 그 아이 하나라도 마침내 구원에 이르게 됨으로써 하나님의 '창조 목적' 이 완성된다는 고상한 위치에 그 아이가 서 있음을 알아서, 그 아이를 존중하고 그 인격을 소중히 여기고 사랑해야 한다.

마찬가지로 우리 성도들은 모두 같은 마음을 가지고 모든 회원들에 대해서 사랑을 베풀고 나누어야 한다. 성도들의 교통이란 다른 말이 아니라 구원의 완성을 서로 책임지는 것이라고 할 수 있다. 한편 유일하게 구원을 서로 확인할 수 있는 것이 성도들의 교통이다. 나아가 성도들의 교통이라는 단계적인 삶이 실체화되어서 자꾸 쌓아져 가는 것이 바로 구원으로 향하는 징검다리이다.

사도행전 5장에 아나니아와 삽비라 사건이 나와 있다. 이들 부부는 재산을 팔아 교회에 헌납한다며 판 값의 절반을 숨겨 두고 전부인양 속인 일로 인하여 죽임을 당하였다. 사실 거짓말은 세상 어느 나라에서도 죽음에 해당할 만한 중한 죄는 아니다. 재산을 팔아 얼마를 남겨두고서 전부인양 속인 것 때문에 사람이 죽는다는 것은 상상도 못할 일이다. 그런데도 하나님은 그들을 죽게 하셨다.

그 이유는 성도들의 거룩한 교통에 지대한 악을 끼치기 때문이다. 자기 한 사람의 생명이 나머지 전체 교회의 구원을 이루느냐 이루지 못하느냐 하는 중대한 위치에 서 있기 때문이다. 그처럼 중요한 위치에 있는 사람이 성도들의 모든 생명에 대해 책임지려 하지 않고 자기 한 사람의 이익만을 생각한다는 것은 교회 전체의 생명에 치명적인 악을 가져오게 된다.

그래서 하나님은 일찌감치 그런 사람들을 교회에서 제거하셨다. 그 한 사람의 영향이 구원을 이루어야 할 다른 모든 사람들에게 주는 폐해가 엄청나기 때문이다. 그 한 사람의 불순이 순결한 교회를 오염시키고 부패하게 한다는 것은 아주 무서운 일이다. 더군다나 성도들 사이의 교통을 담보로 해서 자신의 유익을 추구하는 사람이 있을 때 하나님은 적극적으로 개입하시어 그 교회의 생명을 위해 제거시키심으로써 교회를 보존하신다. 이처럼 교회는 한 사람의 불순이 전 교회의 운명을 좌지우지할 만큼 참으로 큰 책임을 지고 있음을 명심해야 한다. 이런 이유 때문에 교회는 자신의 정화를 위해 권징勸懲 제도를 수행하는 것이다.

그러므로 나 한 사람의 삶을 통하여 교회 전체의 구원을 완성하는 데에 완벽한 책임을 져야 한다. 그와 같이 서로 책임을 지려는 위치에 있을 때 구원의 완성을 향한 교회의 행보가 지속된다. 그러기 위해서라도 서로 중생한 성도들인가를 늘 확인하고 있어야 한다. 곧 자신의 삶을 통하여 자신의 신앙을 교회 앞에 항상 고백하고 있어야 한다. 간과할 수 없는 사실은 그 신앙고백에는 결코 감추임이나 불순이 있어서는 안 된다는 점이다.

기도

거룩하신 주님!

우리를 세상과 특별하게 구별하시어 흠없고 거룩하게 하신 것에 감사드리옵나이다.

이러한 복된 자리에 저희를 부르셨사옵고 하나님의 의로운 나라의 백성답게 살 수 있도록 모든 여건을 마련해 주셨는데, 정작 저희들이 그러한 준비가 되어 있지 못한 것이 얼마나 안타까운지 알 수 없사옵나이다.

주님, 우리의 신앙에 대한 고백을 철저하게 하고 서로에 대하여 구원을 이루기 위한, 구원의 완성에 대한 책임을 져야 할 것이오니, 먼저 우리가 그리스도에 대한 지식을 충분히 알게 하옵시고 그로 말미암아 우리의 삶을 통해 신앙을 고백함으로 서로가 한 교회임과 한 지체임을 알아가게 하옵소서.

그러할 때에 비로소 우리의 본분이 아름답게 드러나며 거기에 인생의 가치가 있는 것을 우리가 아옵나이다. 하오니 저희 삶이 하나님 앞에서 참으로 의미 있게 되는 이런 삶의 터전으로서 하나의 교회를 이루는 일에 우리의 심령을 다하며, 우리의 생명을 다하게 하시옵소서.

예수님의 이름으로 기도하옵나이다. 아멘.

IV. 성도들의 교통

에베소서 2장 1-22절

1 너희의 허물과 죄로 죽었던 너희를 살리셨도다
2 그때에 너희가 그 가운데서 행하여 이 세상 풍속을 좇고 공중의 권세 잡은 자를 따랐으니 곧
지금 불순종의 아들들 가운데서 역사하는 영이라
3 전에는 우리도 다 그 가운데서 우리 육체의 욕심을 따라 지내며 육체와 마음의 원하는 것을
하여 다른 이들과 같이 본질상 진노의 자녀이었더니
4 긍휼에 풍성하신 하나님이 우리를 사랑하신 그 큰 사랑을 인하여
5 허물로 죽은 우리를 그리스도 예수와 함께 살리셨고 (너희가 은혜로 구원을 얻은 것이라)
6 또 함께 일으키사 그리스도 예수 안에서 함께 하늘에 앉히시니
7 이는 그리스도 예수 안에서 우리에게 자비하심으로써 그 은혜의 지극히 풍성함을 오는 여러
세대에 나타내려 하심이니라
8 너희가 그 은혜를 인하여 믿음으로 말미암아 구원을 얻었나니 이것이 너희에게서 난 것이 아
니요 하나님의 선물이라
9 행위에서 난 것이 아니니 이는 누구든지 자랑치 못하게 함이니라
10 우리는 그의 만드신 바라 그리스도 예수 안에서 선한 일을 위하여 지으심을 받은 자니 이 일
은 하나님이 전에 예비하사 우리로 그 가운데서 행하게 하려 하심이니라
11 그러므로 생각하라 너희는 그때에 육체로 이방인이요 손으로 육체에 행한 할례당이라 칭하
는 자들에게 무할례당이라 칭함을 받는 자들이라
12 그때에 너희는 그리스도 밖에 있었고 이스라엘 나라 밖의 사람이라 약속의 언약들에 대하여
외인이요 세상에서 소망이 없고 하나님도 없는 자이더니
13 이제는 전에 멀리 있던 너희가 그리스도 예수 안에서 그리스도의 피로 가까와졌느니라
14 그는 우리의 화평이신지라 둘로 하나를 만드사 중간에 막힌 담을 허시고
15 원수 된 것 곧 의문에 속한 계명의 율법을 자기 육체로 폐하셨으니 이는 이 둘로 자기의 안
에서 한 새 사람을 지어 화평하게 하시고
16 또 십자가로 이 둘을 한 몸으로 하나님과 화목하게 하려 하심이라 원수 된 것을 십자가로 소
멸하시고
17 또 오셔서 먼 데 있는 너희에게 평안을 전하고 가까운 데 있는 자들에게 평안을 전하셨으니

18 이는 저로 말미암아 우리 둘이 한 성령 안에서 아버지께 나아감을 얻게 하려 하심이라
19 그러므로 이제부터 너희가 외인도 아니요 손도 아니요 오직 성도들과 동일한 시민이요 하나
님의 권속이라
20 너희는 사도들과 선지자들의 터 위에 세우심을 입은 자라 그리스도 예수께서 친히 모퉁이
돌이 되셨느니라
21 그의 안에서 건물마다 서로 연결하여 주 안에서 성전이 되어 가고
22 너희도 성령 안에서 하나님의 거하실 처소가 되기 위하여 예수 안에서 함께 지어져 가느
니라

Ⅳ. 성도들의 교통

에베소서 2장 1-22절

인간의 본분은 하나님께로부터 받은 바 우리 각 사람의 인간됨, 즉 하나님께서 이 땅에 우리 각 사람을 보내신 본의를 좇아 행하는 것이며 그것이 우리가 존재하는 이유이다. 그리고 존재의 본의를 가장 온전하게 드러내어 그 가치를 잘 발현하도록 터전이 되어 주는 것은 교회이다.

교회는 마땅히 신자 각 사람의 존재 의미를 드러내고 그 가치를 발생할 수 있도록 하기 위한 여건을 마련해 주어야 한다. 그중에 가장 현저한 일이 성도들의 교통이다. 여기에서 성도들의 교통이란 교회의 가장 두드러진 실체實體라고 말할 수 있다.

1. 교회의 실체로서 '성도들의 교통'

교회란 중생한 성도들로 구성되기 때문에 당연히 그리스도의 몸된 지체들로서 유기적인 관계를 맺는 교통이 있기 마련이다. 이 성도들의 교통을 통하여 구원의 완성을 서로 격려하고 서로 책임지며 그리스도의 몸을 세워나가야 함으로 성도들의 교통은 구원을 확인할 수 있는 통로가 되기도 한다.

때문에 이러한 성도들의 교통을 통하여 '내가 과연 어떠한 구원의 자리에 서 있는가?' 를 확인할 뿐 아니라 자기가 해야 할 본분을 찾아 자기 본연의 가치를 가장 아름답고 성숙하게 발휘함으로써 구원을 완성하고 나아가 하나님의 나라를 이 땅에 증시하는 교회적 사명까지도 완수하게 된다.

교회에서 성도들의 교통은 마치 하나님 나라의 왕이신 하나님과 그의 백성이 함께 교통하며 교제하는 것과 흡사하다. 여기에서 성도들의 교통이 잘 이루어지느냐 그렇지 못하느냐 하는 것은 교회가 교회로서 역할을 하는지의 여부를 결정하는 것과도 깊은 연관이 된다. 성도들 사이의 교통은 단순히 서로 얼굴을 알고 지내는 정도로 끝나는 것이 아니다. 서로의 생명과 삶에 지대한 영향력을 행사하기 때문에 서로 긴밀한 책임을 질 수 있어야 한다.

1) 동질성을 바탕으로 하는 성도들의 교통

때문에 신자 각 사람은 사상과 신학과 신앙에 있어서 다른 사람들과 철저하게 비교하기 위해 명확하게 자신을 밝혀야 하며 서로 비교하여 자신에게 불순과 오류가 있을 경우 다른 사람들에게 치명적인 악을 줄 수 있음에 대하여 깊은 주의를 해야 한다.

나 한 사람의 삶이 구원으로 말미암아 완성되는 것이고 이 구원은 성도들의 교통을 통하여 이루어지기 때문에, 나의 구원은 또 다른 사람 곧 한 지체가 된 성도들의 구원을 완성해 주어야 한다. 그래서 성도들의 교통을 나누기 위한 지체로서 교회 회원에 대해서는 가장 먼저 '동질성'을 확인해야 한다. '그리스도의 몸된 교회 안에서 한 지체로 부르심을 받았는가?' 에 대한 동질성이 점검되어야 한다.

그리스도의 몸이라 불리는 교회란 우주적인 교회 곧 구원받은 성도들로 구성된 유일한 교회를 말한다. 이 교회를 우리는 공교회catholic church라고 하는데 우리가 과연 그리스도의 몸으로서 보편의 공교회 catholic church와 동질성을 확인하여 한 몸을 이루고 있는지를 안다는 것은 용이한 일이 아니다. 왜냐하면 우주적인 교회는 무형의 교회로서 실제로 우리가 그 안에 있는지 확인할 방법이 없기 때문이다.

그렇지만 이 공교회에 속해 있는 사람은 부르심을 받을 때 매우 독특하고 고유한 역할을 가지고 이 세상에 태어나기 때문에, 이미 그 사람뿐만 아니라 그와 동질의 사람들을 하나님께서 같이 보내시어 한 교회를 이루게 함으로써 서로의 가치를 가장 온전하게 드러내도록 하셨다.

따라서 동질의 지체로서 보냄을 받은 성도들끼리는 자연스럽게 하나의 교회를 형성하게 된다. 이 교회를 '유형교회' 또는 '지역교회' 地域教會라고 한다. 그러므로 무형교회에 소속되어 있는가를 확인할 수 있는 방법은 무형의 교회를 통해서가 아니라 유형의 교회에 소속이 됨으로써만 확인이 가능하다. 유형의 교회에 속해 있지 않으면 무형의 교회에도 속하지 않기 때문이다.

그러나 요즘 같이 교회가 교회로서의 역할 곧 신자 개인의 존재 의미를 가장 가치 있게 발현해야 할 터전으로서 교회의 역할을 거의 하지 못하고 교회로서의 본의도 망각한 채 교회의 특성인 거룩성, 통일성, 보편성마저 상실해 버린 상태에서 유형의 교회가 진정한 무형교회에 속하여 있다고는 말할 수 없게 되고 말았다.

이런 이유에서 유형교회에 소속되어 있다는 것만으로는 구원의 증표를 가지고 있다고 말하기가 쉽지 않다. 더구나 유형교회의 부패가 심화되었을 때에는 그러한 교회에 속하는 것을 거부하는 성도들도 많이 있었다. 예를 들면 중세 시대에 교회가 전반적으로 부패한 때에는 오히려 교회의 회원이 된다는 것이 교회의 부패에 가담하는 경우가 되기도 했다.

그런 시대의 성도들에게는 교회의 회원이 되는 것말고도 하나님께서 특별한 은혜를 주시어 자기의 신앙을 스스로 지키고 확인해 나가는 가운데서 구원을 이루어 나갈 수 있도록 허락해 주셨다. 예를 들면 칼빈과 같은 개혁 신앙을 갖는 동지들은 과감하게 중세 카톨릭 교회로부터 뛰쳐나와야 했다. 그 길만이 자신의 신앙을 보존하고 교회의 한 회원으로서 자신의 삶을 살아갈 수 있었기 때문이다.

그러한 경우란 아주 특이한 일이며 어떤 형편상 특정한 경우에 그와 같은 은혜가 주어지는 것이며 일반적인 방편은 아니다. 그러므로 유형의 교회가 전혀 서 있을 수 없는 지역이나 사회 아니면 교회가 송두리째 부패하여서 도무지 교회 안에 있다가는 구원을 이룰 수 없을 정도로 타락한 사회일 경우에는 신실한 성도들에게 한정적으로 그러한 은혜를 주신다.

지금 우리나라와 같은 상황에서는 교회가 모두 극도로 타락했다거나 혹은 모두가 진정한 교회라고도 단정할 수 없는 상태이기 때문에 조직 교회에 속해 있다든지 속하지 않았다는 것이 구원의 증표가 되느냐 안 되느냐를 단정지을 수 있는 단서라고 말하기가 쉽지 않다. 중요한 것은 먼저 그 교회가 하나님께서 세우신 교회인가를 확인하지 않는 한 구원의 표징을 얻을 수 없다는 성경적인 가르침에 관심과 주의를 기울여야 한다.

2) 동질의 지체로서 교회를 이루는 것이 하나님의 보편적인 은혜

지금은 하나님께서 우리 각 사람에게 칼빈과 그의 동지들처럼 혼자 고군분투하면서 구원을 이루라고 하는 시대가 아니다. 때문에 오히려 공동의 교회를 이루고 그 안에서 구원을 이루어 나가는 것이 더 바람직하다고 말할 수 있다. 그러므로 우리는 최선을 다해서 교회를 세워나가고 그 안에서 신앙을 점검하는 것이 우선이다.

왜냐하면 어느 시대든지 신자 개인이 자기 혼자서 살 수 있도록 보냄을 받은 경우가 거의 없었고 함께 한 몸을 이루어야 할 지체들을 보내어 그들과 더불어 하나의 유형교회를 이루고 함께 하나님의 나라를 세워 나가도록 하셨기 때문이다.

삼손의 생애에서도 그와 같은 원리를 찾아 볼 수 있다. 그 당시 이스라엘 사회는 하나님 나라로서 자태를 상실하고 오직 유일하게 삼손만이 교회로서 존재하고 있었다. 그럼에도 불구하고 삼손은 이스라엘 공동체로서 교회를 소망하였고 그 교회를 통하여 하나님의 통치가 구현되는 날을 맞이하기 위해 자신의 전 생애를 헌신하였다.

삼손이 항상 투쟁한 것은 당시 이스라엘을 압박하여 이스라엘로서 특성을 발휘하지 못하게 하는 블레셋이라는 세력이었다. 삼손은 그 세력을 타파함으로써 이스라엘이 본래 하나님께서 세우신 교회 공동체로 회복될 것을 소망했다. 삼손은 자신만이라도 하나님께서 경영하시는 영원한 나라에 속하여 있다는 것이 얼마나 큰 은혜인가 하는 것으로 만족하는 데 그치지 않았다. 오히려 이스라엘이 신앙을 회복하고 어떻게든지 지상에서 유형의 교회를 형성함으로써 함께 한 몸을 이룬 형제들 안에서 구원을 이루어 가고자 하였다.

그러한 경우는 역사상에서 매우 보기 드문 일이었다. 삼손과 같이 한 사람으로 유형의 교회가 존재하는 시대는 거의 없었다. 일반적으로 하나님께서는 한 시대, 한 지역에 동질의 속성을 갖고 있는 지체들을 함께 보내시어 그들로 하여금 그들이 속한 사회 안에서 또 다른 독특한 사회(교회)를 형성케 하시고 그곳에 하나님의 통치와 인도와 보호가 나타나도록 하셨다.

칼빈의 시대만 하더라도 부패한 교회에서 벗어나 자신의 신앙을 보수하고자 할 때, 하나님은 칼빈의 사상을 동조하는 많은 동지들을 함께 보내어 교회를 이루고 구원의 공동체로서 신앙을 유지하도록 해주셨다. 때문에 우리가 한 교회를 이룬다고 한다면 무엇보다도 동질성을 확인하는 것이 중요하다. 과연 그리스도의 한 지체로서 그리고 교회의 한 분자로 부르심을 받았는지의 여부를 서로 확인해야 한다. 이런 점에서 성도들의 교통은 매우 중요하다.

3) 교회의 동질성, 교회의 사명을 인식함으로써 확인돼

진정한 성도들의 교통을 나누기 위해서는 내가 속한 이 교회가 과연 역사 안에서 하나님께서 세우신 교회인가 그리고 역사적인 사명 의식을 가지고 있는가를 먼저 점검해야 한다. 왜냐하면 역사적인 사명 의식을 가지고 있어야 그것을 근거로 신앙의 동질성을 확인할 수 있기 때문이다. 또한 역사적인 사명 의식이 있어야 그 교회만의 고유하고 독특한 존재 의미를 서로 알게 되기 때문이다. 이처럼 먼저 교회의 사명 의식을 확인한다는 것은 교회의 존폐가 달린 문제이기도 하다. 그러기 위해 교회가 가지고 있는 다음 몇 가지의 독특한 속성을 점검해야 한다.

① 교회는 하나님의 통치 기관이다.

교회는 하나님께서 그의 법을 가지고 그의 백성을 다스리시는 기관이다. 어느 지역에 유형의 교회가 있다면 그 자체가 하나의 사회이며 국가이다. 그 안에는 하나님 나라의 시민들이 살고 있고 그들의 삶이 역사를 진행시켜 나가게 되기 때문이다. 또한 역사가 진전할 때에 거기에는 문화가 발생하게 되며 그 결과 각각의 교회는 독특한 문화를 형성하게 되는데 이 문화를 세워나가는 것이 바로 그 교회의 시대적 사명 의식이다. 곧 교회가 가지고 있는 사명 의식에 따라 그들의 역사 진행의 결과로 독특한 문화가 형성된다.

이 점을 본다면 교회의 역사가 길면 길수록 독특한 문화를 꽃피워야

한다. 물론 몇십 년의 세월을 가지고 역사라고는 할 수 없으나 이미 4천년 이상의 역사를 교회가 간직하고 있고 신약 시대 이후의 교회만 해도 2천년의 역사가 있다. 그리고 이 시대의 교회라 할지라도 역사 안에서 개혁 교회의 전통을 이어오고 있기 때문에 그 역사적 결실로서 교회의 문화를 형성하고 있어야 한다.

이 시대의 교회는 지금까지 흘러온 역사의 종점에 서서 교회 문화의 결정체로 빛나고 있어야 한다. 그 문화를 바탕으로 세속 국가에 대하여 하나님 나라의 문화가 가지고 있는 특성을 드러냄으로써 하나님의 영광을 선포하고 하나님의 지혜로우심을 나타내야 한다. 이러한 위치에 서 있는 것이 교회이기에 교회를 하나님의 나라를 대변하는 유일한 기관이라고 한다. 이렇게 엄청난 위치에 있는 교회들이 자신의 위치를 망각하고 그저 세상살이 속에서 어떻게든지 체면이나 차리고 현실이나 유지하려고 한다면 이미 교회로서 자질을 상실한 것과 같다.

② 교회는 사탄과 대적하기 위해 존재하는 전투적인 조직체이다.

지상 교회가 가지고 있는 두드러진 속성 중의 하나가 바로 전투하는 교회Militant church이다. 대부분의 성드들이 사탄의 유혹에 빠지지 않고 사탄의 공격으로부터 보호받는 것 정도에 안심하는 것을 본다. 그러나 교회는 그러한 소극적인 자세로 명목을 유지하기 위해 서 있는 것이 아니다. 적극적으로 하나님의 나라를 세워나가고 그 문화를 드러내기 위해 사탄과 싸워야 할 위치에 있다.

다시 말해서 교회의 사명 의식이 분명하면 거기에는 문화가 형성되기 마련이고 그 문화를 창달하고 드러냄으로써 하나님의 영광을 온 세상에 선포하게 된다. 그러기 위해서는 하나님 나라를 대적하는 사탄의 나라와 필연적으로 전투를 하기 마련이다.

마치 가나안에 입성하는 이스라엘 백성이 그곳에서 하나님의 나라를 건설하고 그 문화를 이룩하기 위해 가나안 주민들과 치열한 전투를 벌였듯이 이 시대의 교회도 하나님의 나라를 확장하고 그 문화를 창달하기 위해서는 이를 대적하는 사탄의 세력과 싸워 승리해야 한다. 그러기 위해 교회는 사탄의 졸개들과 싸우는 군대로서 훌륭한 군대가 되기 위해 잘 훈련된 병사들로 구성이 되어 있어야 하며 신앙고백이 같은 신앙의 동지들로서 조직되기 위해서는 서로 신앙을 확인해야 한다.

중대한 전투를 치러야 할 교회가 그 기본적인 자원으로서 구성된 성도들의 신앙이 일치하고 있지 않다면 결코 효과적인 전투를 수행할 수 없기 때문이다. 한 깃발 아래에는 하나의 군대가 있다. 그러한 군대 조직이어야 다른 군대와 연합하여 전투에 임할 수도 있다. 하나의 깃발 아래 질이 다른 여러 군사가 엉켜 있을 수는 없다. 각 교회는 독특한 존재의미가 있으며 그에 따라 신앙고백이 일치한 성도들이 훈련을 통해 군사로 장성하여 하나님 나라의 거룩한 전투 임무를 수행해야 한다.

③ 교회 안에서만 인생의 본분을 다할 수 있다.

이와 같이 교회가 하나님의 통치기관으로서 사명 의식이 투철하고 그 나라를 위해 사탄과 싸울 수 있는 장성한 군대로 성장했을 때 그 교회 안에서 각각의 성도들은 비로소 자기의 위치와 역할을 확인하게 된다.

하나님 나라의 문화를 건설하기 위한 사명 의식을 가지고 사탄과 싸우기 위해서는 무엇보다도 조직이 잘 갖추어져야 한다. 이는 각각의 군사들이 자기의 역할을 분담하기 위한 각자의 재능talent을 온전하게 발휘할 수 있음을 의미한다. 그러기 위해서는 먼저 군대를 조직할 때 각인의 적성을 검사하여 가장 적합한 병과에 배치하는 것처럼, 각 성도들마다 가지고 있는 개성과 적성을 파악하여 각자의 역할을 분담해야 한다.

그리하여 개혁 교회의 성도들은 자기의 은사에 따라 고유한 역할을 맡게 된다. 또한 그 사람의 본연의 가치가 가장 아름답게 드러나게 된다. 이처럼 교회 안에서 자신의 역할을 파악하여 최선을 다할 때 바로 하나님의 뜻을 이루는 자리에 서 있게 된다. 이런 자리에 서 있어야 하나님께 정당한 기도를 드릴 수 있으며, 하나님 나라의 전 역사 안에서 자신의 독특한 역할을 성취함으로써 하나님의 뜻을 이루게 된다.

바로 이것이 인생의 선善이다. 이런 길에 서 있는 사람에게 "우리가 알거니와 하나님을 사랑하는 자 곧 그 뜻대로 부르심을 입은 자들에게는 모든 것이 합력하여 선을 이루느니라"(롬 8:28)는 말씀이 성취되는 것이고 그 결과가 바로 구원의 완성이다(롬 8:29-30).

2. 하나님 나라의 경영과 일치한 교회의 사명

이상의 모든 일을 성취하기 위해서는 무엇보다도 앞에서 강조한 바와 같이 교회의 동질성이 확인되어야 한다. 곧 교회의 존재 의미를 인식하고 그 의미에 부응하는 성도들을 확인하여 그리스도의 의로운 군사들로서 하나님께 드려진 교회가 되어야 한다. 그러기 위해 우리는 전 역사 안에서 하나님께서는 어떻게 그의 나라를 경영해 나가시는가를 알아야 한다. 하나님 나라의 진행에 대하여 알기 위해서는 하나님께서 역사를 어떻게 주장해 나가시는가를 아는 것이 우선이기 때문이다.

때문에 역사를 면밀히 관찰해야 한다. 관찰하되 먼저 '이 교회가 세워지기까지 역사는 무엇을 추구해 왔는가?'를 살펴보고 다음에는 '앞으로의 역사는 무엇을 향해 전진할 것인가?'를 판단한 후 나아가서 '이 시대의 두드러진 역사의 성격은 무엇인가?'를 알아야 함이 바람직하다. 이런 점에 대하여 점검을 해야 비로소 우리 교회가 추구해야 할 독특한 존재 의미를 발견할 수 있기 때문이다. 다시 말하면 이러한 역사적인 평가를 근거로 '하나님께서 우리 교회에게 요구하시는 역사적인 사명이 무엇인가?'를 알 수 있다.

1) 하나님 나라의 경영은 역사에 대한 이해로부터

역사는 크게 두 부류로 나누어서 살펴 볼 수 있다. 하나는 세속사 곧 세상의 역사이고, 다른 하나는 구속사 곧 하나님 나라의 역사이다. 우리가 역사를 이해하려면 세속사와 함께 구속사를 알아야 한다. 어느 한편의 역사만을 연구하여 거기에서 하나님의 섭리를 판단한다는 것은 바람직한 방법이 아니다.

먼저 세속사의 특성을 살펴보자면 항상 분열과 냉전 그리고 화합을 향하여 전진하고 있음을 알 수 있다. 이것이 세속사의 두드러진 특성이다. 그런데 이와 같은 분열과 냉전과 화합이 흘러가는 그 밑바탕에는 항상 서로의 이해 관계가 깔려 있다. 작게는 가까운 몇몇 사람들 사이에 그리고 좀더 나아가서는 국가 사이에서 발견할 수 있는 첨예화된 이해타산에 따라 분열과 냉전과 화합이 연출된다. 심지어 이데올로기 차원에서조차 이해 관계에 따라 판도가 바뀌기도 한다.

이처럼 인간들의 이해 관계에 따라 역사에 커다란 변동이 일어날 수 있다. 아무리 동반자라 하더라도 이해 타산이 그 사이에 개입되면 단절이 되기도 하고 적대 관계에 있다가도 동반자로 전환되기도 하는 것이 세속사를 이끌어 가는 동력이 된다.

아무리 인간이 높은 이상을 갖고 인간성 회복과 앙양에 애를 쓴다 할지라도 그건 한낱 기치나 명분에 불과할 뿐이다. 인간은 항상 생존을 위해서 명분이나 고결한 가치까지도 우습게 여기고 만다. 결국 인간은 생존을 위한 노예의 상태를 벗어나지 못한다.

2) 세속사는 생존을 바탕으로 진행해

이러한 비참한 모습은 이미 성경에서 말하기를 "... 땅은 너로 인하여 저주를 받고 너는 종신토록 수고해야 그 소산을 먹으리라 땅이 네게 가시덤불과 엉겅퀴를 낼 것이라 너의 먹을 것은 밭의 채소인즉 네가 얼굴에 땀이 흘러야 식물을 먹고 필경은 흙으로 돌아가리라"(창 3:17-19)고 하였다. 이것은 하나님께 대하여 범죄한 인간에게 내리신 하나님의 적극적인 심판의 결과이다.

사람들은 이처럼 생존을 위한 식물을 얻기 위해 살도록 되어 있다. 아무도 이 저주스런 심판 앞에서 벗어날 수 없다. 이처럼 가시덤불과 엉겅퀴 속에서 자기의 생존을 유지하기 위해 땀을 흘리고 더 나아가서는 수단과 방법을 가리지 않고 생존을 위해 투쟁하는 모습이 하나님의 저주 가운데 있는 인생의 기본적인 삶의 모습이다.

이 세상의 역사가 흘러가는 기본적인 원리 역시 언제나 이것을 바탕으로 하고 있다. 아무리 인류의 역사가 찬란하고 고상한 것처럼 보일지라도 그 근본을 자세히 보면 결국 생존권 하나를 유지하기 위해 투쟁하는 모습이 인간의 역사이다. 요컨대 이것만 보게 되면 힘을 바탕으로 생존권을 유지하는 적자생존의 진화론이 역사의 원리인 것처럼 보이기 마련이다.

그러나 이러한 모습은 "세상의 염려와 재리의 유혹에 빠져 있는"(마 13:22) 범죄한 인간의 비참한 현실을 단적으로 말해주고 있을 뿐이다. 인간 세상에서는 '무엇을 먹고 마시며 입을까?' 하는 염려가 끊이지 않는다.

3) 생존에 대한 염려는 인간을 사탄의 노예로 만들어

더욱 비참한 현실은 이러한 염려 때문에 사람들이 사탄의 노예가 되어 있다는 사실이다. 사탄은 세상 속에서 필요한 양식을 얻는 것처럼 위장함으로써 아무도 세상을 떠나서 살 수 없는 것처럼 인간을 속이고 거기에 빠진 사람들을 사탄의 종으로 만들었다.

이것이 바로 사탄이 전 역사를 통하여 인간을 범죄하게 하고 하나님의 나라를 대적하게 하는 방법이다. 따라서 사탄의 술책이란 신자 한 사람을 미혹하여 하나님을 배신하게 하거나 아니면 어느 한 교회를 배도하게 하는 정도의 사소한 일이 아니다. 그런 국부적인 일에는 관심이 없다.

오히려 사탄은 역사의 흐름을 왜곡하여 인간의 생존권을 미끼삼아 사회를 혼돈케 함으로써 성도들과 교회가 사탄과 타협하지 않으면 살아가기 어려운 것처럼 속이는 일에 전력을 다하고 있다. 그래서 일반 사람들은 항상 먹고사는 일에 염려를 하다가 사탄의 올무에서 벗어나지 못하게 된다. 그러나 주님께서는 '이런 염려는 다 이방인들이 한다' 고 말씀하신다.

오히려 하나님의 백성은 그런 생존을 위한 염려에서 떠나 생명 그 자체를 소중히 여긴다. 그리고 어떻게 하면 그 생명의 가치를 가장 생명력 있게 발현할 것인가를 고심한다. 그래서 하나님께서는 인간으로서 가장 근본적인 생존의 문제 곧 먹고사는 문제를 해결해 주시겠다고 약속하셨다. 생존권에 대한 적극적인 하나님의 보장이 있어야 하나님의 백성이 먹고사는 일에 염려하지 않고 적극적으로 하나님의 나라와 의를 추구할 수 있기 때문이다.

3. 구속사는 인생의 본분을 완수하게 해

바로 그러한 적극적인 생존의 보장 속에서 살 수 있도록 세상에서 불러내시고 그들을 인도하신 역사가 구속사이다. 하나님께서는 이 구속사에 들어와 있는 사람만이 하나님의 절대적인 생존의 보장 가운데에서 인간의 본질 곧 인생이 추구해야 할 본연의 가치를 온전하게 발휘할 수 있도록 하셨다.

이것이 구속사가 가지고 있는 특성이다. 그러한 대표적인 인생의 행로를 걸어간 사람들을 우리는 히브리서 11장에서 찾아볼 수 있다. 왜 히브리서 기자는 그러한 사람들을 신앙의 용사들이라고 하는가를 자세히 살펴보면 한결같이 그들은 세상의 역사 속에서 살길을 찾지 않고 하나님 나라의 역사 속에서 그 나라를 추구하고 건설하는 일에 일생을 다 바친 사람들임을 알 수 있다.

우리가 항상 중요하게 생각해야 할 것은 '내가 아직도 세속사에 속한 사람인가 아닌가?'를 따져보아야 한다. 여전히 세속사 가운데 살면서 그 가운데서 아무리 선을 행하고 의를 행하며 고상한 인간성을 발휘한다 할지라도 이미 그 세속사는 사탄의 품에 있다. 사탄의 주장 아래 있으면서 가치 있는 것처럼 보이는 일을 한다는 것은 결국 사탄을 이롭게 하는 일이다. 그것은 하나님과는 반대편에 서는 것이며 하나님을 대적하는 자리 곧 하나님과 원수된 자리이기 때문이다.

그런 자리에서 평생을 선하게 살았다 하더라도 세상의 규준에 따라 산 것이고 사탄의 정략에 빠져 산 것에 불과하다. 이것은 사탄의 편에 있는 것이지 하나님이 편에 속한 것이 아니다. 그러므로 무엇보다도 먼저 내가 하나님 편에 속해 있는가 아니면 사탄 편에 속해 있는가를 분별해야 한다. 그리하여 내가 하나님 편에 서 있다고 한다면 이제는 사탄의 올무인 '무엇을 먹고 입고 마실까?' 하는 염려에서 벗어나 있어야 한다.

1) 현실에 대한 관심

그런데 이 시대의 성격을 자세히 관찰해 보면 그렇지 못하다는 것을 알게 된다. 하나님께서 구속사를 통해 건설하셨다고 하는 교회들이 이제는 오히려 세상의 염려와 재리의 유혹에 깊이 빠져 있음을 보게 된다. 원래는 그러한 염려에서 벗어나도록 하나님께서 보장해 주셨기 때문에 오히려 적극적으로 하나님의 나라를 추구해 나가는 것이 교회의 의무였다. 그런데 요즘의 교회는 본연의 사명을 무시해버리고, 사람들이 빠져 있는 세상의 염려를 어떻게든지 해결해 보고자 나서고 있다. 바로 이것이 교회가 배교하는 가장 현저한 모습이다.

요즘 사람들의 염려라는 것도 좀더 복된 생활의 구현에 대한 관심이다. 복지국가 건설이나 자유세계 건설이라는 등의 구호를 외치며 추구하는 시대적 경향에서 나타나는 것처럼 사람들의 복지와 자유에 대한 관심이 지대함을 볼 수 있다.

진정한 복지와 자유는 사람들이 죄 아래 있는 동안에는 실현될 수 없다. 죄악된 사회가 아무리 복지와 자유를 추구한다 하더라도 결국은 사람들의 이상理想이고 마치 그러한 꿈이 머지않아 달성될 것같이 보이는 신기루 같아서 열심을 다해 좇아가지만 거기에는 사탄의 계략이 숨겨져 있을 뿐이다. 그래서 평생을 다해 좇아가도 잡힐 듯 말 듯 하다가 결국 죽음에 이르고 만다. 이제까지 이 세상에서 한 번도 인류가 진정한 복지와 자유를 구현한 적은 없었다.

결국 사람들은 유토피아utopia를 향한 꿈을 먹고 살 뿐이다. 그 유토피아가 자기 시대에 성취되리라는 막연한 기대감으로 살아가고 있다. 그러나 사탄은 그러한 책략으로 사람들을 유혹하고 평생토록 그 사람이 가지는 고유한 가치를 발현하지 못하도록 얽어 놓는다. 진정한 복지와 자유는 오직 하나님 안에만 있다. 그런데도 교회마저 사탄의 정략에 빠져 이 세상에서 어떻게든지 그러한 유토피아를 성취하여 사람들에게 제공함으로써 이 세상의 염려를 제거해 보겠다고 나서고 있다.

그러나 진정 교회가 인류에게 참된 복지를 보장해 주려면 무엇보다도 먼저 죄로부터 사람들을 자유케 해야 한다. 이 일은 하나님께서 교회에 위탁하신 일이며 하나님께서 교회에게 주신 권세이기도 하다. 그러므로 교회는 복음을 가지고 죄로 인해 죽어있는 사람들을 다시 살려 중생한 성도들로서 본연의 가치를 발휘하도록 하는 데에 그 사명이 있다.

2) 인간을 중생케 하는 것이 교회의 본분

이렇듯 교회는 세상의 염려에서 철저하게 분리되어 적극적으로 하나님의 의로운 통치를 구현해야 하는 기관이다. 인간의 생사화복이라든지 복지 등의 문제를 해결하기 위한 기관이 아니다. 이미 교회는 그러한 세상의 염려에서 해방되고 해결된 상태에서 출발하였다. 교회가 적극적으로 존재해야 할 이유도 거기에 있다.

그런데도 교회가 여전히 인간의 복지라든지 자유를 해결하기 위해 존재하려 한다면 그것은 시작부터가 잘못되었다. 이미 그런 문제는 하나님의 절대적인 보장 아래 해결되어 있어야 한다. 오히려 교회가 가지고 있는 최상의 가치를 온전하고 아름답게 드러내는 일에 최선을 다하고 추진해 나가야 한다.

이것이 바로 교회가 서 있는 존재의 모습이며 교회가 나아가야 할 길이다. 이런 교회에 소속되어 있는 성도들만이 자신의 존재 의미를 온전하게 발휘할 수 있다. 이러한 위치에서 각자의 역할을 다할 때 비로소 거룩한 성도들의 교통이 행사된다.

4. 이 시대의 사명

우리의 구원 여부는 하나님 나라의 실체로서 존재하는 그러한 교회에 속해 있는가에 따라 결정된다. 따라서 먼저 그러한 교회를 세우는 것이 지금 우리가 해야 할 당위성이다. 그런 교회가 존재하지도 않는 상태에서는 아무리 하나님의 뜻을 추구하고 따라가려 해도 그 뜻을 알 수도 없고 이룰 수도 없다. 뿐만 아니라 하나님께서 우리를 보장해 주시는 적극적인 은혜 역시 누릴 수 없다.

1) 하나님의 통치 구현되는 교회 세워야

우리는 하나님께서 보장해 주시는 삶을 이루어가기 위해서 이미 하나님께서 세우신 그 교회 안에 들어와 있다는 것이 더 중요한 일이고, 반면에 아직 그러한 교회가 없다면 하나님의 절대적인 삶의 보장 가운데서 세우시는 그러한 교회를 건설하는 것이 가장 의미 있는 일이다. 그 다음에는 이러한 교회 안에서 우리 각자가 역할을 분담해야 할 은사恩事를 확인할 수 있어야 한다.

은사를 발견하고 함께 은사를 확인하여 가장 올바로 사용할 수 있도록 하는 것이 바로 성도들의 교통이다. 이같은 성도들의 교통은 서로의 위치를 확인하고 그 역할을 수행함으로써 교회가 나아갈 궁극적인 목표를 완수하기 위한 원동력이다. 그러한 실례를 에베소서 4장 1-16절에서 읽을 수 있다.

"그러므로 주 안에서 갇힌 내가 너희를 권하노니 너희가 부르심을 입은 부름에 합당하게 행하여 모든 겸손과 온유로 하고 오래 참음으로 사랑 가운데서 서로 용납하고 평안의 매는 줄로 성령의 하나 되게 하신 것을 힘써 지키라 몸이 하나이요 성령이 하나이니 이와 같이 너희가 부르심의 한 소망 안에서 부르심을 입었느니라 주도 하나이요 믿음도 하나이요 세례도 하나이요 하나님도 하나이시니 곧 만유의 아버지시라 만유 위에 계시고 만유를 통일하시고 만유 가운데 계시도다 우리 각 사람에게 그리스도의 선물의 분량대로 은혜를 주셨나니 그러므로 이르기를 그가 위로 올라가실 때에 사로잡힌 자를 사로잡고 사람들에게 선물을 주셨다 하였도다 올라가셨다 하였은즉 땅 아랫 곳으로 내리셨던 것이 아니면 무엇이냐 내리셨던 그가 곧 모든 하늘 위에 오르신 자니 이는 만물을 충만케 하려 하심이니라 그가 혹은 사도로 혹은 선지자로 혹은 복음 전하는 자로 혹은 목사와 교사로 주셨으니 이는 성도를 온전케 하며 봉사의 일을 하게 하며 그리스도의 몸을 세우려 하심이라 우리가 다 하나님의 아들을 믿는 것과 아는 일에 하나가 되어 온전한 사람을 이루어 그리스도의 장성한 분량이 충만한 데까지 이르리니 이는 우리가 이제부터 어린 아이가 되지 아니하며 사람의 궤술과 간사한 유혹에 빠져 모든 교훈의 풍조에 밀려 요동치 않게 하려 함이라 오직 사랑 안에서 참된 것을 하여 범사에 그에게까지 자랄지라 그는 머리니 곧 그리스도라 그에게서 온 몸이 각 마디를 통하여 도움을 입음으로 연락하고 상합하여 각 지체의 분량대로 역사하여 그 몸을 자라게 하며 사랑 안에서 스스로 세우느니라"(엡 4:1-16).

그리스도께서 십자가를 지고 죽으셨다가 부활하신 것은 성도들을 온전케 하고 봉사의 일을 하게 하며 그리스도의 몸을 세우기 위함이라고 바울은 말한다. 그리고 바로 그리스도께서 주신 은사에 따라 여러 지체들을 이루게 하시고 그 지체들로 하여금 온전한 그리스도의 몸인 교회를 세우도록 하신다.

그래서 "그에게서 온 몸이 각 마디를 통하여 도움을 입음으로 연락하고 상합하여 각 지체의 분량대로 역사하여 그 몸을 자라게 하며 사랑 안에서 스스로 세우느니라"(엡 4:16)는 말씀과 같이 교회는 공동 운명체가 된다. 따라서 서로를 온전케 하고 몸을 세우고 상합하여 각 지체의 분량대로 자라게 하는 것이 바로 성도들의 교통이다. 나아가 이 공동 운명체가 궁극적으로 추구하는 것은 영생이다. 그리고 이 영생에 이르는 능력이 생명이다.

이런 차원에서 자기 자신의 생명에 대해서도 책임을 가져야 한다. 그저 나 하나 좀더 인간답게 잘살기 위한 차원에서 내 삶을 책임질 것이 아니다. 그리스도 안에서 공동 운명체로 부름받은 사람들의 생명에 대한 책임이 서로에게 있기 때문에 먼저 자신의 삶을 철저하게 경영해야 한다. 가장 자기답게 살아가는 것이 전체의 생명을 보존하는 유일한 방편이기 때문이다. 이런 의식이 확고할 때 성도들의 교통이 아름다워지고 서로의 인격을 침해하지 않으면서 정상적인 한 인격으로 장성해 나가게 된다.

이처럼 나 하나의 생명이 나머지 다른 사람들을 온전케 자랄 수 있게 할 수도 있고, 반대로 치명적인 악한 영향을 줄 수도 있다. 이 사실을 우리가 자각하고 있다면 결코 자기 자신의 삶에 대하여 소홀하지 않아야 한다. 뿐만 아니라 타인의 삶에 대해서도 존중하여야 한다. 때문에 자기 자신의 삶을 가장 순결하고 온전하게 가꾸어 나가야 하며 타인도 그렇게 될 수 있도록 최선의 협력을 다해야 한다.

2) 교회의 사명을 완수하기 위해 성도 각자가 최선 다해야

이와 같이 가장 자기다운 삶을 살아가기 위해서는 무엇보다도 하나님과의 교통에 있어서 철저해야 한다. 하나님과 교통의 방법은 그것 자체가 은혜의 수단이기도 하다. 그리고 하나님과의 교통에 있어서 가장 총체적으로 이루어지는 것이 예배이다. 예배는 우리가 하나님께 향한 모든 감정이 포괄적으로 포함되어 있기 때문이다.

그러므로 예배가 순수하게 보존되어 하나님께 드려질 수 있도록 하는 것이 교회가 가장 먼저 해야 할 일이다. 예배가 온전하게 하나님께 드려지지 않은 상태라면 성도들의 교통은 기대할 수 없다. 하나님에 대한 사랑의 극치가 예배로 나타나기 마련인데 그 예배가 불성실하다면 하나님과 사랑의 관계가 순전하지 않은 것이고 그런 상태라면 성도들 사이의 사랑도 기대할 수 없기 때문이다. 결국 하나님께 대한 사랑이 철저해야 각자가 자신의 삶에 있어서 책임을 다할 수 있고 나아가 서로에 대해서도 책임을 질 수도 있다.

나아가 하나님과의 교통이 철저해지면 그 다음에는 자기 자신이 그리스도의 제자라는 확고한 의식이 발생하게 된다. 그런데 그리스도의 제자가 되려면 자기를 부인하고 자기 십자가를 지고 주님을 따라야 한다.

자기를 부인한다는 것은 자기의 아상我相을 버리는 일이다. 철저하게 성신님의 인도를 받는 자리에 서 있어야 한다. 그리고 자기의 십자가를 져야 한다.

자기의 십자가란 자기만이 져야 할 시대적인 요구를 의미한다. 곧 하나님께서 자기 자신에게 요구하시는 시대적인 사명을 가리켜 자기의 십자가라고 한다. 그러기 위해서는 자기가 존재해야 할 본연의 가치를 바로 알고 있어야 한다.

자기 십자가를 진다는 것은 교회의 한 일원으로서 자기 의식이 분명하고 하나님 나라의 진전과 일치하는 것으로부터 시작된다. 하나님과의 관계가 바로 서 있는 상태에서 성도들의 교통이 온전히 이루어짐으로 말미암아 자기의 위치를 확인할 수 있을 때 인생의 본분을 알게 된다. 이것을 자기 십자가라고 한다. 따라서 각자의 삶에 최선을 다한다는 것은 단편적인 몇 마디로 되는 것이 아니다. 이처럼 전 교회와 총체적인 관계를 따라 살아갈 때에야 비로소 가능하다는 것을 알게 된다.

3) 진정한 성도들의 교통 있는 곳에 정상한 교회 존재해

이 모든 것을 놓고 볼 때 성도들의 교통이란 먼저 ① 교회가 있어야 하고 ② 역사 의식이 확인되어야 하며, ③ 자기의 본분에 대한 각성과 ④ 하나님과의 신실한 교통 그리고 ⑤ 자기의 십자가를 지면서 서로를 사랑하는 모든 것을 의미한다. 여기에서 또 한가지 나타나는 것이 신자로서 갖추어야 할 인격이다.

하나님에 대한 순일한 사랑과 성도들 사이의 때묻지 않은 사랑을 발현하기 위한 인격이 먼저 갖추어져야 한다. 이러한 인격이 갖추어져 있을 때 그 인격을 소유한 성도들로 구성된 교회가 비로소 교회로서 사명을 완수하게 된다. 그리고 그 교회의 한 지체로서 각자의 사명을 이루게 됨으로써 자기의 본분을 다하게 된다. 이 모든 것을 이루어 내는 원동력이 바로 성도들의 교통이다. 온전한 성도들의 교통이 있을 때 구원이 완성된다.

기도

사랑의 아버지! 우리 성도들이 마땅히 가져야 될 것이 먼저는 하나님을 사랑하는 것이요 그와 같이 우리 서로가 사랑하는 것임을 아옵나이다. 그러한 바탕 위에 교회가 서 나가는 것이며 그런 교회라야 맡은 사명을 수행함으로써 각각의 본분을 다하게 될 것이옵나이다.

하오니 주여, 우리 마음이 참으로 그리스도를 본받게 하시고 그리스도의 무한하신 사랑에 힘입어 하나님을 사랑하고 서로를 사랑할 수 있는 마음을 풍성하게 해주시기를 간구하나이다. 이러한 풍성한 은혜 가운데서 부활하신 그리스도의 능력을 힘입고 마침내 그리스도의 군사로서 사탄을 대적하고 하나님의 거룩한 나라와 문화를 건설하게 하옵소서.

그러기 위해 마음을 다하여 하나님을 사랑하는 일과 저희들 사이에 온유한 사랑으로 서로 기쁨을 맛볼 수 있는 성도들의 교통이 이루어지게 하옵소서.

예수님의 이름으로 기도하옵나이다. 아멘.

V. 구원의 실체 實體

디모데후서 3장 1-17절

1 네가 이것을 알라 말세에 고통하는 때가 이르리니
2 사람들은 자기를 사랑하며 돈을 사랑하며 자긍하며 교만하며 훼방하며 부모를 거역하며 감사
치 아니하며 거룩하지 아니하며
3 무정하며 원통함을 풀지 아니하며 참소하며 절제하지 못하며 사나우며 선한 것을 좋아 아니
하며
4 배반하여 팔며 조급하며 자고하며 쾌락을 사랑하기를 하나님 사랑하는 것보다 더하며
5 경건의 모양은 있으나 경건의 능력은 부인하는 자니 이 같은 자들에게서 네가 돌아서라
6 저희 중에 남의 집에 가만히 들어가 어리석은 여자를 유인하는 자들이 있으니 그 여자는 죄를
중히 지고 여러 가지 욕심에 끌린 바 되어
7 항상 배우나 마침내 진리의 지식에 이를 수 없느니라
8 얀네와 얌브레가 모세를 대적한 것같이 저희도 진리를 대적하니 이 사람들은 그 마음이 부패
한 자요 믿음에 관하여는 버리운 자들이라
9 그러나 저희가 더 나가지 못할 것은 저 두 사람의 된 것과 같이 저희 어리석음이 드러날 것임
이니라
10 나의 교훈과 행실과 의향과 믿음과 오래 참음과 사랑과 인내와
11 핍박과 고난과 또한 안디옥과 이고니온과 루스드라에서 당한 일과 어떠한 핍박 받은 것을
네가 과연 보고 알았거니와 주께서 이 모든 것 가운데서 나를 건지셨느니라
12 무릇 그리스도 예수 안에서 경건하게 살고자 하는 자는 핍박을 받으리라
13 악한 사람들과 속이는 자들은 더욱 악하여져서 속이기도 하고 속기도 하나니
14 그러나 너는 배우고 확신한 일에 거하라 네가 뉘게서 배운 것을 알며
15 또 네가 어려서부터 성경을 알았나니 성경은 능히 너로 하여금 그리스도 예수 안에 있는 믿
음으로 말미암아 구원에 이르는 지혜가 있게 하느니라
16 모든 성경은 하나님의 감동으로 된 것으로 교훈과 책망과 바르게 함과 의로 교육하기에 유
익하니
17 이는 하나님의 사람으로 온전케 하며 모든 선한 일을 행하기에 온전케 하려 함이니라

V. 구원의 실체實體

디모데후서 3장 1-17절

교회의 가장 중요한 특성 중의 하나는 교회가 유기체Organic Church라는 성격이다. 유기체라고 할 때에는 교회 구성원 모두가 공동 운명을 가지고 있음을 의미한다. 여기에서 운명을 다른 말로 바꾼다면 공동의 사명이라고 할 수 있다. 바로 교회는 유기체로서 공동의 사명을 가지고 있다.

1. 교회와 성도들과의 관계

하나님께서 그 나라를 세우셨을 때에는 하나님의 고유한 목표가 있었는데 이 목표를 이루는 것이 전 우주적이고 유일한 교회(무형교회)의 사명이다. 이 사명을 완수하기 위해 각 시대, 각 지역마다 독특한 유형의 교회(지교회 또는 지역교회)를 두셨다. 그리고 그 독특한 유형의 교회가 속한 시대와 위치에 따라 자기의 역할을 다하는 것이 지교회의 역사적 사명이 된다.

그 사명은 지교회가 결국 공동 운명체로서 전 교회(무형교회)를 구성하는 한 부분이기 때문에 우주적인 교회에 속한 사명과도 일치한다. 따라서 각 지교회의 사명을 완수한다는 것은 하나님의 나라인 유일한 교회의 사명을 완성하는 것과 방불한 것이며 바로 그 사명을 이루기 위해 각 시대마다 각각의 위치에서 각각의 지교회가 존재한다.

마찬가지로 우주적인 교회의 한 지체로서 지교회에 소속되어 있는 신자는 개개인의 성도가 모여 이루고 있는 지교회와 공동 운명체이자 유기체이므로 그 교회의 운명과 각 성도들의 운명은 일치하게 된다. 따라서 각 개인이 속하여 있는 지교회는 공동 운명체로서 하나님의 나라인 우주적인 교회의 한 지체가 되기 때문에 각 지교회에 소속되어 있는 성도들의 위치와 역할은 결국 전 우주적인 하나님 나라 안에서 고유한 위치와 역할을 차지한다.

뿐만 아니라 각각의 위치와 역할이 매우 독특하고 고유한 만큼 각 성도들의 존재 의미 역시 독특하며 고유한 가치를 가진다. 그러므로 한 사람 한 사람이 자기의 위치와 역할을 알아서 그에 합당하게 살아가야 한다. 이것이 곧 하나님의 나라를 이루는 것이며 바로 그것을 가리켜 하나님의 뜻을 이룬다고 한다. 또한 이런 의미에서 하나님의 뜻을 이룬다든지 하나님의 나라를 이룬다는 말은 동일한 의미이다. 이러한 삶을 다른 말로는 하나님의 경륜을 따라 산다고 표현한다.

이와 같은 운명의 공동체로서 교회, 즉 지교회는 항상 그 교회를 이루는 성도들이 모여 신실한 교통을 나누는 것으로 그 실체를 이루게 된다. 우주적인 하나님 나라 안에 소속되어 있는 각 지교회 그리고 그 지교회 안에 소속되어 있는 각 성도들은 각자가 하나님의 아들이라는 각성이 있어서 하나님의 자녀들끼리 한 가족(지교회)을 이루고, 한 가족으로서 하나의 사회(교회 공동체)를 이루게 되며, 나아가 하나의 나라(전 우주적인 교회)를 이루게 된다. 그러므로 각 성도들은 하나님의 나라 안에서 각각 자기의 역할과 위치를 찾아서 살아가는 모습으로 하나님의 뜻을 이루는 것이라고 말할 수 있다.

때문에 성도들의 교통은 그 자체가 구원받은 자들로 살아가는 삶의 실체라고 말할 수 있다. 즉 성도들의 교통이라고 할 때 단순히 친목회 정도라든지 요즈음 많이 쓰이는 말로 소위 공동체 생활로 같이 나누어 먹고사는 정도의 것이 아니다.

하나님 나라 안에서는 ① 서로의 역할과 위치를 확인해 주고 ② 서로의 고유한 역할에 대해 권면하며 마침내 ③ 서로의 구원을 완성하게 해 주는 관계를 성도들의 교통이라고 해야 한다. 이 정도의 교회가 세워졌을 때 비로소 그 교회가 하나님으로부터 에너지를 받아서 그 교회가 지상에 존재하는 독특한 사명을 완수해 나갈 수 있게 된다. 그렇다면 무엇보다도 그런 교회를 이루는 성도들이 어떻게 탄생되는가에 대해서 우리의 관심이 모아지게 된다.

1) 성도들의 탄생

성도들은 하나님께서 세우신 구원의 도리와 역사적인 존재 의미에 대해 확인한 교회를 통하여 배운 후, 자신이 진정으로 그리스도의 공효를 힘입어서 구원에 이른다는 사실을 깨닫는 데서부터 탄생된다. 여기에서 말하는 '구원의 도리' 라든지 '교회' 란 통속적으로 일컬어지는 복음이나 교회를 지칭하는 것이 아니라 적어도 '정상적인 복음과 교회' 를 지칭한다.

곧 사도로부터 전수되어진 바로 그 복음을 역사 속에서 전수 받아 보전하고 가르치며, 다음 시대의 교회에까지 전수하는 교회가 정상한 교회이다. 그와같은 교회가 가르치는 구원의 도리가 정상한 복음이다. 이 때 성도들은 이러한 교회가 가르치는 복음을 통해서 성신님의 감화를 받아 그리스도의 구속 사건을 친히 자기의 것으로 받아들이고, 그리스도의 십자가와 그 공효에 힘입어서 하나님의 아들로 구속받았음을 각성하게 된다. 이것을 가리켜 성신님의 인치심이라고 한다.

이렇게 역사적인 교회를 통하여 복음을 접하게 되고 가르침을 받게 되면 무엇보다도 먼저 하나님께서 전 역사를 경영하시는 목적과 지금 이 시대에 요구하시고 바라시는 의도가 무엇인가를 깨닫게 된다. 다시 말하면 성도들이란 전 역사를 경영하시는 하나님의 큰 뜻을 깨닫고 그 경영하심 속에서 자신이 속한 교회가 가지는 고유한 위치와 역할을 발견하고 어떻게 그 경륜이 이루어져야 할 것을 알아야 한다. 그 경영 속에서 자기 자신의 고유한 위치와 역할을 밝히 아는 것을 가리켜 성도들의 각성이라고 말할 수 있다. 바로 이것이 교회를 이루는 초석이며 자기가 존재해야 하는 존재의 의미와 교회가 존재해야 할 당위성을 아는 길이다.

성도들은 진정한 복음을 접하고 그 복음의 가르침을 받게 되면, 하나님께서 전 역사를 경영하시는 경륜을 먼저 깨달아 알고 그 안에서 역사적으로 존재해야 할 교회의 당위성과 자신의 위치를 확인해야 한다. 바로 그것이 복음의 내용이며 그 일에서부터 가장 먼저 복음의 능력이 발휘된다. 그 복음을 통하여 하나님 나라 안에서 자신의 위치와 역할을 알게 되고 그 사명을 수행할 능력을 교회로부터 받아 한 몸된 지체들과 합력하여 하나님의 시대적 경륜을 이루어 가게 된다. 그 원동력이 바로 성도들의 교통이다.

2) 복음의 능력

복음의 능력이란 자기가 소속된 바로 이 교회가 그러한 하나님의 경륜을 깨닫고 수행할 수 있는 교회인가를 판단하는 데서부터 발휘되기 시작한다. 과연 자기가 그 교회에 소속되어서 하나님의 경륜을 이룰 수 있을 것인가 아니면 도저히 이룰 수 없을 것인가를 판단하게 한다.

그렇게 해서 자신의 고유한 위치와 역할이 확인되면 그 다음 단계로 서로의 위치에 대해 격려하며 서로의 역할을 충분히 수행케 함으로써 마침내 온 교회가 하나님의 나라를 구현하게 된다. 이렇게 각각의 지교회가 한 시대의 빛으로서 자신의 역할을 다할 때 비로소 하나님의 나라가 전진하며 완성을 향하여 나가게 된다. 그리고 그처럼 각각의 교회가 하나님의 나라를 구현한다는 사실 자체가 바로 자신의 구원을 완성하는 길임을 알게 된다.

구원을 이룬다는 말을 통속적으로 죽어서 하늘나라에 들어간다는 말로 이해할 것이 아니다. 먼저 자기 존재의 고유한 의미를 이루고 자기가 속한 교회가 하나님의 경륜을 완성하여 우주적인 교회 안에서 고유한 역할을 다함으로써 하나님의 나라를 구현한다는 사실에서부터 구원이 이루어짐을 알아야 한다.

따라서 지금 자기가 속해 있는 교회가 역사적인 사명 곧 그 교회의 고유한 시대적인 사명이 바로 자신의 역할을 통해 그리고 함께 지교회를 이루고 있는 각 성도들의 삶을 통해 이루어가고 있음을 날마다 확인하고 있지 않다면, 구원을 받았다는 실제적인 증거를 찾을 수 없다.

2. 구원의 확증에 대하여

자신의 삶 자체가 교회를 세워나가는 것이고 하나님 나라의 진행과 건설에 있어서 필연적이며 절대적인 위치를 차지하고 있다는 사실이 바로 구원의 경험이요 증거이다. 이러한 구원의 사실을 본인이 경험하고 나아가 성도들의 교통을 통해 서로 절실하게 인정하고 즐거워하게 될 때 비로소 그 사람은 온 교회 앞에 자신도 그러한 거룩한 공동체의 한 지체임을 고백하게 된다.

이것을 가리켜 개인의 신앙고백이라고 한다. 이처럼 그러한 신앙고백이 교회를 이루어 가는 것임을 알고, 나아가 하나님의 나라를 구현하는 것과 동일한 일임을 알아서 서로의 구원을 완성하기 위해 교회의 한 지체로 받아들이게 된다. 때문에 이 관계는 절대적인 관계이다. 그 역할을 다른 사람이 해줄 수 있는 것처럼 상대적인 역할로서 지체를 확인하는 것이 아니다. 그 사람이 아니면 안 되는 절대적인 위치에서 서로를 확인하고 교회를 이루어야 한다.

그 결과 모든 성도들이 "이 교회를 이룸에 있어서 그 사람이 아니면 이루어질 수 없고, 그 사람이 없다면 각 사람의 역할이 무기력하며 심지어 구원을 이룸에 있어서 심각한 결핍을 초래할 수밖에 없는 위협을 느껴서 그 결핍이 나중에는 교회 전체의 생명을 해할 수 있다"는 절대적인 필요성을 서로 인정하고 있어야 한다. 이러한 관계 확인을 거쳐 한 개인은 전체의 교회를 요구하고 교회는 바로 그 한 사람을 요구해야 한다.

그러한 관계가 확인된 후에야 비로소 교회가 세운 절차에 따라 그 사람에게 성부와 성자와 성신의 이름으로 교회가 세례를 베풀고 그를 성도의 한 사람으로 인정하여 교회의 회원으로 받아들이게 된다. 그러한 확인과 절차를 밟은 연후에야 교회는 그 사람의 신앙고백을 인정하는 것이고 그의 구원을 보장하게 된다.

그렇게 서로의 구원이 확인되고 완성될 위치에 있을 때 함께 온 지혜와 마음과 뜻과 정성을 모아 하나님의 거룩하신 경륜을 이루어 나가게 된다. 이처럼 확고한 관계성이 서로 확인될 때 비로소 우리는 교회가 세워졌다고 말하며 "이 교회를 통해 하나님의 경영이 이루어진다"고 말할 수 있다. 그리고 이러한 관계 아래에서 신앙을 증시할 때에야 '신앙고백을 한다' 고 말할 수 있다.

1) 구원의 도리

지금까지는 성도들과 교회의 탄생에 대해 그리고 교회가 하나님의 나라를 구현해 나가기 위한 절차에 대해 원리적으로 살펴보았다. 여기에서 교회가 이러한 일을 하기 위해 기본적으로 갖추어야 될 조건이 하나 있다. 그것은 바로 역사적인 구원의 도리로서 복음을 교회가 가지고 있어야 한다는 점이다.

역사적인 구원의 도리란 어느 한 시대의 교회가 자기들만이 만들어 가진 복음을 말하는 것이 아니다. 여기에서 말하는 복음이란 ① 아담 시대부터 하나님께서 계시해주신 하나님의 구원의 경륜을 따라서 예수 그리스도께서 오셨으며 ② 그의 십자가의 공로로 말미암은 구원이 완성되었으며 ③ 그 완성된 구원을 역사적인 위치를 확인한 교회에 주셨으며 ④ 그 교회가 그 복음을 가르치고 선포할 때 그곳에 참 생명의 변화, 즉 죽은 자들이 참 생명으로 돌아오는 복음의 능력이 나타나며 ⑤ 그 결과 지금까지 자기의 주제와 본질을 알지 못하던 사람이 비로소 자신이 우주적인 하나님의 나라에서 점유하는 위치와 역할을 알아서 자기의 본분을 다하게 하는 능력의 나타남이며 그 원동력을 의미한다.

이러한 신앙고백을 신학적으로 일목요연하게 정리해 놓은 개혁주의 신앙고백서들이 있다. 장로교Presbyterian Church에서는 웨스트민스터 신앙고백서와 대, 소요리문답을 고백한다. 그리고 유럽의 대륙 교회들인 개혁교회Reformed Church에서는 하이델베르크 교리문답, 벨직 신앙고백서, 도르트 신조를 일치 신경으로 고백한다. 때문에 이들 신조들이 고백하는 신앙고백이 아니라면 결코 정상한 교회의 복음이라 할 수 없다.

역사적인 교회는 바로 이 복음과 그 능력을 가지고 있어야 한다. 그리고 이 복음의 원동력에 힘입어 역사 속에서 자신의 길을 확고하게 세우고 지상적至上的인 사명을 확인하고 그 사명을 수행하기 위해 전진해야 한다. 그러기 위해 그 사명을 수행할 능력을 복음으로부터 지속적으로 공급받아야 하며 그 사명을 수행하고자 하는 강력한 의지를 발동하고 있어야 한다.

이러한 교회에 소속된 성도들만이 개혁신앙을 배워서 하나님의 경륜을 더욱 자세하게 깨닫게 되고, 하나님의 자녀로서 날마다 새롭게 각성을 하게 된다. 그러므로 역사적인 위치를 확인한 교회에 소속되어 있어서 하나님의 경륜(οικονομια)을 깨닫고 그러한 경륜을 이루어 나가는 위치에 서 있는 사람을 가리켜 하나님의 자녀라고 하며 그러한 사람들의 모임을 가리켜 하나님의 교회라고 한다.

2) 구원의 방편

계시란 하나님께서 그의 자녀들에게 하나님의 경륜을 알려주시는 방편이다. 하나님은 오직 계시를 통해 하나님의 경륜과 경영을 밝혀주시는데 그 계시란 일반계시와 특별계시를 모두 포함한다. 따라서 우리가 속한 시간대와 공간대(이것을 자연계시라고 하는데)를 설정해 주시는 것부터가 하나님께서 그의 경륜을 그의 백성에게 드러내는 필연적인 조건이 된다.

내가 어떤 시대 어느 지역에서 출생하여 교육을 받고 어떤 환경의 영향을 받고 있는가를 안다는 것은 하나님의 경영을 이해하는 데 커다란 도움이 된다. 더 나아가 전 세계적인 흐름과 경향을 앎으로써 훨씬 더 하나님의 경륜을 이해하는 데 도움을 받게 된다. 뿐만 아니라 전 역사의 흐름과 성격을 충분히 읽고 파악하여서 지금 자기가 속한 시대적 성격을 충분히 이해하고 있어야 한다. 그런 후에 교회를 통하여 배운 특별계시를 적용시켜 일반계시를 해석함으로써 자신이 속한 위치와 하나님 나라의 한 지체인 교회 안에서 역할을 구체적으로 알게 된다. 이럴 때 자연계시는 특별계시와 같은 효과를 가져온다. 그렇지 않다면 자연계시는 우리의 구원에 아무런 효과를 가져올 수 없다.

"주 예수를 믿으라 그리하면 너와 네 집이 구원을 받으리라"(행 16:31)

는 말씀을 자기 편한 대로 해석하여 무조건 아무나 예수를 믿는다고 해서 구원받는다고 할 것이 아니다. 특별계시인 성경을 정확히 해석하여 그 해석의 자료를 가지고 자연계시 곧 일반계시를 분별할 수 있어야 된다. 때문에 하나님의 계시를 완벽하게 전달하기 위해서 특별계시로 주신 성경으로, 현상의 세계와 역사를 통해 얻게 된 자연계시를 깨달아, 우리 각자에게 주신 하나님의 명확한 경륜을 충분히 해석할 수 있어야 비로소 구원의 효력이 발생된다.

성경에 기록된 어떤 사건을 해석한다고 하면서 노아 시대나 아브라함 시대의 성격을 똑같이 놓고 비교해 버리면 그 본래 가지고 있는 시대적 성격을 무시하게 되어, 각 시대에 주신 하나님의 특별계시에 대하여 전혀 다른 해석을 하게 된다. 노아 시대에는 노아 시대 나름대로의 노아의 역할과 위치를 발견해야 한다. 아브라함 시대에는 그 시대 나름대로 아브라함의 위치와 역할을 확인해야 성경이 가지는 계시로서 가치가 드러나게 된다. 이런 점에서 성경신학적 관점을 갖춘다는 것은 큰 도움을 얻게 된다.

이런 과정을 명확하게 해석하고 이해함으로써 '하나님의 구원이 어떻게 그 시대의 사람들을 통해서 이루어져 왔는가?' 를 알게 되고 나아가 '하나님께서 구원의 경륜을 이루어 가실 때 그 사람들을 어떻게 사용하셨는가?' 를 보아서 하나님의 경륜을 드러내시는 계시적 안목을 갖게 된다. 그리고 '그 사람들은 그러한 하나님의 말씀에 대해서 어떻게 자기 자신을 하나님의 경영에 알맞게 순응하고 하나님의 뜻을 이루어 나갔는가?' 하는 것을 깨달음으로써 비로소 특별계시로서 성경의 가르침을 바르게 이해하게 된다. 이것은 구속사의 흐름을 정확하게 아는 것으로부터 시작된다.

그러한 과정을 통하여 성경의 계시적 사건들, 즉 구속사 안에서 차지하는 각 사건들의 의미를 일일이 해석하고 이해하여, 그러한 확인의 과정을 마친 결과 계시의 최종 완성으로 오신 예수 그리스도를 이해해야 한다. 그리고 예수 그리스도께서 완성하신 그 구속사적 계시의 의미 곧 구원의 의미를 확인하여 그것을 지금 우리 시대에 적용해야 한다.

이런 의미에서 '성경은 역사 속에서 하나님께서 주신 하나님의 구원 계시를 기록한 책으로서 특별계시이다' 고 말한다. 다시 말하면 역사 속에서 하나님께서 구원의 방도를 이루어 나가시는 것을 가리켜 "하나님의 경륜이다" 또는 "하나님의 경영이다"라고 한다. 그 경륜을 기록한 특별계시가 바로 성경이다. 그러므로 결국 하나님의 경륜을 안다는 것은 역사 속에서 하나님께서 계시하신 구원의 경영을 바로 알고, 그 경륜 속에서 자신이 어느 위치에 와 있고 어떤 역할을 감당해야 하는가를 안다는 것과 같은 말이다.

3) 구원의 의미

이것을 놓고 볼 때 최종적인 결론을 우리가 유추할 수 있는데 그것은 지금까지 하나님께서 구원의 계시를 통해 밝혀주신 구속의 역사, 바로 그 구속사의 완성점에 내가 와 있어야 한다는 것이다. 아담 시대부터 흘러온 모든 구원의 역사가 지금 최종적으로 누구에게 와 있어야 하느냐 하면 바로 내가 속해 있는 교회와 나에게 와 있어야 한다. 이런 점에서 교회의 신앙과 개인의 신앙고백은 종말론적 성격을 가진다.

나 한 사람의 구원은 단순히 그것으로 끝나지 않고 지금까지의 모든 구원을 완성하고 있다는 점에서 아주 엄청난 의미를 가지고 있다. 따라서 성도 한 사람의 구원은 단순하게 "그 한 사람이 예수를 잘 믿어서 천당에 가게 되었다"라는 말이 아니라, 지금까지 전개된 모든 구원을 완성하는 하나의 종지부, 즉 마침표이기도 하다.

지금 우리는 하나님의 나라 안에서 구원의 역사가 흘러가고 있는 한

지점에 서 있다. 바로 그 위치에서 나의 위치는 지금까지 진행되어 온 구원 역사의 최종점으로서 완성과 같은 의미를 가지고 있다(already). 뿐만 아니라 바로 그 위치는 다음 시대 교회의 구원을 완성하기 위한 출발점이기도 하다. 이런 점에서 아직 우리의 구원은 완성된 것이 아니다(not yet).

하지만 역사의 최종점에 지금 서 있는 나 하나의 구원과 우리 교회의 위치는 그만큼 의미있고 소중하다. 내가 만일 정당한 위치에 서서 구원을 이루지 못한다면, 지금 오늘 존재하고 있는 우리 교회가 구원의 완성에 서 있지 않다면 이 다음 시대의 교회 역시 구원을 이룰 수 없기 때문이다. 따라서 구원의 역사 속에 서 있는 우리는 그만큼 중요한 위치를 차지하고 있다.

그런데 이러한 것을 우리가 충분히 이해하고 알기 위해서는 하나님의 계시에 대한 풍부한 지식이 필요하다. 우리가 '구원의 종말론적 완성의 위치에 있다는 것'은 지금까지 모든 구원을 이루신 '하나님의 계시에 대해서 풍성하게 알고 있어야 된다는 것'과 같은 말이다.

한편 이러한 하나님의 계시를 가장 풍성하고 왕성하게 해주는 기관이 곧 교회이다. 각각의 사람에게가 아니라 역사적인 위치를 확인한 교회에게 하나님께서는 이러한 구원의 계시를 풍성하게 주신다. 다시 말하면 ① 교회만이 계시를 보존할 수 있고 ② 교회만이 계시를 선포할 수 있으며 ③ 교회만이 계시를 가르칠 수 있도록 하나님은 특별계시를 교회에게 위탁하셨다.

그래서 교회를 가리켜서 유일한 구원의 기관이라고 한다. 이런 의미에서 교회를 떠나서는 구원이 있을 수 없다. 이 말은 지금까지 전 역사의 흐름 곧 구원사의 흐름의 종착지가 지금 현실적으로 우리에게 어떻게 나타나야 하느냐 하면 "나"라는 개인으로서가 아니라 "우리"라는 교회로서 존재해야 된다는 의미이다.

그러므로 우리 시대에 이러한 교회가 현존해 있어야만 내가 구원의 자리에 서 있을 수 있다. 따라서 어느 한 개인에게 이러한 구원에 대한 각성이 있다면 필연적으로 그 구원을 보증하고 확증해 주는 구원의 기관으로서 교회가 그 사람에게 절실하게 요구되어야 한다. 교회는 이처럼 필연적인 요구에 의해 구원을 각성한 각각의 사람들이 모인 유형의 단체이다.

3. 구원의 실체

이러한 모든 관계가 성도들끼리 분명하고 서로 구원을 확인하며 인정하게 되었을 때 그 사람을 가리켜 우리는 하나님의 아들이라고 일컫게 된다. 이러한 과정을 통하여 하나님의 자녀라는 사실이 객관화되었을 때 성도들의 교통이 있게 된다. 이 성도들의 교통은 하나님과의 교통을 상징하는 것으로서 우리는 왕이시며 아버지이신 하나님과 교통을 한다. 이러한 교통은 주관적이고 개념적으로 서로 알고 지내는 정도로 확인되는 것이 아니라, 매우 구체적이고 객관적인 유형의 형태를 가지고 있어야 서로 확인할 수 있다. 그 유형의 형태는 교회가 가지고 있는 예배와 성례이다. 성례에 대해서는 CNB 704 '세례와 성찬' 에서 공부했기 때문에 여기에서는 예배를 중심으로 이야기하고자 한다.

성도들 사이의 교통이나 하나님과의 교통이 있다고 하면서도 삶의 어느 한 구석에서도 그 증거를 찾아볼 수 없고 확인되지 않는다면 그 말은 아무런 의미가 없다. 성도들과의 교통이나 하나님과의 교통에는 그에 상응하는 유형의 형태가 있다. 즉 성도들 사이의 교통은 교회를 이루는 일에서 교제와 사랑과 봉사의 형태로 객관적으로 확인할 수 있다. 그리고 하나님과의 교통은 예배에서의 기도와 찬송과 헌상 그리고 강설 등의 유형의 형태를 가지고 있다.

때문에 예배나 기도나 찬송 그리고 헌상 등은 단지 하나의 예식 자체로 의미가 있는 것이 아니라 하나님과의 교통을 표상하고 있다는 점에서 매우 중요한 의미를 지닌다. 예배의 가장 중요한 요소는 하나님 앞에 나아와 경배한다는 사실에 있다. 따라서 하나님 앞에 나아와 경배한다면 경해를 해야 하는 당위성과 경배를 받으실 분에 대한 정당한 이해가 있어야 한다. 그리고 그에 합당한 예우를 갖추어서 경배하는 자로서 최상의 예를 표시해야 한다.

바로 그 모습에 나타난 유형적인 절차와 행위는 받으시는 분에 대한 합당한 예로써 표시된다. 즉 예배 가운데서 교통이 이루어지게 된다. 예를 들어 사람이 아무리 마음 속으로 공경을 하더라도 예를 받으실 분 앞에서 빳빳이 앉아 있다면 결코 예를 표한 것이 아니다. 마찬가지로 아무리 지존한 분이라 할지라도 합당하게 경배의 예를 표해 오면 그에 상응하는 답례를 표하기 마련이다. 이런 점에서 예배는 우리가 하나님께 합당한 경배를 드리는 표상이며 그 경배의 대상이신 하나님은 그에 상응하는 응답을 우리에게 표하시는데, 여기에서 서로에 대한 정당한 인식과 대우를 표하는 교통이 이루어진다.

우리가 하나님께 찬송을 올리는 것에서도 마찬가지이다. 하나님을 찬송하는 것은 음악적인 감흥으로 우리의 정서적 표현을 발출시켜 카타르시스를 충족하자는 것이 아니다. 오직 하나님만이 찬송을 받으실 만한 분임을 인식하고 마땅히 드려야 할 것을 드린다는 마음의 외적인 표현이 바로 찬송이다. 그리고 사람이나 다른 피조물을 위해서가 아니라 바로 하나님 면전에서 하나님을 위해 찬송을 드린다는 정신이 참으로 중요하다.

4. 구원의 완성

예배나 찬송에 있어서 가장 중요하고 기본적인 것은 하나님과의 만남이다. 물론 기도나 헌상에서도 마찬가지이다. 곧 하나님과의 교통이 이루어지고 있다는 사실이 가장 중요하고 의미심장한 사실이다. 이러한 교통이 이루어지고 있다면 그 사이에서 필연적으로 확인되어야 할 것이 하나 있는데 바로 사랑이다.

예배, 찬송, 기도, 헌상에 있어서 가장 원초적이고 근본적인 정신은 바로 하나님께 대한 사랑이다. 그 사랑이 철저한 것일수록 함부로 하지 않기 때문이다. 뿐만 아니라 그 사랑의 순결한 정도만큼 교통과 교제가 진실해진다. 반면에 그 사랑이 오염되고 더럽혀져 있고 무언가 결핍되어 있다면 그 만남이 결코 온전할 수 없다. 하나님에 대한 사랑이 얼마나 철저하고 순결한가 하는 것은 하나님과의 만남이 얼마나 온전한가를 판가름하는 매우 중요한 요소가 된다.

성도들 사이의 교통에 있어서도 마찬가지이다. 교회를 한 몸으로 이루어 가고 서로 교제를 나누는 일에 있어서 가장 기본적인 정신은 신자 각 사람이 가지고 있는 깨끗한 사랑이다. 서로를 온전하게 내보일 수 있고, 서로에 대하여 책임질 수 있으며, 서로를 가장 그 사람답게 가꾸어서 구원을 완성하는 이 모든 일에 있어서 가장 중요한 요소는 순결한 사랑이다. 거짓이 없는 사랑이어야 한다. 무언가를 숨기고 자기의 삶에 대하여 명백하게 이야기할 수 없다면 그 안에서 온전한 사랑을 키워낼 수 없다.

그렇다면 그처럼 순수한 사랑을 발휘하기 위해서는 무엇보다도 그 사람의 됨됨이 곧 그 사람의 인격이 완성되어야 한다. 그리스도의 온전한 분량에까지 완전히 이르러야 한다는 말이 아니라, 적어도 자신의 위치와 역할을 교회 안에서 드러내고, 나아가 전 역사의 흐름 속에서 하나님의 경륜을 이루어 가야 할 신자로서 최소한 갖추어야 할 인격적인 온전한 분량을 가지고 있어야 한다. 그래야 부족함 없는 사랑을 발휘할 수 있고 순수한 사랑의 열정을 표할 수 있기 때문이다. 그러기 위해 우리의 인격을 가장 온전하게 채워주는 은혜의 방편인 말씀에 대하여 깊은 관심과 깨달음이 있어야 한다.

"성경은 능히 너로 하여금 그리스도 예수 안에 있는 믿음으로 말미암아 구원에 이르는 지혜가 있게 하느니라"(딤후 3:15)는 말씀처럼 구원에 이르게 하는 지혜는 오직 특별계시로서 교회에게 주신 성경을 통해 얻어지기 때문이다. 그리고 구원에 이르게 하는 지혜가 그 사람의 인격을 충만하게 채우고 있을 때 비로소 그 사람에게서 발현되는 사랑이 순수하고 능력이 있어서 서로의 구원을 완성케 할 수 있다.

"모든 성경은 하나님의 감동으로 된 것으로 교훈과 책망과 바르게 함과 의로 교육하기에 유익하니 이는 하나님의 사람으로 온전케 하여 모든 선한 일을 행하기에 온전케 하려 함이니라"(딤후 3:16)는 말씀 속에서 '선한 일' 역시 하나님의 뜻을 이루는 것을 의미한다. 곧 하나님의 경륜을 이루는 일이 바로 성경에서 말하는 '선한 일'이다. 따라서 "모든 선한 일"을 다 이룬다는 것은 하나님의 구원의 경륜 안에서 자기의 위치와 역할을 완수함을 의미하는데 그 원동력이 바로 하나님을 사랑하고자 하는 순수한 사랑이다.

그러므로 우리가 온전하게 하나님의 한 백성으로서, 하나님의 아들로서, 하나님의 경륜을 알고 이루어 가는 교회아教會我로서 가장 기본적인 정신은 하나님에 대한 순수한 사랑이어야 하고, 그 사랑이 그 사람의 인격을 대표하고 있어야 한다. 더 나아가 이런 순결한 하나님에 대한 사랑을 보수하고 지킬 수 있을 만한 능력과 의지가 우리 안에 가득 채워져 있어야 한다. 그러한 능력과 의지는 하나님에 대한 지식이 많아야 제대로 발휘될 수 있다. 정상한 자세란 하나님께서 우리에게 주신 계시에 대하여 더 명확하게 알아가는 것이며 그러한 일에 최선을 다하는 것에서 찾을 수 있다.

기도

하나님 아버지!

진정으로 저희가 하나님의 의를 좇아 산다고 할 때에는 하나님과 깊은 사랑 안에서 교통하는 것이요 그리고 그 안에서 하나님의 뜻을 찾아 그 뜻을 이루는 것인 줄 아옵나이다. 이러한 모든 일에 있어서 우리가 하나님에 대한 지식이 정당하고 풍성해야 할 것이고 또한 그 지식은 교회를 통해 전달되어야 정당한 것이며, 그래서 우리는 우리 시대의 구원의 완성으로서 하나님께서 세우신 교회가 절실하게 필요한 것을 아옵나이다.

하오니 주여, 저희가 그와 같은 정상한 교회로 장성할 수 있도록 모든 능력을 더하여 주옵소서. 또한 주께서 친히 그러한 교회를 세우시는 것을 기뻐하시는 줄 저희가 아옵나이다. 많은 교회가 있는 것 같고 많은 성도들이 있는 것 같아도 한번도 마음을 터놓고 이야기할 수 없는 것이 지금 우리의 현실이옵나이다.

혹시 우리가 가지고 있는 복음에 대해서 무슨 위협을 당하지 않을까 감히 드러내지 못하는 이러한 현실을 볼 때, 우리가 서야 할 위치와 우리가 해야 할 역할이 참으로 빈약하게 느껴지고, 심지어 세상의 큰 힘에 밀려 스스로 의구심이 들 때도 많이 있사옵니다.

그러나 진정으로 주님을 사랑하는 마음으로 저들과 타협하지 않고 이처럼 작은 모임을 유지하고 있사오니 주님, 우리를 가엾게 보시고 참으로 하나님의 그 큰 능력을 힘입어 세상에 대하여 의연하게 대적하며 나갈 수 있는 교회로 성장할 수 있도록 주께서 보살펴 주시기를 바라옵나이다.

이러한 교회의 역할을 우리가 잘 감당할 때 마침내 지금까지의 하나님의 나라가 완성될 것이요 장차 다음 시대 후손들에게 하나님의 나라를 전달할 수 있을 것이옵나이다. 주님께서는 그것을 소중히 여기시는 분이오니, 우리의 역할과 위치를 소중하게 생각하는 마음을 멸하지 마시고 주님 기쁘신 일을 이루시옵소서.

예수님의 이름으로 기도하옵나이다. 아멘.

제2부 | 우리가 가야할 길

VI. 하나님과의 관계

시편 16편 1-16절

1 하나님이여 나를 보호하소서 내가 주께 피하나이다
2 내가 여호와께 아뢰되 주는 나의 주시오니 주 밖에는 나의 복이 없다 하였나이다
3 땅에 있는 성도는 존귀한 자니 나의 모든 즐거움이 저희에게 있도다
4 다른 신에게 예물을 드리는 자는 괴로움이 더할 것이라 나는 저희가 드리는 피의 전제를 드리
지 아니하며 내 입술로 그 이름도 부르지 아니하리로다
5 여호와는 나의 산업과 나의 잔의 소득이시니 나의 분깃을 지키시나이다
6 내게 줄로 재어 준 구역은 아름다운 곳에 있음이여 ㄴ-의 기업이 실로 아름답도다
7 나를 훈계하신 여호와를 송축할지라 밤마다 내 심장이 나를 교훈하도다
8 내가 여호와를 항상 내 앞에 모심이여 그가 내 우편에 계시므로 내가 요동치 아니하리로다
9 이러므로 내 마음이 기쁘고 내 영광도 즐거워하며 나, 육체도 안전히 거하리니
10 이는 내 영혼을 음부에 버리지 아니하시며 주의 거룩한 자로 썩지 않게 하실 것임이니이다
11 주께서 생명의 길로 내게 보이시리니 주의 앞에는 기쁨이 충만하고 주의 우편에는 영원한
즐거움이 있나이다

VI. 하나님과의 관계

시편 16편 1-16절

1. 하나님의 아들

하나님의 자녀는 다음 두 가지 점에서 점검되어 있어야 한다.

1) 구원의 역사 속에서 아버지 되심의 증거

먼저 '하나님이 과연 우리 아버지이신가?' 하는 점이다. 다시 말하면 '하나님께서 우리 아버지로서 대접을 받으실 만한 위치에 계시는 분인가?' 라는 점이 명백하게 밝혀져 있어야 한다.

우리가 하나님을 아버지로 섬기려 한다면 그분이 아버지다워야 한다. 즉 우리가 하나님을 아버지라 부르고 또 그분에게 우리의 모든 생명을 의탁하고 산다면, 누가 보아도 아버지로 인정할 만하고 당연하다고 여길 만한 분이셔야 한다.

하나님이 우리의 아버지이면서도 하는 일이 무능력하고 무기력하여 사람들의 웃음거리나 되고 아버지로서 갖추어야 할 자질이나 자격도 없다면, 하나님을 아버지라 부른다는 것이 기쁨이나 자랑거리가 아니라 오히려 수치가 될 뿐이다. 더군다나 우리는 전 생애의 의미를 하나님께 두고 사는 사람들이기 때문에 우리가 아버지라 부를 때에는 그럴 만한 분이라는 점이 확고해야 하며 그렇지 않다면 우리가 하나님을 아버지라 부르는 일조차도 부끄러울 뿐이다.

그래서 우리는 역사를 공부해야 한다. 지금까지 전개된 역사를 통해 하나님은 어떤 하나님이셨는가를 자세하게 알아감으로써 '이분이야말로 진정 우리의 아버지이며 영혼의 주인이고 우리 생명이시다' 하는 점들이 명확하게 확인되어져야 한다. 따라서 하나님이 우리의 아버지라면 하나님이 우리의 아버지로서 신뢰할 만한 위치에 분명히 서 계셔야 한다. 이것도 확인하지 않고 하나님을 섬긴다든지 신앙한다고 하면서 아버지라 부른다는 것은 아무런 의미가 없는 일이다.

혈육 관계도 아닌 사람이 아무에게나 가서 아버지라고 부르는 것처럼 분별 없는 일도 없다. 우리가 하나님을 아버지라 부르려 한다면 그분이 분명히 우리 아버지이시다는 점에 대해서 확고한 지식과 인식을 가지고 있어야 한다.

여기서 우리가 하나님을 아버지라고 부를 수 있는 근거는 하나님의 신실하심에 있다. 하나님의 신실하심은 우리에게서 난 것이 아니라 하나님에게서 난 것인데 역사가 시작된 이래로 지금까지 바뀌지 않고 꾸준히 구원의 역사를 이끌어 오셔서, 마침내 그 구원의 완성 단계로서 '우리' 를 부르시고 '너희는 나의 자녀가 되고 나는 너희의 하나님이 되겠다' 고 언약하신 약속을 지키시고 성취하시는 분으로 나타난다. 따라서 우리는 이 사실에 근거한 객관적인 증거를 역사 속에서 확인하며 하나님을 아버지로 모셔야 한다. 그러한 객관적인 관계도 확인하지 않고 하나님을 무조건 아버지라고 부른다는 것은 하나님께 대한 정당한 인식이 아니다.

2) 하나님의 아들된 자로서의 조건

둘째로 확인되어야 할 것은 우리에게 과연 하나님을 아버지라고 부를 만한 자격이 있는가 하는 점이다. 우리가 하나님을 "아버지"라고 부르는 것에 대해 하나님께서 도무지 기뻐하지 않으신다면 큰 낭패이다. 따라서 하나님의 아들로서 과연 정당한 자리에 서 있고 합당한 자격을 갖추고 있는가를 점검해 보아야 한다. 다시 말하면 영존하시고 전능하시며 신실하신 하나님의 아들로서 우리가 합당하다고 인정을 받아야 한다. 그러한 확인도 없이 하나님을 향하여 "나의 아버지이시다"고 하는 것은 하나님의 이름을 망령되이 일컫는 일이다.

우리는 하나님의 자녀로서 온전한 자격을 갖추고 있어야 한다. 이러한 이유 때문에 우리는 그동안 '어떻게 하면 우리가 온전한 하나님의 사람이 될 수 있는가?' 에 대해서 여러 방면으로 생각해 왔다. 사실 하나님께서 우리의 아버지로서 자격을 갖고 있느냐 없느냐 하는 첫 번째 문제는 우리의 소관이라기보다는 하나님께 속한 일이다. 이 문제에 있어서는 우리가 어찌할 도리가 없다.

우리는 단지 하나님께서 우리에게 계시해 주신 사실을 우리가 바로 인식할 수 있는 차원에서, 하나님의 자녀가 갖추어야 할 자격을 가지고 있는가에 대하여 더 관심을 가져야 한다. 또한 우리가 하나님의 자녀로서 정당한 자격을 갖추고 있는가 하는 문제 속에 문제에 대한 모든 답이 담겨 있다. 무엇보다도 우리 자신이 어떻게 하면 하나님의 사람으로 각성될 수 있는가에 모든 초점이 모아져 있어야 한다.

지금까지 우리는 "모든 성경은 하나님의 감동으로 된 것으로 교훈과 책망과 바르게 함과 의로 교육하기에 유익하니 이는 하나님의 사람으로 온전케 하여 모든 선한 일을 행하기에 온전케 하려 함이라"(딤후 3:16-17)고 하신 말씀에 따라 성경을 통하여, 하나님의 사람으로 온전하게 장성한다는 것과 하나님의 기뻐하시고 선하신 일을 행한다는 것이 무엇인가를 살펴보았다.

이제 더욱 구체적으로 생각해야 할 것은 '그러면 우리가 하나님의 사람으로 온전케 되는 일은 무엇이고 또 하나님의 선하신 일을 행하기에 온전한 것은 무엇인가?' 하는 것들이다.

2. 온전해야 하는 하나님의 사람

먼저 하나님의 사람으로서 '온전하다'는 의미가 무엇인가에 대해서 생각해 보자.

창세기 17장 1절에서 하나님께서 아브라함에게 "나는 전능한 하나님이라 너는 내 앞에서 행하여 완전하라"고 말씀하신다. 여기에서 "내 앞에 행하여 완전하라"는 말은 매우 특수한 용법(강한 재귀격 : You make yourself)으로 '너는 네 자신을 네 스스로 온전케 하라'는 의미이다. 다시 말하면 '너는 내 앞에서 네 자신을 온전하게 하라'는 말씀이다. 이 말을 해석하면 '네가 처한 상황과 형편 속에서 너의 수준과 너의 분수 곧 네 격에 알맞게 내 앞에서 살아라'는 뜻이다.

1) 아브라함이 이해하고 있는 '전능하신 하나님'

이 말씀을 자세히 살펴보면 먼저 이 말씀을 하시는 하나님이 어떤 분인가를 보여주고 있다. 곧 아브라함에게 "나는 전능한 하나님이다"고 하실 때에는 아브라함이 이 말에 대하여 아무런 의심이 없어야 한다. 그렇다면 이미 아브라함은 자신의 삶을 통하여 지금까지 하나님이 어떻게 아브라함을 인도하고 보호하셨는가를 잘 알고 있었음이 확실하다.

갈대아 우르에서 아브라함을 불러내신 이후 줄곧 아브라함과 함께 하시고 아브라함의 하나님으로서 모든 능력을 발휘하신 하나님이시기에 아브라함은 이 말씀을 전적으로 받아들일 수 있었다. 만일 하나님에 대한 아무런 경험이 없는 사람 앞에 갑자기 나타나셔서 "나는 전능한 하나님이다"고 한다면 그 말이 무엇을 의미하는지 전혀 이해하지 못했을 것이다.

아브라함은 자신의 삶을 통하여 그 말의 의미가 무엇인지를 잘 알고 있었다. 그 말씀에 대하여 이성적으로 인정하고 있었다. 그만큼 하나님은 아브라함의 객관적인 인식 속에 자리잡고 있었다. 때문에 "나는 전능한 하나님이다"는 말에 대하여 아브라함은 전혀 아무런 이의를 제기할 필요가 없었다. 그 말씀에 대하여 아브라함은 실제적으로 인정할 만한 역사적이고 객관적인 증험을 이미 갖고 있었기 때문이다.

특별히 아브라함은 애굽에서 아내 사라를 바로에게 빼앗겼을 때 도무지 자신의 능력으로는 어찌할 수 없는 상황에서 하나님의 적극적인 간섭으로 말미암아 사라를 다시 찾을 수 있었던 사건(창 12:10-13:2)이 있다. 이 사건으로 당시에 여자란 남자의 부속물로 혹은 재산으로 여겼던 비정상적인 혼인 제도에 대한 잘못된 개념을 바로 잡을 수 있었는데, 사라와의 정상적인 혼인 관계를 계속할 수 있도록 하나님께서 특별하신 간섭을 하셨다는 점에서 아브라함에게는 엄청난 일이 아닐 수 없었다.

그리고 애굽에서 나온 후 조카 롯과의 분리 사건(창 13:5-11)이 있다. 롯과 헤어진 후 하나님은 아브라함에게 가나안 땅을 영원토록 아브라함과 그의 후손들에게 주시겠다고 약속을 하셨다(창 13:14-17). 이 약속에 근거하여 소돔이 이방 나라의 다섯 왕들에게 침략을 당하자 아브라함은 즉시 군사를 출정시켜 그들을 물리치게 된다(창 14:1-16). 하나님께서 자기와 후손들에게 주신다고 약속하신 땅이 이방 족속들에게 수탈당한다는 것에 대하여 아브라함은 절대로 용납할 수 없었기 때문이다. 엄청난 전투가 끝난 후 아브라함에게 갑자기 등장한 살렘 왕 멜기세덱의 축복은 그래서 의미심장하다.

"천지의 주재시요 지극히 높으신 하나님이여 아브람에게 복을 주옵소서 너희 대적을 네 손에 붙이신 지극히 높으신 하나님을 찬송할지라"(창 14:19-20)는 멜기세덱의 축복이야말로 그 땅이 아브라함과 그의 후손들에게 주어진 약속의 땅임을 다시 한번 확인해 주고 있다.

그후 하나님은 그 땅을 주시겠다는 언약을 아브라함과 체결하신다는 증표로 언약 체결식을 하신다(창 15:1-21). 여기에서 하나님은 쪼개어진 짐승들 사이로 지나가심으로써 결코 언약을 파기하지 않을 것이라고 스스로 맹세하셨다. 그리고 약속의 땅에 대하여 구체적으로 언급하신다(창 15:18-21). 아브라함은 이러한 일련의 사건들을 통하여 전능하신 하나님이 어떤 분인가에 대한 명확한 개념을 가지고 있었다.

이 사실을 근거로 하나님께서는 "너는 내 앞에 행하여 완전하라"고 말씀하신다. 그러므로 이 말씀은 '그동안 네 삶을 통하여 네가 나를 아버지라 부를 수 있는 자격을 보여준 것처럼 나는 이미 갖추고 있다. 그래서 그 문제에 대해서는 걱정하지 말고 너는 이제 내 아들답게 행해야 되지 않겠느냐? 그런 면에서 너는 온전해야 한다. 온전하되 너는 네 스스로를 내 아들답게 완전하게 살아감으로써 내 앞에서 온전케 하라'는 의미임을 알 수 있다.

① 하나님의 인정을 받은 아브라함

이 말씀 속에서 특이한 것은 하나님께서 이미 아브라함을 그의 아들로서 그리고 하나님의 기대를 이룰 만한 인물로 인정하고 계시다는 사실이다. 전혀 가능성이 없는 사람에게 "네가 열심히 살다보면 혹시 내 아들이 되고 나를 기쁘게 할지 모르겠다"는 막연한 약속이 아니다. 어떤 면에서 이미 하나님은 아브라함을 완전한 자로 인정하고 계신다.

그처럼 온전한 사람으로 가치를 인정하시기에 하나님의 경륜을 이루는 시대적인 일군으로 삼으셨으며, 그러한 기대를 충분히 이룰 수 있기에 “너는 내 앞에 행하여 완전하라”고 격려하시고 있다. 이런 점에서 이 말씀은 이미 온전하여진 아브라함으로서 계속 온전함을 유지하고 그 결과 마침내 하나님의 가장 기뻐하실 완전함의 완성에까지 이를 것을 격려해 주시고 있음을 우리는 알 수 있다.

② 하나님의 아들로서 온전함의 의미

이러한 의미를 가진 “온전하다” 또는 “완전하다”는 말을 우리는 마태복음 5장 48절에서도 찾아볼 수 있다. 예수님께서는 그의 제자들에게 “그러므로 하늘에 계신 너희 아버지의 온전하심 같이 너희도 온전하라”고 말씀하신다. 이 말씀 속에서도 이미 하나님으로서 하나님 되심에 대한 전제를 예수님은 말씀하시고 계신다. 그리고 이 말씀의 대상으로서 제자들은 일반적으로 이 세상에 사는 모든 사람들이 아니라 그동안 그리스도의 가르침을 받고 적어도 하나님의 나라가 어떤 나라인가를 직접 체험한 몇몇의 사람들을 가리킨다.

이 말씀을 받을 만한 자격을 이미 갖추고 있는 제자들에게 예수님께서 이 말씀을 하신 것이지, 아무나 이 말씀대로 살 수 있다고 하신 것이 아니다. ‘하나님이 어떤 분이시고, 이 말씀을 받은 대상으로서 제자는 어떤 사람들인가?’ 하는 전제 조건이 있고, 그 조건에 합당한 때에 이 말씀의 효과가 발휘되는 법이다.

그리고 이 말씀을 받을 만한 제자로서 삶에 대하여 최소한도의 규범으로 주신 것이 산상수훈이다. 산상수훈의 가르침은 하나님의 아들로서 하나님의 온전하심에 이르기 위해 이 땅에서 그리스도의 제자가 살아가야 할 최소한의 기준이라고 할 수 있다. 그에 합당한 제자로서 살아가야 할 구체적인 모습들에 대하여 말씀해 주셨는데, 그중 한가지가 “네 이웃을 사랑하고 네 원수를 미워하라 하였던 것을 너희가 들었으나 나는 너희에게 이르노니 너희 원수를 사랑하며 너희를 핍박하는 자를 위해 기도하라”(마 5:43-44)는 말씀이다.

우리가 하나님의 아들들이라면 예수님께서 우리에게 하신 말씀의 본의가 무엇인가를 항상 바르게 알려고 노력해야 한다. 이 말씀이 단순히 '원수를 미워하지 말고 사랑하라' 는 뜻인가 아니면, 어떤 의도를 가지고 이 말씀을 하셨는가에 대하여 구체적으로 알아가지 않으면 우리에게 하신 말씀이 아무런 효과를 가지지 않게 된다.

이 말씀을 좀더 확대해서 살펴보면 '만일 이방인들이 하는 것처럼 너희가 좋아하는 자들만 사랑하고 너희에게 잘해주는 자들만 즐거워하고 너희 원수들을 미워한다면 너희와 이방인들이 다를 것이 없다. 그러면서 너희가 어떻게 하나님의 아들이라고 할 수 있느냐? 오히려 네 이웃을 사랑하고 원수를 미워하라는 말이 있지만 이제는 너희 원수를 사랑하고 너희를 핍박하는 자를 위해서 기도하라. 이렇게 하는 것이 하나님의 아들답게 살아가는 길이다' 고 예수님께서 구약을 해석하여 새롭게 우리에게 그 의미를 밝혀 주신다. 그리고 계속해서 “이같이 한즉 하늘에 계신 너희 아버지의 아들이 되리니”(마 5:45)라고 말씀하신다.

그렇다면 하나님의 아들답게 되는 길이란 세상 사람들처럼 살지 않는 것을 의미한다. 그 길이 바로 “원수를 사랑하고 핍박하는 자를 위해 기도하는 일이다”고 가르쳐 주고 계신다. 우리는 이 말씀을 하시는 예수님의 의도를 충분히 이해해야 비로소 하나님의 아들로서 갖추어야 할 자질을 구체적으로 알 수 있다.

2) 구약에 대한 정당한 해석

한편으로는 원수를 미워하라는 구약의 말씀을 왜 예수님께서는 원수를 사랑하라고 해석하시는가에 대하여 의문이 생기지 않을 수 없다. 예수님은 구약을 파괴하고 새로운 법률을 제정하시는 분이 아니시기 때문에 서로 상충되는 두 말에 대하여 자세히 살펴보지 않을 수 없다.

"원수를 미워하라"는 말씀은 신명기 23장 3-6절에 나온다. 이 말씀을 보면 암몬과 모압 족속은 영원히 여호와의 회중에 들어오지 못하게 하라고 하시면서 "너희는 평생에 그들의 평안과 형통을 위해서 기도하지 말라. 그들을 미워하고 그들을 절대 너희 회중에 들어오지 못하게 하고 그들의 평안을 위해서 하나님께 기도하지 말라"고 하신다. 그런데 이 말씀을 예수님께서 "너희 원수를 사랑하고 너희를 핍박하는 자들을 위해 기도하라"고 해석하고 있다는 것은 전혀 상반된 견해처럼 보인다. 그러나 신명기의 말씀을 자세히 해석해 보면 왜 예수님께서 그와 같이 말씀하셨는가를 알 수 있다.

신명기에 나오는 암몬과 모압은 아브라함의 조카인 롯의 아들들이다. 거슬러 올라가 보면 이들은 소돔과 고모라 성이 하나님의 심판을 받게 되어 롯이 산에 있는 토굴 속에서 살 때에 롯의 두 딸이 각각 임신하여 낳은 아들들이다. 이들이 장성하여 암몬 족속과 모압 족속을 이루게 되었다. 따라서 이 두 족속은 아브라함의 후손인 이스라엘과는 상당히 가까운 친족이었다. 그럼에도 불구하고 이스라엘 백성이 애굽에서 나와 가나안에 들어갈 때에 이들은 이스라엘이 가나안에 들어가지 못하도록 적극적인 방해를 하였다.

하나님께서 그 사실을 기억하시고 이스라엘이 가나안에 들어가기 직전에 모세를 통해 이스라엘에게 명령하시기를 암몬과 모압 족속을 절대로 여호와의 회중에 들어오지 못하게 하고 그들의 평안을 위해 하나님께 기도하지 못하게 하셨다. 그렇다면 여기에서 나오는 '원수'란 어떤 성격을 띠고 있는가에 대하여 생각해야 한다. 그들이 어떤 성격을 띠고 있기에 하나님은 그들을 원수로 여기고 그들을 철저하게 미워하시는가를 살펴보아야 한다. 왜냐하면 우리는 아무나 내 마음에 거리끼면 모두가 원수라 하고 그들을 저주하는 잘못을 범하게 되기 때문이다.

① 하나님의 원수는 어떤 자들인가?

당시 광야에서 태어난 제2세대 이스라엘 백성들은 하나님께서 아브라함에게 약속하신 가나안 땅에 들어가는 노정에 있었다. 그들은 가나안에 가서 성취해야 할 역사적인 사명을 가지고 있었다. 그것은 그곳에 하나님의 의를 드러내고 하나님의 통치를 구현하는 하나님의 나라를 세우는 일이다. 구체적으로 이 땅에 하나님의 나라를 현시하고 역사가운데 하나님의 나라를 현존케 하는 중대한 사명을 갖고 이스라엘 백성은 가나안에 들어가고 있었다. 그러한 이스라엘을 대적하여 암몬과 모압 사람들이 방해를 했다.

그 대표적인 사건이 민수기 22-25장에 자세히 나와 있다. 이스라엘을 이길 수 없다는 사실을 안 모압의 왕 발락은 돈에 팔린 거짓 선지자 발람의 꾀를 좇아 이스라엘과 모압 여인들 사이에 음행을 사주하고 모압의 신을 섬기도록 유혹하였다. 이렇게 발락은 이스라엘의 순결성을 상실케 하여 하나님의 저주로 이스라엘이 광야에서 멸절하도록 하는 사악한 계략을 도모했다. 하나님의 백성을 유혹하여 하나님을 배신하게 함으로써 하나님의 계획을 철저하게 무효화시키려고 한 것이다. 이는 사탄이나 하는 짓이다.

이처럼 모압과 암몬이 하나님의 경륜에 대적하고 사특한 방법으로 이스라엘을 유혹한 일을 두고 하나님께서는 그처럼 모압과 암몬을 미워하셨다. 하나님의 기업을 세우고 하나님의 구원 사역을 성취하고자 가나안에 들어가려고 하는 이스라엘에 대하여 어떻게든지 훼방하여 하나님의 일을 어긋나게 하려는 소행에 대하여 그처럼 진노하신 것이다.

그래서 모압과 암몬은 영원토록 하나님의 백성이 되지 못하게 하셨고 그들의 평안을 위해 기도하지 못하게 하셨다. 그러므로 원수를 미워할 이유가 어디에 있느냐 하면 이스라엘에게 잘못하고 폐를 끼치고 힘들게 했다는 이유 때문이 아니라, 하나님의 구원 사역에 대하여 적대시하고 방해하는 세력에 대하여 철저하게 원수로 여기고 미워하라고 하셨다.

그런데 레위기 19장 18절에는 "원수를 갚지 말며 동포를 원망하지 말며 이웃 사랑하기를 네 몸과 같이 하라 나는 여호와니라"고 말씀하신다. 그러면서도 하나님은 만일 이스라엘 회중 가운데서라도 하나님을 대적하는 자들로 인하여 다른 사람들이 미혹을 받거나 아니면 하나님을 함부로 여기게 될 우려가 있을 경우에는 그 사람들을 엄벌하여 이스라엘 회중 가운데서 가차없이 처단하라고 명령하신다.

이런 것을 보면 구약에서 원수를 미워하라든지, 그들을 위해 기도하지 말라든지, 그들을 처단하여 이스라엘 회중에서 끊어버리라고 말씀하실 때에는 항상 하나님의 나라에 대하여 반대하고 역행하는 자들에 대하여 말씀하고 있음을 알 수 있다. 그들이 이방인이든 심지어 이스라엘 사람이든 반신국적인 경향을 가지고 하나님의 통치에 대항하는 자들은 어떤 이유에서도 용납하지 않는 하나님이시다. 그러므로 이 말은 윤리적으로 미흡한 자들에 대하여 아니면 어떤 이권 다툼 때문에 우리와 원수된 자들을 미워하고 평생 저주하라는 말씀은 아니다.

이처럼 하나님의 절대 공의에 대적하고 하나님의 통치를 파괴하려는 자들에 대하여 하나님은 철저하게 원수로 삼고 심판하실 것을 말씀하신다. 그리고 그러한 자들을 결코 이스라엘의 회중 가운데 들여놓지 못하게 하시며 어떠한 이유에서라도 용납하지 말라고 명령하신다. 사무엘상 15장에 나오는 아말렉 족속의 멸망도 이러한 이유 때문이다.

하나님께서는 이스라엘의 왕이 된 사울에게 "지금 가서 아말렉을 쳐서 그들의 모든 소유를 남기지 말고 진멸하되 남녀와 소아와 젖먹는 아이와 우양과 약대와 나귀를 죽이라"(삼상 15:3)고 하셨다.

이스라엘 백성이 애굽에서 나와 광야를 여행하느라 심히 곤고해 있을 때 아말렉 족속이 이스라엘을 침공한 사건에 대하여 하나님은 그들을 원수로 삼고 철저하게 심판하시겠다는 의지를 보이셨다. 그래서 사울 왕에게 아말렉을 진멸하되 어린 아이들뿐 아니라 짐승들까지라도 남기지 말고 진멸시키라고 명령하신다. 이 말씀은 하나님의 원수에 대한 철저한 심판이 어떠한 것인가를 잘 말해주고 있다.

② "원수를 미워하라"는 말씀의 참뜻

"원수를 미워하라" 아니면 "하나님을 대적하는 자들을 진멸시키라"는 말씀은 하나님께 대적하는 자들과 하나님 나라를 거부하는 자들에 대한 하나님의 진노가 얼마나 큰 것인가를 나타내고 있다. 그리고 하나님께서 그의 나라를 세우는 일을 대적하고 방해하는 자들과 그 세력에 대해서는 이방인이든 이스라엘 사람이든 철저하게 대적하시리라는 하나님의 의지가 그 안에 담겨 있다.

반면에 모압 여인이었던 룻은 하나님의 회중에 들어와서는 안 될 처지에 있음에도 불구하고 하나님의 기업을 받았다. 룻은 시어머니인 나오미를 따라 가나안 땅에 들어 올 때에 중대한 결심을 한다. 나오미가 "너는 네가 섬기는 네 족속의 신에게로 돌아가라"고 했음에도 불구하고 룻은 "어머니가 섬기는 하나님이 나의 하나님이라. 이스라엘의 하나님이 곧 나의 하나님이라"고 신앙을 고백함으로써 이스라엘 회중에 들어오게 된다. 그리고 마침내 하나님의 나라를 건설하는 경영에 참여하게 된다.

비록 하나님의 회중에 들어올 수 없는 신분이었음에도 불구하고 하나님이 누구시며 하나님께서 세우고자 하시는 그 나라를 소망할 때에는 출신 신분에 구애받지 아니하고 그 경영에 참여할 수 있는 특권을 받게 된다. 이것을 보면 하나님의 원수란 하나님의 경영에 대하여 대적하는 자들을 가리키고 있음이 더 분명해진다.

마찬가지로 예수님께서 "너희 원수를 사랑하고 너희를 핍박하는 자들을 위해 기도하라"고 하실 때에는 바로 이러한 차원에서 말씀하셨다. "원수를 사랑하라"고 해서 하나님 나라를 대적하는 자들을 사랑하거나 그들을 위해 기도하라는 말은 아니다. 그들에 대해서는 구약에서나, 예수님의 가르침에서나 철저하게 하나님의 공의가 시행될 것을 말씀하신다. 따라서 원수를 사랑한다고 한다면 그 '원수'가 누구인가를 바로 알아야 한다.

당시 이스라엘 사람들은 자기들을 압제하는 로마 사람들을 원수로 여기고 있었다. 그러나 그들은 미워할 대상이 아니며 오히려 사랑하고 위해서 기도하라고 하신다. 정치적으로 또는 경제적으로 압제하고 핍박하는 것을 가지고 원수로 여기며 미워하는 일에 대하여 예수님은 인정하지 않으셨다.

오히려 예수님은 이 말씀을 통해 진정한 원수가 누구인가를 생각하도록 하셨다. 하나님의 나라를 거역하고 대적하는 사상들이 이스라엘 속에 깊이 숨겨 있음이 더 큰 문제임에도 불구하고 정치적, 경제적인 몇 가지의 압제를 당한다는 이유로 로마 사람들을 하나님의 원수로 삼아서는 안 된다. 하나님의 원수는 바로 이스타엘 자신일 수도 있다.

3) 율법은 하나님 나라의 성품을 나타냄

반면에 구약에서 "눈에는 눈으로 이齒에는 이로"라고 할 때 이 명령은 하나님의 절대적인 공의의 시행 차원에서 지시하는 말씀이다. 어떤 사람의 눈이나 치아를 다치게 하였을 경우에 하나님의 공의를 드러내는 차원에서 똑같이 눈은 눈으로, 이는 이로 변상하라는 명령이다. 그렇게 함으로써 사람의 가치, 나아가 사람의 생명의 존엄성을 그만큼 중히 여기고 그들이 온전한 상태에서 하나님으로부터 받은 사명을 순전하게 수행할 것을 돕기 위해 그런 법을 제정하여 주셨다. 그러므로 그 법이 가지는 정신이 무엇인가를 먼저 알아야 한다.

마찬가지로 신약에서는 "네 오른편 뺨을 치거든 왼편 뺨을 돌려대라"

고 한다. 이 말씀은 구약의 "눈에는 눈으로 이에는 이로"라는 법과는 상충되어 보인다. 그러나 "원수를 사랑하라" 혹은 "핍박하는 자들을 위해 기도하라"는 말씀과 연결지어 생각해 보면 "오른편 뺨을 치는 자에게 왼편 뺨을 돌려대라"는 말씀은 하나님 나라의 백성이 가지는 고상한 인격이 어떠해야 하는가를 말해주고 있음을 알 수 있다.

하나님의 공의는 예나 지금이나 똑같이 발현되어야 한다. 그러나 그것만으로 하나님 나라의 성격이 완전하게 드러나지는 않는다. 오히려 하나님 나라는 그 백성이 가지는 인품으로 대표된다. 그래서 하나님의 백성이라면 그 백성다운 인격을 가지고 있어서 그 인격을 드러냄으로써 하나님의 나라가 현시되어야 한다. 그러한 모습 중 하나가 원수를 사랑하는 일이라고 예수님께서 말씀하시는 것이다.

예전과 같이 원수를 미워하고 똑같이 대적하며 "눈은 눈으로 이는 이로" 싸우는 그것만으로 하나님의 나라를 나타내는 것이 아니다. 이제는 좀더 월등한 차원에서 하나님 자녀다운 인품을 발휘하여 원수들에게 사랑을 베풀 수 있는 여유를 가지고 있어야 한다. 그렇게 함으로써 사람이 가지는 가치를 서로 존중하고 그 인격을 알아서 하나님께서 지으신 피조물 중에 가장 으뜸가는 지위를 회복하도록 하셨다. 그러기 위해 하나님의 나라가 어떤 나라이며 그 성격이 무엇인지 잘 알고 있어야 한다.

따라서 적극적으로 하나님의 나라를 구현해 내는 일이 아니면 하나님의 자녀로서 온전한 것이 아님을 예수님께서는 말씀하고 있다. 특별히 하나님의 나라는 그 백성된 자들이 가지고 있는 인격의 발휘라는 특징으로 나타나기 때문에 "하늘에 계신 너희 아버지께서 온전하신 것처럼 너희도 온전하라"는 말씀은, 하나님의 아들다운 인품을 통하여 적극적으로 하나님의 나라를 드러내어야 한다는 뜻으로 이해된다. 그리하여 이 땅에 진정으로 하나님의 공의가 시행되고 그의 나라가 세워지는 것을 증거해 나가야 한다.

3. 온전한 사람만이 하나님의 선한 일을 온전히 이룰 수 있어

하나님의 나라가 어떤 성격을 가지고 있는가를 명확하게 안다는 것은 우리가 하나님의 아들답게 살아가는 일 곧 그 나라의 백성으로서 성품이 어떤 것인가를 드러내는 일의 지름길이다. 그리고 그것을 알아야 온전하게 살아가게 된다. 그러기 위해서 산상수훈에 대하여 자세한 연구가 필요할 것이지만 마태복음 19장에 나오는 부자 청년에 대한 예수님의 가르침을 통해 그 일면을 살펴볼 수 있다.

1) 부자 청년의 예

어떤 부자 청년이 예수님께 나아와 "내가 어떻게 해야 영생을 얻을 수 있습니까?"라고 묻자 예수님은 "살인하지 말라, 간음하지 말라, 부모를 공경하라는 계명을 지키라"고 대답하신다. 그러자 청년은 "나는 그것을 다 지켰습니다. 아직도 부족한 것이 무엇입니까?" 하고 다시 질문하였다. 예수님은 그 청년을 가만히 보시고 "네가 온전하고자 할진대 가서 네 소유를 팔아 가난한 자들을 주라 그리하면 하늘에서 보화가 네게 있으리라 그리고 와서 나를 좇으라"(마 19:21)고 대답해 주셨다.

이 말씀은 동정심을 발휘하여 재산을 팔아 가난한 자들에게 나누어주라는 의미로 하신 말씀이 아니다. 영생을 얻고자 하는 청년에게 대답하신 것이기에 영생과 직결되는 차원에서 말씀하셨다. 요컨대 소유를 팔아 가난한 자들에게 주는 것과 영생을 얻는 것과는 긴밀한 관계가 있음을 알 수 있다.

그렇다고 아무나 자기의 재산을 다 팔아 가난한 자에게 나누어주면 영생을 얻는다는 공식은 아니다. 적어도 이 말씀은 부자 청년의 질문에 대하여 예수께서 책임 있는 답변을 하신 것이기에 이 말씀 속에 담겨 있는 예수님의 가르침의 내용이 무엇인가를 알아야만 이 말씀이 우리에게 복음으로서 효력이 있다.

부자 청년은 율법의 가르침에 따라 살인하지 않고, 간음하지 않고, 부모를 공경하는 것만으로는 영생을 얻는 일에 무언가 부족하다고 여기고 있었다. 그러나 하나님께서 율법을 주실 때에는 거기에 참 생명의 길이 있어서 주셨다. 단지 명분을 세우기 위해 주지는 않으셨다. 따라서 청년이 율법의 가르침에 담겨 있는 정신이 무엇인가를 바로 알고 있었다면 구태여 예수께 나아와 그와 같은 질문을 하지 않았을 것이다. 청년은 율법의 의미를 모르고 있었다. 예수님은 그 청년을 사랑하시어 "네가 하나님의 아들이면 그 아들답게 살아가야 한다. 너는 하나님의 나라를 드러내는 일로서 네가 가지고 있는 소유를 팔아 가난한 자들에게 주고 나를 좇으라"고 대답해 주셨다.

그렇다면 소유를 팔아 가난한 자들에게 주는 것과 하나님의 나라를 드러내고 그 아들답게 산다는 것과 어떤 관계가 있는가를 청년은 생각해야 한다. 그리고 "내가 지금까지 율법을 거스르지 않고 살아왔지만 하나님의 나라를 온전히 드러내기 위해서는 지금 가지고 있는 재산을 의지하기보다는 적극적으로 주를 따라 살고 주를 향하여 나아가고 주와 더불어 사는 것이 내 인생에 있어서 의미가 있다. 그 길이 하나님의 나라를 구현해 나가는 지름길이다. 그러므로 재산을 팔아 가난한 자들에게 나누어주고 하나님께서 나에게 요구하시는 바에 따라 전심으로 주를 따라감으로써 구원의 길에 서야겠다"는 결단을 해야 했다.

① 예수님에 대한 정당한 인식 있어야

결국 지금 자기의 처지로서는 예수님을 따라 다니는 것만이 구원을 이룰 수 있는 유일한 길임을 각성하고 그 이상의 가치를 다른 데서 찾으려 해서는 안 되었다. 오직 예수님을 통해서 영생의 길이 있음을 빨리 파악하고 다른 것을 포기하고서라도 이 길만은 놓치지 않으려고 최선을 다했어야 한다. 그리고 그 길이 유일한 구원의 길이기 때문에 지금으로서는 그 길밖에는 다른 길이 없다는 절박감을 느끼고 있어야 한다. 그에게 있는 재산이나 사회적 신분은 아무런 의미가 없다.

이런 것을 보아 하나님께서 그의 자녀틀 인도하실 때에는 지금 가야 할 최소한의 한 걸음을 보여주심을 알 수 있다. 그리고 그 길로 가야 하는 당위성을 깨닫고 나아갈 때 하나님은 그 다음 길을 보여주신다. 청년이 즉시 예수님의 가르침을 따라 나왔다면 예수님은 그에게 영생에 이르는 다음 단계를 보여주셨을 것이다. 그러나 청년은 구원의 주이신 예수님께서 그 길을 제시해 주셨음에도 돌아가 버리고 말았다.

아마 청년은 '이 재산을 다 팔아버리면 나는 어떻게 먹고 살 것인가?' 하는 걱정이 앞섰는지도 모른다. 그러나 무엇이 하나님의 나라이고 그 나라의 정신인가를 예수님의 말씀 속에서 알았더라면 좀더 그 나라의 성격에 대하여 알려고 하였을 것이다. 그리고 예수님만이 그 나라의 성격을 아는데 있어서 유일한 길임도 알았을 것이고 전적으로 자기를 포기하고 예수님에게로 나왔을 것이다. 하나님의 나라가 어떤 것인가를 알지 아니하고서는 결코 자기 소유를 포기할 수 없는 일이다.

혹시 어떤 사람이 자기의 것을 가지고 남을 돕는다 할지라도 그것이 하나님 나라에 입각한 정신이 아니라면 동정심은 될지 몰라도 구원과는 아무런 상관이 없는 일이다. 그러므로 온전한 하나님의 사람으로서 하나님의 선한 일을 이루는 일이란 오직 하나님의 나라를 온전하게 드러내는 일이다. 하나님의 나라를 어떻게 드러내느냐에 따라 온전한 구원을 이룰 수 있느냐 없느냐가 결정된다. 하나님의 나라를 드러내는 일이란 바로 하나님의 아들다운 품성을 발휘하는 일임을 명심해야 한다.

② 하나님께 헌신되어 있어야

이런 차원에서 바울은 로마서 12장 2절에서 "하나님의 선하시고 기뻐하시고 온전한 뜻이 무엇인지 분별하도록 하라"고 말씀하였다. 그러기 위해 먼저 "너희의 몸을 하나님이 기뻐하시는 거룩한 산 제사로 드리라

(παριστημι:헌신, 헌상)"고 권고하고 있다. 즉 하나님께 자기 자신이 먼저 전적으로 드려져 있어야 하나님의 선하신 뜻을 분별할 수 있다. 그렇다면 왜 자기 자신을 하나님께서 기뻐하실 만한 제물로 드려야 하는가를 점검해 보아야 한다.

하나님과 나 사이가 참으로 아버지와 아들로서 관계가 분명하고 내가 아버지의 아들로서 온전한 자리에 서 있다는 사실이 분명할 때 비로소 마땅히 자기 자신을 하나님께 헌신(헌상)하는 것이 옳다는 인식을 가지게 된다. 이러한 인식을 근거로 하여 자기 자신을 산 제사로 하나님께 드려야 한다. 그런 확인도 없이 무조건 하나님께 자기를 바친다 하고, 하나님께서 알아서 자기를 사용해 달라고 기다려 봐도, 아무런 응답도 없고 살아갈 길도 보이지 않는다. 반면에 하나님과의 관계가 분명하여 헌신해야 할 이유가 확실하다면 그 다음 단계로 "이 세대를 본받지 말고 오직 마음을 새롭게 함으로 변화를 받으라"는 바울의 권고를 따르게 된다.

이 세대를 본받지 말라는 말은 우리 삶의 가치 기준을 어디에 두어야 하는 것에 대한 말이기도 하다. 우리 삶의 가치관이 아직도 세상을 기준으로 하고 있는가, 아니면 그것과는 전혀 다른 하나님의 나라에 두고 있는가 하는 문제이다. 그래서 이 문제에 대하여 명확하게 결단해야 한다. 세상에 둔 것도 아니고 그렇다고 전적으로 하나님 나라의 방도를 따르는 것도 아니라면 더이상 고려할 가치가 없다. 부자 청년과 같이 자기의 갈 길로 빨리 가버리는 것이 서로 속이 편하다.

그러나 전적으로 자기의 가치관을 하나님 나라에 두었다면 그 다음 단계로 그에게는 마음이 새롭게 되는 변화가 발생하게 된다. 마음이 새롭게 되는 변화란 "너희 안에서 행하시는 이는 하나님이시니 자기의 기쁘신 뜻을 위해 너희로 소원을 두고 행케 하시나니"(빌 2:13)라는 말씀과 같이, 하나님의 기쁘신 뜻을 이루시기 위해 우리 안에 하나님께서 소원을 두시고 적극적으로 행하게 하는 에너지를 주심으로써 나타나는 변화이다.

어떤 이론이나 종교적인 감상으로 하나님의 기쁘신 뜻을 좇아 행한다는 말이 아니다. 이미 하나님의 아들들에게는 하나님의 영이 내주하셔서 하나님의 뜻을 행하고자 하는 소원을 갖도록 성신님의 역동적인 사역이 그 안에서 작동하게 된다. 그리고 당연히 하나님의 뜻이 무엇인가에 대하여 관심을 갖고 그 뜻을 행하고자 하는 운동이 자연스럽게 그 안에서부터 발동하게 된다. 그러한 사람을 예수님의 '제자'라고 한다. 그리고 그러한 사람만이 하나님을 아버지라 부르고자 하는 열망이 생기고 아버지의 뜻을 좇아서 살아가게 된다.

2) 제자가 되는 조건

마태복음 12장 49-50절을 보면 예수께서 "손을 내밀어 제자들을 가리켜 가라사대 나의 모친과 나의 동생들을 보라 누구든지 하늘에 계신 내 아버지의 뜻대로 하는 자가 내 형제요 자매요 모친이니라"고 말씀하신다. 그런데 마태복음 10장 37-38절에서는 그 제자의 조건에 대하여 첫째, 아비나 어미를 나보다 더 사랑하는 자는 합당치 아니하고 둘째, 자기 십자가를 지고 나를 좇지 않는 자도 합당치 않다고 말씀하신다. 물론 여기에서 사랑이라든지 미움이라는 개념은 절대적인 사랑이나 미움의 개념이 아니라 상대적인 개념으로 예수님께서 말씀하셨다.

다시 말하면 아버지나 자녀를 사랑하지 말라는 의미가 아니라 "누가 더 상대적인 사랑의 위치에 있는가?" 하는 문제이다. 그러므로 예수 그리스도에 대한 사랑에 절대성을 두고 상대적으로 부모나 자녀를 사랑하라고 하신 말씀이다. 따라서 예수님을 사랑하면 사랑하는 만큼 거기에 비해서 부모도 사랑하라는 의미이다. 그러기 위해 예수 그리스도가 자기와 어떤 관계에 있는가를 분명하게 알고 있어야 한다. 예수님이야말로 생명의 주인이시기 때문에 예수님께 모든 삶의 근거를 두고 그 사실을 근거로 하여 자기 자신을 사랑하고 나아가 부모나 자녀도 사랑해야 한다는 본질적인 문제를 제기하신 것이다.

그 다음에 자기 십자가를 지고 예수님을 좇아야만 제자가 될 수 있다고 하셨는데 다른 사람이 대신 져주거나 아무나 지는 십자가가 아니다. 오직 자기만 져야 할 십자가라는 점에서 우리는 관심을 가져야 한다. 그러면 자기 십자가라는 것이 무엇인가를 생각해야 한다. 일반적으로 사람들은 십자가를 이 세상에서 살아가는 고난이라고 단정한다. 그러나 단순히 그렇게 말하는 것으로 끝날 것이 아니라 그 고난과 핍박이 왜 오는가를 생각해 보아야 한다.

예수께서 말씀하신 자기 십자가란 하나님의 뜻을 분별하고 자신이 서야 할 마땅한 위치와 해야 할 당연한 역할을 잘 알아서 살아가는 것을 가리켜 하신 말씀이다. 그러니까 자신만이 가지는 고유한 위치와 역할을 알고 살아가는 것을 가리켜 자기 십자가를 지는 삶이라고 하신다.

예수님에게 있어서 '자기 십자가'는 영원 전에 하나님과 약속하신 인류의 구원을 성취하기 위해 십자가에서 죽으시는 일이다. 그리고 그 십자가를 통해 이 땅에 새로운 삶의 질서로 교회를 건설하게 하셨다. 따라서 제자들에게 있어서 '자기 십자가'는 그 교회를 세우는 일과 관련된다. 그 교회는 그리스도의 몸이며 그리스도는 그 교회의 머리가 되신다. 이것이 에베소서에서 바울이 강조한 내용이다(엡 1:3-17). 아울러 바울은 교회들에게 자신에게서 받은 복음을 보전할 것을 수차례에 걸쳐 강조하고 있다. 그렇다면 이후 교회들은 바울 사도로부터 받은 복음을 오염시키지 않고 잘 보존해야 한다. 이것이 교회들이 짊어져야 할 '자기 십자가'이다.

이런 것을 보면 예수님의 제자라면 적어도 하나님의 뜻을 분별할 수 있고 하나님의 뜻을 소원하고 좇아가고자 하는 변화가 있어서 무엇보다도 하나님을 사랑하고 예수 그리스도를 따라감으로써 자기가 해야 할 역할에 대하여 분명한 인식이 있어야 한다. 그렇다면 제자들은 그리스도께서 지신 십자가를 통해 이 땅에 건설하고자 했던 그 교회를 세우는 일에 모든 관심을 기울여야 한다. 그 사람이 곧 '자기 십자가'를 지고 가는 사람이다. 바로 이런 사람을 가리켜 성경은 의인이라고 말한다. 그런 의미에서 주를 위해 사는 사람은 이 세상에서 환난과 핍박을 겸하여 받으며(막 10:30), 그것이 곧 그 사람의 십자가이다.

① 의인은 세상의 반대를 당해

환난과 핍박은 왜 받느냐 하면 내가 온전하게 하나님의 뜻을 구현하려 하고 하나님의 나라를 세우려고 할 때에 거기에는 당연히 세상의 반발이 있기 때문이다. 진실하게 주를 위해 그 뜻을 구현하고 하나님 나라를 드러내고자 하는 그 모든 것 자체가 이 세대를 거스리기 때문에 항상 환란과 핍박이 있기 마련이다. 바로 그것이 의인의 삶이다. 그래서 베드로 사도는 심지어 롯과 같은 사람도 소돔에 있을 때에는 핍박을 당했다고 말하고 있다(벧후 2:6-8 참고).

롯은 아브라함 밑에서 하나님의 거룩한 통치를 체험한 경험이 있었다. 하지만 불법한 소돔성에 살게 됨으로써 세상에 대하여 안타깝고 마음으로 아픔을 느꼈다. 그들의 행실을 보고 마음에 심각한 위기를 느끼는 롯을 가리켜 성경은 의인이라고 말하고 바로 그처럼 마음이 상한 것을 가리켜 환란과 핍박이라고 말하고 있다.

이처럼 하나님의 의를 세우고 그의 나라를 좇아가게 되면 당연히 이 세상의 세태에 대하여 심각한 위협을 느끼기 마련인데 이것이야말로 의인이 당하는 핍박이 아닐 수 없다.

'이 세대를 본받지 않는 삶' 자체에 이미 환란과 핍박이 담겨 있다. 세상과 벗하지 않고 살아가면 의당히 그런 아픔이 있다. 그런 아픔을 느끼지 못하는 사람이라면 그는 세상과 더불어 살고 있는 것과 다름없다.

때문에 우리는 사도로부터 받은 복음을 온전하게 보전하기 위해 항상 생명의 위협을 느끼고 언제든지 위기 의식을 가질 수밖에 없다. 그리고 그 복음을 따라 살아가는 성도들은 이 세상을 볼 때마다 항상 죽음의 비참한 자리에 자신이 처해있다는 현실을 심각하게 느끼게 된다. 하나님의 뜻을 좇아 갈 때 바로 그런 위기를 느끼게 된다. 그럴 때에 실제로 자기의 생명을 보존하고 인도하시는 하나님을 발견하게 된다. 거기에서 우리는 기쁨과 삶의 희열을 느끼게 된다.

우리가 사도로부터 받은 복음에 따라 하나님의 의를 좇아 살고자 하면 할수록 강한 세상의 반대 세력을 느끼게 된다. 그러한 위험 앞에서 우리의 생명을 보존하고 인도하며 보호하시는 하나님의 능력을 체험하는 것보다 큰 기쁨은 없다. 이것을 가리켜 하나님의 은혜이며 사랑이라고 한다. 이처럼 의인은 이 시대의 각박한 위협 그리고 악과 어두운 세력 속에서 보호하시고 새 삶을 살 수 있도록 모든 권능을 베푸시는 매일의 구원을 체험하게 된다. 그리고 그러한 일상 생활에서 구원의 체험이 날마다 연장되어서 마침내 영원한 구원으로의 행진이 가능하게 된다.

주님께서 가르치신 기도에서 "우리를 시험에 들게 하지 마옵시고 다만 악에서 구하옵소서"(마 6:13)라는 기도 역시 마찬가지이다. 내가 하나님의 의를 좇아 살고 하나님의 이름을 영광되이 하기 위해 살아갈 때에 거기에는 강한 반발이 있어서 시험과 악한 세력의 반대를 받게 된다. 그럴 때 우리의 힘으로는 도무지 그 세력을 이길 수 없다. 이 거대한 암흑의 세력으로부터 우리가 시험에 빠지지 않고 악에 지지 않도록 지켜주시는 하나님의 보호와 인도하심이 절대적으로 필요하다.

우리는 악의 세력을 이기기 위해 하나님께 기도하지 않을 수 없다. 그러한 기도를 한다고 할 때에는 사탄의 세력에 대하여 민감하게 감지하고 있어야 한다. 우리가 하나님의 의를 좇아가면 갈수록 항상 상대적으로 그만큼 강력한 사탄의 반대 세력을 느끼기 때문이다. 만일 복음에 대항하는 사탄의 존재나 그 하수인들의 세력에 대해 둔감하다면 기도할 이유조차 발견하지 못할 것이다. 그래서 우리는 우리가 싸워야 할 적에 대하여 바르게 알고 있어야 한다.

② 세상을 대적해 나갈 때 구원을 체험하게 돼

그러기 위해 먼저 사탄에 대해서 바르게 이해하고 있어야 한다. 사탄의 힘이 얼마나 강력하고 광포하게 이 세상을 휩쓸고 있는가에 대하여 바르게 이해하고 있다면 내 능력과 지혜로 대적하려 하지 않고 하나님의 능력과 지혜를 의지할 수밖에 없다. 바로 이것을 신앙이라고 한다.

무조건 하나님을 믿고 의지하는 것을 가리켜 신앙이라 하지 아니다. 그것은 맹신일 뿐이다. 신앙이란 자기가 해야 할 마땅한 일, 즉 사도로부터 받은 복음을 온전하게 보전하고 그에 걸맞은 삶을 이 세상에서 진행시켜 나갈 때 강력한 사탄의 세력을 느끼고, 그 세력에 대항하기 위해 자기의 능력과 지혜로 하지 아니하고 하나님께 의뢰하는 것이다. 이러한 신앙에 근거하여 앞으로 전진해 나갈 때 우리는 하나님께서 삶을 보호하시고 이처럼 어두운 세상에서 갈 길을 비춰 주시는 구원을 체험하게 된다. 그 구원의 연속이 마침내 최후의 날에 구원의 완성으로 우리 앞에 있게 된다.

우리가 '하나님을 신앙한다' 고 하거나 '하나님을 의뢰한다' 는 것은 전적으로 내 생명을 하나님께 맡긴다는 의미이다. 이를테면 이처럼 큰 악의 세력 앞에서 자칫하면 자기 생명이 큰 위해危害를 받고 치명적인 타격을 입을 수밖에 없다는 것을 강하게 느끼기 때문에 하나님을 신앙하는 것이다. 하나님을 의지하는 길 밖에는 살 길이 없다는 사실을 분명히 인식해야 한다.

한번 믿어보다가 안 되면 그만두거나 달리 믿음의 방향을 바꾸는 것이 아니다. 믿음에는 하나의 길만이 있을 뿐이다. 필연적으로 자기가 나아가야 할 길 하나가 있어서 그렇게 하지 않으면 안 되는 유일한 길이 있을 뿐이다. 여러 가지 길이 있어서 이 방법도 써보고 저 방법도 써보는 취사선택의 기회가 우리에게는 없다. 그 길을 가지 않으면 안 될 필연성 때문에 어떤 반대 세력이라도 극복하면서 나갈 이유가 있어야 한다.

하나님 한 분만을 내 생애의 전부로 믿고 의지하고 좇아가야 한다. 그런 사람을 가리켜 예수님의 제자요 하나님의 아들이라고 한다. 그러한 마음을 갖게 되는 기본적인 마음가짐이 바로 사랑이다. 더이상 다른 것을 도모하지 않고 오직 하나님 한 분만을 신앙하는 자세가 하나님에 대한 사랑이다.

3) 하나님께서 기뻐하시는 자

하나님과 나의 관계가 바르게 서 있고 신자로서 온전한 위치에 있을 때 비로소 우리는 하나님을 아버지라 부르게 된다. 다른 것에 마음을 빼앗기지 않고 자기의 인생을 낭비하지 않아야 한다. 그만큼 자기를 함부로 하지 않고 온전히 하나님을 사랑하는 만큼 하나님을 향하여 최선을 다한다는 말이다. 그런 사람만이 하나님의 아들이라 할 수 있다.

이처럼 하나님에 대하여 온전해 있지 않으면 결코 하나님 앞에 설 수 없음을 명심해야 한다. 온전하다는 말은 순수하다pure는 말과 같다. 진정으로 하나님 앞에서 순수하고 순결한 사람이어야 하나님의 아들로서 자격이 있고, 그 사람이 하나님을 아버지라 부를 때에 하나님께서 그 호칭에 대하여 기뻐하신다.

기 도

사랑하는 아버지,

우리가 하나님을 사랑한다 하면서도 우리 마음이 많은 곳에 흩어져 있고 또 부패되어 있음을 부끄럽게 생각하옵나이다. 우리가 이러한 모든 낭비되어지는 것들을 잘라버리고 순전한 사랑을 드리기 원하오니 하나님께서 받으시옵고, 이렇게 살아감에 있어서 방해되는 여러 가지 악한 것들과 어둠의 세력들을 물리쳐 주시기를 기도하옵나이다.

온전히 하나님만을 향하여 우리 마음이 다 쏟아져야 될 터인데 그러기 위해서라도 진정 하나님의 말씀에 대하여 풍부한 지혜가 있어야 하겠습니다. 또 그러한 지식을 잘 깨달아 살아감으로써 인생을 하나님 앞에서 소홀히 하지 아니하고 우리 스스로 각성하여 그러한 일에 최선을 다하는 것을 주께서 기뻐하시는 줄 아옵나이다.

우리가 한 지체요 한 몸으로서 하나님의 온전하심을 드러내며 서로 합력하여 더욱 장성해 나가는 것이 하나님을 기쁘시게 하는 일이오니, 서로 하나가 되어갈 수 있도록 주께서 새 힘을 날마다 더해 주옵소서.

예수님의 이름으로 기도하옵나이다. 아멘.

제2부 | 우리가 가야할 길

VII. 하나님의 인도와 보호

누가복음 15장 1-32절

1 모든 세리와 죄인들이 말씀을 들으러 가까이 나아오니
2 바리새인과 서기관들이 원망하여 가로되 이 사람이 죄인을 영접하고 음식을 같이 먹는다 하
더라
3 예수께서 저희에게 이 비유로 이르시되
4 너희 중에 어느 사람이 양 일백 마리가 있는데 그중에 하나를 잃으면 아흔아홉 마리를 들에
두고 그 잃은 것을 찾도록 찾아 다니지 아니하느냐
5 또 찾은즉 즐거워 어깨에 메고
6 집에 와서 그 벗과 이웃을 불러 모으고 말하되 나와 함께 즐기자 나의 잃은 양을 찾았노라 하
리라
7 내가 너희에게 이르노니 이와 같이 죄인 하나가 회개하면 하늘에서는 회개할 것 없는 의인 아
흔아홉을 인하여 기뻐하는 것보다 더하리라
8 어느 여자가 열 드라크마가 있는데 하나를 잃으면 등불을 켜고 집을 쓸며 찾도록 부지런히 찾
지 아니하겠느냐
9 또 찾은즉 벗과 이웃을 불러 모으고 말하되 나와 함께 즐기자 잃은 드라크마를 찾았노라 하리
라
10 내가 너희에게 이르노니 이와 같이 죄인 하나가 회개하면 하나님의 사자들 앞에 기쁨이 되
느니라
11 또 가라사대 어떤 사람이 두 아들이 있는데
12 그 둘째가 아비에게 말하되 아버지여 재산 중에서 내게 돌아올 분깃을 내게 주소서 하는지
라 아비가 그 살림을 각각 나눠 주었더니
13 그후 며칠이 못되어 둘째 아들이 재산을 다 모아 가지고 먼 나라에 가 거기서 허랑방탕하여
그 재산을 허비하더니
14 다 없이한 후 그 나라에 크게 흉년이 들어 저가 비로소 궁핍한지라
15 가서 그 나라 백성 중 하나에게 붙여 사니 그가 저를 들로 보내어 돼지를 치게 하였는데
16 저가 돼지 먹는 쥐엄 열매로 배를 채우고자 하되 주는 자가 없는지라

17 이에 스스로 돌이켜 가로되 내 아버지에게는 양식이 풍족한 품군이 얼마나 많은고 나는 여
기서 주려 죽는구나
18 내가 일어나 아버지께 가서 이르기를 아버지여 내가 하늘과 아버지께 죄를 얻었사오니
19 지금부터는 아버지의 아들이라 일컬음을 감당치 못하겠나이다 나를 품군의 하나로 보소서
하리라 하고
20 이에 일어나서 아버지께 돌아가니라 아직도 상거가 먼데 아버지가 저를 보고 측은히 여겨
달려가 목을 안고 입을 맞추니
21 아들이 가로되 아버지여 내가 하늘과 아버지께 죄를 얻었사오니 지금부터는 아버지의 아들
이라 일컬음을 감당치 못하겠나이다 하나
22 아버지는 종들에게 이르되 제일 좋은 옷을 내어다가 입히고 손에 가락지를 끼우고 발에 신
을 신기라
23 그리고 살진 송아지를 끌어다가 잡으라 우리가 먹고 즐기자
24 이 내 아들은 죽었다가 다시 살아났으며 내가 잃었다가 다시 얻었노라 하니 저희가 즐거워
하더라
25 맏아들은 밭에 있다가 돌아와 집에 가까왔을 때에 풍류와 춤추는 소리를 듣고
26 한 종을 불러 이 무슨 일인가 물은대
27 대답하되 당신의 동생이 돌아왔으매 당신의 아버지가 그의 건강한 몸을 다시 맞아 들이게
됨을 인하여 살진 송아지를 잡았나이다 하니
28 저가 노하여 들어가기를 즐겨 아니하거늘 아버지가 나와서 권한대
29 아버지께 대답하여 가로되 내가 여러 해 아버지를 섬겨 명을 어김이 없거늘 내게는 염소 새
끼라도 주어 나와 내 벗으로 즐기게 하신 일이 없더니
30 아버지의 살림을 창기와 함께 먹어버린 이 아들이 돌아오매 이를 위하여 살진 송아지를 잡
으셨나이다
31 아버지가 이르되 얘 너는 항상 나와 함께 있으니 내 것이 다 네 것이로되
32 이 네 동생은 죽었다가 살았으며 내가 잃었다가 얻었기로 우리가 즐거워하고 기뻐하는 것이
마땅하다 하니라

Ⅶ. 하나님의 인도와 보호

누가복음 15장 1-32절

하나님의 자녀를 하나님께서 어떻게 인도하고 보호하시는가 생각하고자 한다.

일반적으로 하나님의 인도를 받는다 혹은 보호를 받는다는 말이 상당히 관념적으로 사용되고 있는 것을 보게 된다. 교회에 다니는 많은 사람들이 하나님의 보호라든지 인도라는 말을 자주 사용하는데 대부분 세상 사람들이 재수가 좋다고 말하는 것과 크게 다르지 않다. 큰 일을 당할 뻔했는데 요행스럽게도 그런 자리에서 벗어났다는 정도의 요행수를 가리켜 하나님의 은혜라든지 하나님께서 인도하셨다는 말로 바꾸어 쓴다는 것은, 참으로 하나님의 은혜가 무엇인지를 모르는 무지한 발상이다.

우리는 하나님의 인도나 보호가 과연 그런 의미를 가지는 것인가를 생각해 보아야 한다. 그리고 어떤 방면에 대해 하나님께서 그의 능력을 나타내어 그 자녀들의 삶을 주장하시는가에 대하여 점검해 볼 필요가 있다.

1. 하나님의 인도와 보호에 대하여

우리는 하나님께서 그의 백성을 인도하시는 구체적인 모습을 시편 23편에서 볼 수 있다. 하나님께서 그의 백성을 보호하고 인도하시는 실제적인 표현으로 "여호와는 나의 목자시니 내가 부족함이 없으리로다"고 말한다. 목자란 양을 잘 치고 잘 보살펴야 좋은 목자이다. 따라서 "여호와께서 나의 목자이시다"고 할 때에는 자기가 해야 할 일을 등한시하는 삯군 목자를 말하지 않고 참 목자가 그 양을 잘 보살피는 것처럼 하나님께서 우리를 보살피고 인도하신다는 점을 강조하기 위해 그렇게 표현하고 있다.

이제 목자가 어떻게 그의 양을 보살피고 인도하는가를 알게 되면 하나님께서 우리의 목자로서 어떻게 우리를 인도하고 보호하시는가를 아는 데 상당한 도움이 된다. 여기서 우리는 좀더 구체적으로 목자가 양들을 어떻게 치는가에 대하여 살펴볼 필요가 있다.

1) 목자와 양과의 관계

목자가 그의 양들을 칠 때에는 매우 자상하게 인도하고 보호한다. 목자가 몇 마디로 "애들아, 가서 풀을 먹되 독이 있는 풀은 먹지 말고 멀리 가면 독사나 들짐승들이 있으니 멀리 가지 말아라!"고 말하는 것으로 목자의 책무를 다했다고 하지는 않는다. 양들도 역시 풀을 먹되 독초인가 아닌가를 잘 구분하지 못하다가 한번 먹어보고 혼이 난 후에야 그 풀이 독초였다는 것을 알아 가는 것도 아니다. 마찬가지로 우리가 하나님의 인도를 받는다는 것이 세상에서 말하는 것처럼 요행수로 인도 받지는 않는다. 뿐만 아니라 그런 요행을 가리켜 하나님의 은혜라고 말해서도 안 된다.

성경에서 신자를 상징하는 예로 양을 거론하는 데는 거기에 걸맞은 이유가 있다. 양은 항상 그 주인을 따르기 때문이다. 양은 목자가 먹이는 것이 아니면 먹지 않고 마시우는 것이 아니면 마시지 않을 정도로 목자를 잘 따르는 동물이다. 반면에 양과 대칭적으로 등장하는 동물이 염소이다.

염소는 사람의 손을 가깝게 하지 않고 자기가 하고 싶은 대로 한다. 그리고 식물성이라면 무엇이든 잘 먹고 소화시킨다. 심지어 종이나 옷을 먹어도 소화를 시켜낸다. 그래서 특별히 사람의 손이 필요 없는 동물이다. 그러나 양은 아무거나 먹을 수 없다. 때문에 양이 먹어야 할 풀과 물을 잘 알아서 해결해 줄 목자가 꼭 필요하다. 이렇듯 양은 목자의 보살핌 없이 스스로 살아갈 적응력이 매우 약한 동물이다.

양과 목자와의 사이에는 항상 구체적인 관계가 형성되어 있다. 목자의 음성 하나라도 양에게는 그의 생존을 위해 매우 중요할 뿐만 아니라 양의 울음소리 하나에도 목자는 신경을 써서 그 양의 필요를 알고 공급해 주어야 한다. 때로 목자는 양의 상태만을 보고서도 그 양의 형편을 알고 대책을 마련해 주어야 한다.

마찬가지로 이 세상은 성도들이 살아갈 때에 아무렇게나 내팽개쳐도 잘 살도록 되어 있지 않다. 때문에 하나님께서는 성도들의 필요한 모든 것을 관찰하고 그에 적합한 것을 공급해 주시고 해결해 주신다. 이런 면에서 성경은 성도들과 하나님과의 관계를 양과 목자의 관계로 표시하고 있다.

① 인격을 바탕으로 성도들을 인도하시는 하나님

하나님과 사람 사이에 구체적인 관계가 이루어져 있을 때 그 관계를 가리켜 목자와 양의 관계라고 한다. 그러나 사람은 동물이 아니고 인격체이기 때문에 단순히 동물적인 욕구나 생리적인 욕구를 해결해 주는 목자를 말하지 않는다.

이미 하나님과 사람 사이에는 인격적인 관계가 포함되어 있기 때문에 목자와 양과 같이 생리적인 욕구 충족이나 안전 보장을 위해서 보살피는 것 이상으로, 인격적인 교통에 있어서도 하나님께서 충분히 관찰하고 보호하고 인도하신다는 것을 그 특징으로 하고 있다. 특히 인격적인 차원에서 인도하신다는 말은 매우 의미심장하다.

인격은 어떤 이유에서라도 타인의 인격을 침해하거나 억압할 수 없다. 때문에 하나님은 그의 백성을 인도하실 때 인격의 침해 없이 인도하신다. 양이라면 목자의 의중에 따라 강제력을 행사하든지 아니면 억지로라도 양을 굴복시키는 경우가 있다. 하지만 하나님은 성도들의 인격을 절대 함부로 하지 않으신다. 그러므로 하나님께서 우리를 인도하실 때에는 우리의 인격을 철저하게 존중하시며 우리의 인격적인 판단에 의해 하나님의 도리를 따라 살도록 하신다.

그러기 위해 하나님께서는 우리가 정상한 인격을 갖추도록 하심으로써 하나님의 뜻을 정당하게 해석하고 그 판단에 따라 살아가게 하셔서 오류에 빠지거나 잘못 살아가지 않도록 인도하고 보호하신다. 하나님의 계획을 성취하시기 위해 우리를 강제로 끌고 가지도 않을 뿐더러 갈 길을 몰라 이리저리 방황하다가 우연히 하나님의 일을 이루라고 하지 않으신다. 하나님께서 우리를 인도하시는 가장 기본적인 원칙은 항상 명확하게 우리가 가야할 길을 제시하시고 그 길의 당위성에 따라 우리가 스스로 판단하여 나아가게 하신다.

이러한 원칙에 따라 하나님께서 우리의 길을 인도하실 때 거기에는 언제나 자연스러운 삶의 결과가 있다. 억지로 살아가지 않기 때문에 언제나 그 길은 평안이 있다. 그래서 다윗은 그러한 삶을 가리켜 “그가 나를 푸른 초장에 누이시며 쉴만한 물가로 인도하시는도다”고 말한다. 참으로 하나님의 인도와 보호를 받고 있다면 이 세상에서 어떠한 상황과 위치에 처한다 할지라도 여호와의 품안에 있다는 사실 그 자체가 그처럼 평온하다는 의미이다.

그러한 길에 있을 때에는 생존을 위한 철저한 하나님의 보장이 있기 때문에 살아가는 일에 대하여 곤란을 당하지 않는다. 반면에 가시밭에 떨어진 씨앗처럼 삶의 무기력함에 빠져 매사가 힘이 들고 어려운 일이 생기거나 살아가는 일이 고달프다면 그 가운데 하나님의 인도나 보호가 있다고 말할 수 없다.

② 일상의 일을 통하여 인도하심

하나님의 인도와 보호는 훨씬 일상적인 일에서 찾을 수 있다. 예를 들면 전쟁이 일어나거나, 사회가 불안정하여 생존의 위협을 받는 그러한 일이 일어나지 않는 것 자체가 하나님의 크나큰 보호이다. 적어도 내 생활을 유지함에 있어서 불안한 요소가 생기지 않도록 그것들을 제거해 주시는 그러한 일에서부터 점차적으로 내 생활의 구석에까지 하나님의 손길이 임하게 된다.

그결과 위태로운 상황이 발생하지 않도록 항상 지켜주신다. 혹 내 판단이 흐리고 잘못되어 어떤 사고의 위협을 당하는 위기의 순간에도 거기에 빠지지 않도록 하심으로써 하나님은 내 생명을 지켜주신다. 그러므로 우연히 내가 잘 되는 것이 아니라 하나님께서 그의 사랑하시는 백성에게 그러한 위기가 발생하지 않도록 보호하시고 그러한 위기 때문에 그가 해야 할 일을 못하거나 그의 생애를 낭비하지 않도록 지키신다.

그럼에도 불구하고 우리의 욕심이 판단을 흐리게 하고 우리의 치졸한 생각이 하나님의 방법을 거부하여 상당한 위험을 당하는 경우가 있다. 그것은 당연히 우리의 잘못된 판단에 따라 나타난 결과로 그 대가를 치러야 한다. 예를 들면 높은 곳에서 떨어지면 당연히 큰 상처를 입고 생명을 상하게 된다. 그 원칙을 무시하는 사람에게 하나님께서 천사를 동원하여 그 생명을 기적적으로 구출하시는 일은 없다.

어른이 되었다면 적어도 어른으로서 생각하고 판단할 수 있는 능력을 갖추어야 한다. 그만한 지각도 갖추지 않은 채 하나님께서 보호하고 인도하신다고 맹목적으로 신앙한다면 결코 하나님의 인도를 받을 수 없다. 최소한 자기가 가지고 있어야 할 정도의 지식과 지혜는 있어야 한다. 그것을 바탕으로 정상적인 판단을 해 나갈 때 그 지식과 지혜를 사용하는 데 있어서 오류가 발생하지 않도록 하나님께서 그 사람을 인도하고 보호하시는 법이다. 그렇게 살아가는 것이 바로 "푸른 초장에 누이시며 쉴 만한 물가로 인도"를 받는 모습이다.

2) 최소한 삶의 보장에서 나타나는 하나님의 인도와 보호

하나님은 이러한 인도와 보호로 우리가 가지고 있는 영혼의 가치를 정당하게 발휘할 수 있도록 도와주신다. 한 사람으로서 이 세상에 살아갈 때에 가장 합당하게 자신의 가치를 발휘하고 산다는 것처럼 의미 있는 일이 없다. 이처럼 하나님의 인도를 받고 있다는 확고한 증거가 있어야 자기의 가치를 온전하게 드러낼 수 있다. 그러기 위해 적어도 생존에 대한 보장만은 하나님으로부터 받고 있어야 한다. 바로 그 예를 마태복음 20장 1-16절에 기록되어 있는 '포도원 품꾼들의 삯' 비유에서 찾을 수 있다.

한 포도원 주인이 아침 일찍 나가서 사람들을 불러다가 자기 포도원에서 일하도록 하였다. 그리고 아침 9시경에 다시 나가 일감을 찾는 사람들을 불러다가 포도원에서 일하도록 하였다. 그리고 12시경에 다시 나가 노는 사람들이 있어 "왜 노느냐?"고 묻는데, 일자리가 없어 논다고 하자 그들을 자기 포도원에서 일하게 하였다. 오후 3시경에도 그렇게 하였다. 그리고 하루 일과가 끝나는 오후 6시경에 포도원에서 일한 사람들을 불러모아 늦게 온 사람들부터 하루 품삯인 한 데나리온을 주었다.

그러자 일찍 온 사람들은 나중 온 사람들이 한 데나리온씩 받는 것을 보고 자기들은 더 많이 받을 것이라고 생각하였다. 그러나 주인은 약속대로 그들에게도 한 데나리온만 주자 그들은 주인에게 "늦게 온 사람들에게도 한 데나리온을 주면서 일찍 와서 하루 종일 햇볕 아래에서 일한 우리에게도 한 데나리온 밖에 안 주십니까?" 하고 토로했다. 그러자 주인은 "처음에 약속한 대로 한 데나리온씩 주었으므로 내게는 잘못이 없다. 그리고 나중 온 사람들에게 한 데나리온씩 준 것은 내 마음이다"고 대답하였다.

한 데나리온은 노동자 하루 품삯이다. 노동자가 하루의 생활을 할 수 있는 기본적인 단위인 셈이다. 그 사람에게 속해 있는 식구들의 생존을 위해서는 오후 3시에 온 사람이라 할지라도 한 데나리온이 필요하다. 그래야 하루의 생계를 보장받을 수 있기 때문이다.

포도원 주인은 그것을 생각하고 늦게 온 사람들에게도 한 데나리온을 품삯으로 주었다고 예수님께서 말씀하셨다. 그리고 이 말씀 속에서 일찍 부름 받았든, 늦게 부름 받았든 간에 포도원 주인에게 부름 받았다는 사실이 더 중요함을 시사해 주고 있다.

이 말은 곧 우리가 하나님 앞에 바로 부름 받았다면 부름 받은 자리가 어느 상태이든 간에 기본적으로 생존권이 보장되는 복된 자리에 있다는 것을 말씀해 주고 있다. 우리가 어떤 처지에 있었든지 하나님을 만난 그 순간은 곧 품꾼이 포도원 주인을 만난 것과 같은 의미를 가진다.

① 일찍 하나님의 인도와 보호를 받는 것이 복됨

그러나 일찍 부름 받은 사람과 늦게 부름 받은 사람 사이에는 큰 차이점이 있다. 언뜻 보면 늦게 부름 받은 사람이 적게 일하고 일찍 부름 받은 사람과 품삯을 똑같이 받았다는 점에서 훨씬 은혜를 많이 받은 것처럼 보인다.

물론 이 이야기의 핵심은 하나님께서 기본적으로 그의 일꾼들에게는 생존의 권리를 보장해 주신다는 분배의 원칙을 보여주고 있다. 그러나 자세히 살펴보면 그 안에 평안에 대한 문제가 있다. 일찍부터 나와 일한 사람은 하루 종일 땀흘리며 품삯에 대한 대가를 치렀으나 대신에 자기 식구들의 생존 문제가 해결되었다는 마음의 평안을 그만큼 일찍 누릴 수 있었다.

반면에 아직 포도원 주인을 만나지 못해 길거리에서 놀고 있던 사람들은 남들이 볼 때 여유가 있어 보일지 모르지만 그 안에는 생존에 대한 보장이 없어서 진정한 평안이 없었다. 어쩌면 심각한 불안 때문에 놀고 있다는 것이 고통스러웠을 것이다. 다행히 늦게나마 포도원 주인을 만나 일자리는 구했다 하더라도 정당한 하루의 품삯을 다 받을 수 없다는 고민만으로도 그들은 충분히 그 대가를 치렀다.

비록 품삯을 계산할 때 주인이 하루의 생활에 필요한 품삯으로 한 데나리온을 주었지만 그것은 주인에게 받은 은혜일 뿐이지 자기가 정당하게 요구할 권리는 없다. 단지 주인의 은혜로 하루의 삶을 보장받았다는 점에서 그 은혜가 큰 것은 사실이지만 그 시간 전까지는 마음 고생이 적지 않았다. 이 이야기를 통하여 우리가 생각할 것은 어느 때에 부름 받는다 할지라도 그 이후부터는 기본적인 삶의 보장을 받게 되지만 가급적 빨리 하나님의 부르심을 받는다는 것이 훨씬 복된 위치에 있다는 사실이다.

우리가 하나님을 만나게 된 이후부터는 우리의 삶에 대하여는 철저하게 보장받는다는 사실을 알았으므로 이제부터는 '우리가 무엇을 해야 할까' 를 생각해야 한다. 푸른 초장과 물가에서 평안을 누리게 됨으로써 생존에 대한 염려가 해결되었다면 마땅히 우리의 인생을 가장 가치 있게 발휘할 길을 찾아야 한다. 이미 그만한 복된 자리에 있음에도 불구하고 여전히 자기의 생존권 해결을 위해 무엇을 입고 마시고 먹을까 하는 고민에 빠져 있다면, 자기의 정당한 가치를 온전히 발휘하는 사람이라고 할 수 없다.

우리의 영혼을 소생시키신 하나님께서 우리를 의의 길로 인도하신다는 다윗의 말과 같이, 이제는 그 의의 길이 무엇인가를 알아서 줄곧 달려가는 삶이 필요하다. 하나님을 만나기 전에는 자기의 가치가 어디에 있었는가를 알 수 없었고 생존권의 보장도 없어서 살아가는 것만으로도 급급하고 벅찼다. 하지만 이제는 우리의 주인이신 하나님을 만났으므로 그분의 뜻이 무엇인가를 알아 열심을 다해 살아가는 것이 중요하다.

② 생존에 대한 보장을 해주신 이유

하나님의 백성은 하나님의 경륜을 따라 살 수 있는 모든 조건을 하나님께서 만족시켜 주신다. 때문에 이제부터는 적극적으로 하나님의 뜻을 구현해 나갈 수 있는 위치에 서 있다. 전 생애를 드려서 하나님의 뜻을 이루어 나가야 하는데 그것을 가리켜 '의의 길'이라고 한다. 그리고 그 의를 이루기 위해 하나님은 그들의 삶을 매우 효과적이고 능력 있게 인도하신다.

때문에 이러한 자리에 우리가 있을 때 비로소 우리는 하나님의 인도를 받는다고 한다. 그리고 그러한 자리에 서 있어야 마음에 평안을 누리게 되고 평안하다고 고백하게 된다. 하나님 나라의 진행과 상관없이 살아가면서 하나님의 뜻을 이룬다고 한다든지 하나님의 보호와 인도를 받는다는 것은 전혀 이치에 어긋나는 말이다.

그러한 삶의 보장이 없다면 언제나 먹고 살아야 할 일 때문에 마음에 고민이 가득하여 마치 가시밭에 떨어진 씨앗처럼 세상의 염려와 재리의 유혹으로 기운이 막혀 말라 죽는 인생이 되고 말 뿐이다. 그러나 이제 그러한 삶의 고민으로부터 철저하게 보장되었다는 사실을 알게 되었다.

이것이 그 사람에게는 복된 소식이다. 이 복음 속에 들어가 있다는 사실을 철저히 알게 되면 비로소 인생의 염려 때문에 고민하지 않고 의당히 자기가 해야 할 일이 무엇인가를 생각하게 된다. 그 일을 이루기 위해 전심을 다하여 자신을 헌신하게 된다.

이처럼 하나님의 나라를 위해 쓰임 받는 자리에 서 있게 될 때 하나님의 보호와 인도를 받고 하나님의 의를 이루는 복된 삶을 이루어 나가게 된다. 이만한 위치에 도달해 있지 않다면 감히 하나님의 인도라든지 보호를 받는다고 해서는 안 된다.

3) 하나님을 의지한다는 의미

그렇다고 그처럼 하나님의 의를 위해 사는 사람에게는 더이상의 어떤 어려움이나 곤란이 뒤따르지 않는다는 것은 아니다. 오히려 다윗은 이 세상에 사는 것이 "사망의 음침한 골짜기"를 다니는 것과 같다고 말한다. 형용하기 어려운 위험과 고통의 길을 갈 수 있다는 것이다.

목자가 양을 인도할 때 항상 평탄한 길로만 가지는 않는다. 필요에 따라 황막한 사막을 건너기도 하고, 자갈길로 가기도 하며, 강을 건너기도 한다. 어떤 경우에는 험한 산길을 넘어가기도 하는데 그럴 때 양들이 무리에서 벗어나 길을 잃어버리는 경우도 발생한다. 그러나 목자를 신뢰하고 그의 뒤를 따르는 양들은 생명의 위협을 받는 위험한 처지에 빠지지 않는다.

마찬가지로 우리가 하나님의 인도를 받는다 하여도 때로는 험난한 길을 가는 경우가 있기 마련이다. 그럴 경우 하나님의 인도를 벗어나 지금까지 자기가 살아온 경험을 바탕으로 자기가 가고 싶은 길로 간다면 자칫 길을 잃어버리는 위험에 빠지게 된다. 그러나 그 길이 험하다 하더라도 마땅히 가야 할 길이기 때문에 그리고 그 길을 하나님께서 인도하시기에 우리는 담대히 그 길을 따라 갈 수 있다.

비록 그 길에 두려움이 있다 할지라도 그 마음에는 평안이 있어서 주님의 뒤를 따라가게 된다. 왜냐하면 하나님의 안전 보장이 있기 때문이다. 물론 이 길은 앞서 말한 것처럼 하나님의 의를 이루는 길이어야 한다.

2. 하나님의 자녀에 대한 하나님의 가치 부여

하나님의 보장가운데 인생길을 가며 평안을 얻고 적극적으로 하나님의 나라를 구현하고 살아갈 때 하나님께서 그의 백성을 어떻게 인도하시는가 하는 문제를 좀더 구체적으로 누가복음 15장에서 볼 수 있다.

누가복음 15장에는 예수님께서 하신 세 가지 비유가 나온다. 예수님께서 세리와 죄인들을 가깝게 하시고 함께 음식을 먹는 일에 대하여 바리새인들과 서기관들이 비방하자 그들에 대하여 비유로 하신 말씀이다. 즉 예수님을 향하여 죄인과 가깝게 지내고 함께 식사한다고 비방하는 것에 대하여, 하나님께서는 이러한 죄인 하나라도 회개하고 돌아올 때에는 참으로 기뻐하시고 영접하신다는 것을 가르치신 것이다.

예수에게 항변하고 있는 바리새인이나 서기관들은 당시 이스라엘 백성을 대표하는 사람들이었다. 누구보다도 하나님을 열심으로 섬기고 하나님 나라와 그 문화를 지키기 위해 애쓰는 사람들이었다. 그들은 당시 사회에서 헤브라이즘을 강하게 드러내고 유지하기 위해 하나님께 나름대로 충성하는 사람들이었다.

그럼에도 불구하고 예수님은 그들보다는 잃어버린 죄인들이 회개하고 하나님께 돌아오는 것을 더 기뻐하신다는 의미로 이 비유를 말씀하셨다. 이 세 가지 비유를 자세히 살펴보면 하나님께서 어떻게 그의 사랑하시는 백성을 인도하시는가를 알 수 있다.

1) 사랑의 대상으로서 성도들

"잃은 양의 비유"는 양이 왜 길을 잃었는가 혹은 무슨 생각을 하다가 목자와 양떼를 떠났는가 하는 이야기가 아니다. 오히려 그 원인은 정확하지 않으나 길 잃은 양이 하나 있는데 그 양을 찾고자 하는 목자의 심정이 어떤 것인가를 이야기하고 있다. 비록 아흔아홉 마리의 양을 놓아두고서라도 길을 잃어버린 한 마리의 양을 찾고자 하는 목자의 애타는 마음과 그 양을 찾을 때의 기쁨이 아흔아홉 마리의 양에 비길 만큼 크다는 것을 이야기하고 있다. 그래서 이 이야기 속에서는 양과 목자와의 긴밀한 관계가 어떠한 것인가를 잘 말해주고 있다.

첫째, 이 이야기의 핵심은 '목자는 길 잃은 양을 찾을 수 있으나 길 잃은 양은 목자를 찾을 수 있는 능력이 상실되었다' 는 점이다. 이미 길을 잃었다는 사실은 양이 자신의 능력으로 목자와 양떼들이 있는 곳을 찾을 능력이 없음을 의미한다. 그 양이 어떤 이유로 길을 잃었는지 알 수 없으나 이미 그 양 자신이 목자를 찾아올 수 없는 형편에 빠져 있다.

그런데 그 양이 그런 위태로운 자리에 빠지게 된 것은 목자가 잘못해서가 아니라 자기가 잘못한 대가로 그런 결과가 초래되었다. 그리고 그 잘못으로 인하여 발생된 결핍 곧 그로 인하여 상실된 부분에 대하여는 아무도 대신할 수 없다는 절망적인 상태를 표시하고 있다. 때문에 목자가 찾아 나서지 않으면 그 절망의 상태에서 벗어날 수 없다. 만일 목자가 그 양을 포기한다면 그 양은 생명을 상실할 중대한 위기에 처할 수밖에 없는 상태이다.

둘째, 그 양은 전에 목자의 특별한 소유였다. 목자는 자기 양 하나에 대하여 그만큼 관심을 가지고 있었다. 잃어버린 양이 자기 양이 아니라면 아흔아홉 마리의 양을 두고서 길 잃은 한 마리를 찾아 나설 이유가 없다. 그러나 길 잃은 양이 자기 양이기 때문에 목자는 그 양 한 마리에 대한 심정이 나머지 아흔아홉 마리에 대한 심정과 똑같아서 찾아 나서지 않으면 안 되었다. 오히려 그 양 하나에 대한 관심은 그 양을 잃어버렸다는 이유로 나머지 양들보다 특별한 관심의 대상이 되었다.

이 양 한 마리를 찾는 목자의 심정은 자기 돈 몇 푼을 잃어버렸기 때문에 찾는 정도가 아니었다. 목자와 양과의 관계는 적어도 단순하게 양에게 사료를 주고 양은 그 대가로 젖과 털을 주인에게 주는 관계, 즉 물질적인 욕구를 서로 충족시키기 위한 정도의 관계가 아니었다. 목자는 그 양을 그렇게 여기지 않았다.

만일 목자가 그 양에 대해서 단지 "나를 위해 존재하는 하나의 소모품이다"고 생각했다면 그 양 하나 잃어버린 대신 다른 양을 잘 키우는 것으로 만족할 수 있었다. 그러나 그렇게 하지 않고 끝까지 찾아오리라고 마음먹었을 때는 그 양에 대해서 각별한 관심을 갖고 있기 때문이다. 그 양에 대하여 목자는 자기의 분신과 같은 정신적인 의미와 가치를 부여하고 있었다.

하나님께서 그의 백성을 사랑하심에 있어서도 그와 같다. 세상에는 수많은 사람들이 있지만 그중에 우리 한 사람 한 사람을 택하시고 바라시고 찾으신다. 그리고 그들을 사랑의 대상으로 삼으신다. 왜냐하면 하나님께서 그들을 대하실 때에는 하나님의 소유물로서가 아니라 그들이 하나님의 분신임을 상징하기 때문이다.

그러므로 하나님께서 우리를 대하실 때에는 세상에 있는 많은 사람들 중의 어떤 한 사람으로 대하시는 것이 아니다. 그 사람이 아니면 안 되는 절대적인 의미에서 상대하신다. 따라서 우리가 하나님의 백성 중 한 사람이라면 나 자신이 하나님 앞에 서야 할 독특한 위치와 역할이 있기 마련이다. 때문에 하나님께서는 우리를 기뻐하시고 찾으신다. 그와 같은 의미에서 하나님은 끝까지 그의 백성을 이 세상에서 찾아내신다는 것을 잃어버린 양의 비유에서 말하고 있다.

2) 한 사람의 가치가 전체를 대신함

"열 드라크마의 비유"에서도 또 다른 의미를 발견할 수 있다. 한 드라크마는 당시 은전 하나로서 그 값어치는 한 데나리온과 거의 비슷하다. 즉 노동자의 하루 품삯에 해당한다. 돈으로 환산하면 크다 할 수도 있고 어떤 사람에게는 그리 큰 돈은 아니라고 할 수도 있다. 그러나 일반적으로 열 드라크마를 갖고 있다는 것은 쉬운 일이 아니다.

요즈음 노동자 하루 품삯을 생각한다 해도 이 여자가 그 정도의 돈을 모았다 한다면 당시에는 적지 않은 큰 돈이다. 때문에 작은 데 쓰려고 한두푼 모은 것이 아니라 상당한 의미를 두고 열 드라크마를 모았음을 알 수 있다.

그처럼 어렵게 열 드라크마를 모았는데 막상 써야겠다고 세어보니까 하나가 없어졌다는 사실을 알게 되었다. 그렇다면 무슨 일에 꼭 필요해서 모은 돈 중에서 한 드라크마를 잃어버렸다면 나머지 아홉 드라크마의 가치는 상실된 것과 같다.

꼭 필요한 돈이 열 드라크마인데 하나를 잃어버렸다면 아홉 드라크마 가지고는 그 필요한 일에 유효하게 사용할 수 없기 때문이다. 비록 아홉 드라크마는 아홉 드라크마로서 절대적인 가치를 가지고 있다 할지라도 열 드라크마가 있어야 될 그 자리에 있어서는 아홉 드라크마는 상대적으로 가치가 없다. 그러므로 한 드라크마를 상실함으로 말미암아 열 드라크마가 가지고 있어야 할 절대적인 가치를 상실해 버리고 만 것과 같다.

그렇다고 그 한 드라크마가 자기 스스로 주인에게로 돌아와서 열 드라크마로서 가치를 효과적으로 발휘할 수 있도록 할 수 없다. 미물이기 때문에 그 스스로 돌아올 수도 없으며 또 주인이 그 돈을 찾을 때의 애타는 마음을 알아주지도 못한다. 돈이 구석에 박혀서 먼지 속에 숨겨 있을 때에는 돈으로서 가치가 상실된다. 종이 조각이나 돌멩이와 다를 바 없다. 결국 자기가 있어야 할 자리에 없기 때문에 자기 자체가 가지고 있는 고유한 가치가 상실되었다. 뿐만 아니라 나머지 것들에 대한 가치마저도 상실시키고 말았다.

그러므로 하나가 마땅히 있어야 될 그 자리에 있지 아니하면 나머지 전체가 무용지물이 되고 만다. 그러나 그 하나가 주인의 손에 마땅하게 들어와 있을 때는 그 자체의 고유한 가치, 즉 그 한 드라크마의 고유한 가치가 회복될 뿐만 아니라 나아가 나머지 모두의 가치도 제대로 발휘할 수 있는 상태로 회복된다. 따라서 하나의 가치라는 것도 소속되어야 할 분명한 위치에 있을 때 자기의 가치뿐만 아니라 전체의 가치도 발휘된다는 것을 이 비유에서 읽을 수 있다. 이런 의미에서 잃어버린 한 드라크마는 나머지 아홉 드라크마를 대신할 뿐만 아니라 전체 열 드라크마의 가치를 대변하고 있다.

여기에서 가치가 발휘된다는 것은 자기의 고유한 역할을 수행한다는 것과 같다. 다시 말하면 이 시대에 보냄을 받은 한 사람으로서 자기의 고유한 역사적인 사명을 수행한다는 의미이다. 때문에 성도들은 전적으로 하나님 나라 안에서 자기의 고유한 위치가 확인되어 있어야만 한다. 그래야 하나님의 나라를 구현할 수 있고 그와 같이 정당한 자리에 서 있을 때에 전체의 하나님 나라의 능력이 나타나게 된다.

"나 하나가 하나님의 나라에 아직 소속되지 않았다는 것이 그렇게까지 중요한가?" 하고 쉽게 생각할지 모른다. 하지만 나 하나가 마땅한 위치에 서 있지 않다면 나 하나의 인생이 의미가 없고 그 가치를 상실한 것으로 끝나지 않는다. 나아가 나머지 사람 전부에게도 치명적인 해를 가져다 준다는 점에서 우리 각자의 위치를 확인한다는 것은 중대한 의미를 가진다. 때문에 각자의 위치 확인이야말로 전체 하나님 나라가 완성되는 일에 절대적인 영향을 끼친다는 사실을 명심하지 않으면 안 된다. 그러므로 나 하나의 존재는 전체 하나님의 나라를 대신할 만큼 가치와 의미가 있다.

그 하나의 가치 때문에 이 여자는 등불을 켜고 방을 쓸고 닦으면서 부지런히 그 한 드라크마를 찾았다. 그 하나가 없어서 나머지가 모두 쓸모없이 되었기 때문이다. 그래서 그런 애타는 마음으로 전체의 가치를 충족시키고 완벽하게 드러내기 위해 그 여자는 전력을 다하여 한 드라크마를 찾고 있다. 그리고 그 하나를 찾았을 때 그처럼 기뻐서 잔치를 베푼 것이다.

당시 어떤 사람들은 혼인의 약조로써 열 드라크마를 증표로 주었던 관습이 있었다고 한다. 일반적으로 약혼을 하면 그때부터 두 사람은 부부로서 의무와 권리를 가지게 된다. 그런데 여자를 데리고 살 형편이 못되는 신랑은 약혼의 증표로서 열 드라크마 중의 하나에 자기만 알고 있는 표시를 해놓고 신부에게 주고 간다. 후에 신랑이 여유가 있어서 신부를 데리러 갈 때에 그 동전에 새겨둔 표시를 보고 자기의 신부로서 자격을 인정하기 위해 그런 표시를 했다고 한다.

때문에 열 드라크마 중의 어떤 하나가 신랑이 남겨준 표식을 담고 있는데 그중에 어느 하나를 잃어버렸다면 그게 그것인지는 모르지만 나머지 아홉 개는 의미가 없다. 그러므로 이 비유는 마땅히 그 하나가 전체 속에 포함되어 있어야만 전체의 가치가 드러남을 상징하고 있다.

"잃은 양의 비유"는 목자가 그 양에게 부여해 준 가치가 매우 독특하고 목자에게 있어서는 자기의 분신과 같이 소중한 것임을 상징하고 있다. 두 번째 "열 드라크마의 비유"에서는 그 하나가 제 위치에 들어왔을 때 전체의 가치가 효과적으로 발휘되어서 주인이 발휘하고자 하는 능력이 나타난다는 것을 말해 주고 있다.

3) 인격을 바탕으로 스스로 판단하게 도와주심

세 번째 "탕자 비유"에서는 좀더 발전된 의미를 발견하게 된다. "잃은 양의 비유"나 "열 드라크마의 비유"에서는 그 대상이 주인과 그 소유물이라는 관계가 명확함에도 불구하고 인격적인 관계는 아니었다. 다시 말하면 잃어버린 양이나 드라크마는 자기 스스로 그 주인에게로 돌아갈 판단력이 전혀 없다는 것이다. 그러나 여기 "탕자의 비유"에서는 인격과 인격과의 관계를 이야기하고 있다. 인격이 있다는 것은 스스로 자기가 돌이킬 수 있는 판단력을 소유하고 있음을 뜻한다.

여기에 등장하는 세 가지의 비유를 연결시켜 보면 매우 긴밀한 관계가 있음을 발견하게 된다. 탕자에 대하여 그의 아버지는 잃은 양과 같은 특별한 의미를 부여하고 있다. 그리고 그 탕자의 역할은 열 드라크마 중에 잃어버린 한 드라크마와 같은 위치에 있는 사람이다. 즉 자기가 정당한 자리에 서 있을 때에 나머지 전체의 의미가 되살아나는 위치인 셈이다.

이 비유에서는 그 사람이 인격을 갖고 있기 때문에 스스로 자기가 그런 위치에 들어와야 한다는 것을 강조하고 있다는 데서 또 다른 특징을 찾을 수 있다. 따라서 이 둘째 아들이 아버지를 떠나 살고 있다가 다시 아버지 품에 돌아가는 과정을 먼저 살펴볼 필요가 있다. 어떻게 그 아들이 아버지의 품으로 돌아가게 되는가 하는 그 과정이 바로 하나님께서 우리를 인도하시는 과정이기 때문이다.

내용을 살펴보면 하나님께서 그 아들을 회개시켰다는 말은 나와 있지 않다. 그가 아버지를 떠난 것은 아버지로부터 얻은 돈을 가지고 자기 마음대로 자기의 삶을 경영하고자 하는 욕심 때문이었다. 처음에는 많은 돈을 가지고 있어서 어디를 가든지 사람들로부터 대접을 잘 받았다. 그러나 돈을 다 낭비하고 난 후에는 매우 궁핍하게 되어 오히려 주리게 되었다. 때마침 흉년이 들자 둘째 아들은 돼지 치는 사람으로 전락하고 말았다. 그러자 그가 돌이켜 생각해 볼 때 아버지의 품에 돌아갈 자리가 있다는 것을 깨닫게 되었고 마침내 아버지의 집으로 돌아오게 되었다.

어디를 보더라도 하나님께서 탕자의 결정에 관여했다는 이야기는 없다. 단지 그 탕자가 자기가 가야 할 원래의 위치, 자기가 처할 그 자리에 대해서 비로소 깨닫고 돌아가고자 하는 결단을 내렸다는 이야기를 할 뿐이다. 그러나 여기에 하나님의 깊으신 배려와 사랑과 보호와 인도가 있다. 바로 이처럼 결단을 내릴 수 있도록 한 것이 하나님의 은혜이다. 왜냐하면 탕자가 원래의 위치로 회복될 수 있는 결단을 내릴 수밖에 없는 여건을 하나님께서 만들어 주셨기 때문이다. 이 일만은 자기가 만든다든지 또는 주위 환경이 만들어주지 못한다. 오직 천하를 다스리시는 하나님만이 하실 수 있는 일이다. 바로 이것이 하나님의 은혜이다. 나로 하여금 정상적으로 활동할 수 있는 위치로 돌아가게 만들어 주는 그 모든 사역을 가리켜서 하나님의 은혜라든지 보호라든지 인도라고 말한다.

어떤 사람이 사업을 하는데 사람을 잘못 만나서 크게 망할 뻔했다가 다행스럽게 무슨 사건으로 위기에서 벗어났는데, 나중에 그 사람이 사기꾼이라는 사실을 알고 나서 '하마터면 그 사람한테 내 모든 재산을 사기 당할 뻔했는데 그때 하나님께서 날 구해주셨구나! 이것이 하나님의 은혜다' 라고 말하는 경우가 있다. 그러나 그런 것을 가리켜서 하나님의 은혜라든지 보호라 하지 않는다. 단지 좀더 편하게 살고 악한 일 당하지 않고 사는 것을 하나님의 은혜라 하지 않는다.

하나님의 은혜와 인도는 매우 분명하다. 내가 마땅히 해야 될 일을 알아서 그 일에 내 전심 전력을 다 쏟게끔 모든 여건을 만들어 주시는 것이 하나님의 은혜이다. 그렇게 함으로 말미암아 하나님의 일 외에 다른 것에 정신이 팔려서 우리의 생명을 허비하지 않도록 하시는 것이 바로 하나님의 은혜이다.

이처럼 마땅히 해야 될 일을 할 수 있도록 모든 여건을 만들어 주기 위해 내 안에 평안을 주시고 사회적인 질서와 안녕도 주셔서 하나님의 일을 추진해 나갈 때 여러 가지 여건을 잘 보고 판단하며, 또 자기가 속한 환경 가운데서 많은 이치를 확인하고 공부를 해서 지식도 쌓고, 나아가 전적으로 하나님의 일을 해나가야겠다 하는 위치에 서게 되는 그 자체가 하나님의 은혜이다.

4) 하나님의 인도는 마땅한 위치에 서게 하는 것

따라서 탕자가 아버지에게 돌아온 것처럼 자신이 처할 정당한 자리에 들어가는 것을 가리켜 회복이라고 한다. 자기가 잘못한 일이 있을 때 "아버지! 내가 아버지께 죄를 짓고 잘못했습니다" 하며 용서를 비는 정도가 아니라, 자기가 원래 누리고 있어야 할 바로 그 자리에 돌아오게 되는 것이 진정한 의미에서 회복이다. 자신에 대한 스스로의 경영을 포기하고 아버지의 경영으로 복귀하는 것이 회복이고, 이렇게 복귀할 수 있도록, 다시 말하면 자기 본분의 위치와 본연의 역할을 회복할 수 있도록 모든 여건을 만들어 주는 것이 하나님의 은혜이다.

그러면 이 아들의 원래의 본분이 무엇인가를 생각해 보아야 한다. 원래 아들은 먼저 아버지가 베푸는 여러 가지 은혜에 대해서 민감하게 반응하고 그것을 잘 누리고 사는 것이 큰 본분이다. 따라서 아버지의 보호와 인도 가운데서 잘 자라는 것이 아버지를 가장 기쁘게 하는 일이다. 그렇다고 매일 아버지 품에 안겨서 어린양이나 피우고 게으르게 살아가면서 아버지가 주는 떡이나 먹고사는 것이 정당한 일은 아니다. 어느 만큼 시간이 지나고 장성하면 그 다음부터는 아버지를 위해서 내가 무엇인가 해야겠다는 적극적인 생각을 가져야 한다.

여기 등장하는 탕자 비유는 아버지를 기쁘게 할 능력이 있고 그 능력을 적극적으로 발휘하기 위해 그 아들이 돌아온 것이 아니라, 무엇보다도 우선 돌아옴으로써 아버지가 베풀어주는 많은 은혜를 누릴 자리에 설 수 있게 되었다는 사실을 강조하고 있다. 이것이 "탕자의 비유"에서 중요하게 이야기하는 내용이다.

5) 하나님의 경륜 속에 있어야 하나님의 인도와 보호받아

이 비유를 통하여 우리가 알 수 있는 것은 하나님이 계획하시는 거룩하신 경영(*οικονομια*) 속에 그의 아들로 들어와 있다는 사실 자체가 아버지이신 하나님에게 무엇보다도 가장 큰 기쁨이 된다. 그리고 그와 같은 자리에 들어가게 되는 것이 곧 하나님의 인도이고 보호이다. 그러한 복된 길에 내가 들어가는 것 자체가 완전한 회복이다.

이런 점에서 하나님의 회복은 절대적이라고 말할 수 있다. 이 비유에서 보듯이 아버지가 돌아 온 아들에게 "제일 좋은 옷을 입히고 손에 가락지를 끼우고 발에 신을 신기라"고 함으로써 그 아들의 신분을 완전하게 회복시키고 있다. 그리고 "이 내 아들은 죽었다가 다시 살아났으며 내가 잃었다가 다시 얻었노라"며 매우 기뻐하고 있다. 이런 과정들을 보면 하나님께서 우리를 보호하고 인도하시는 것이 구체적으로 어디에서 나타나는가를 잘 알 수 있다.

단순히 나 하나 잘 먹고 잘 살고 가정에 평안이 있고 직장에서도 인정받고 사회에서도 능력을 평가받는 그러한 자리에서 하나님의 은혜와 보호가 나타나는 것이 아니다. 이미 그런 정도의 것은 하나님께서 기본적으로 보장해 주신다. 그의 양들을 푸른 초장과 쉴만한 물가로 인도하는 목자와 같이 그의 자녀들의 생활을 유지하기 위한 기본적인 생존의 문제는 해결할 수 있도록 해주신다.

오히려 하나님께서 우리를 인도하실 때에는 하나님의 이름을 위해 의의 길로 인도하신다는 차원에서 하나님의 보호와 인도라는 것이 이야기

되어야 한다. 그리고 그것을 아는 사람이어야 사망의 음침한 골짜기라도 지날 수 있는 믿음이 생기는 것이고 능히 그 길을 지나갈 수 있는 능력을 발휘하게 된다. 그렇지 않고 매일 평안히 먹고 살 것만을 기대하고 있다면 하나님의 의를 위해 사망의 음침한 골짜기를 건널 수 없다.

3. 하나님의 의를 구현한다는 의미

이상을 종합해 본다면 ① 하나님께서는 그의 자녀에게 각별한 의미를 부여하고 계신다는 것과 ② 그 자녀가 본연의 위치에로 회복될 때에 비로소 자기의 가치뿐만 아니라 전체 하나님 나라의 능력이 발휘된다는 것과 ③ 무엇보다도 하나님의 경영 가운데 소속되어 있을 때, 즉 하나님의 경영을 마음껏 누리고 있을 때 비로소 우리가 복된 자리로 회복되었다는 것을 알게 된다.

바로 이러한 회복을 위해서 하나님은 철저하게 우리의 삶을 경영해 나가시는 것이고, 이러한 경영을 체험하는 것이 곧 구원의 경험이다. 내가 구원받았다는 것이 단지 생존권의 안정이라든지 아니면 정신적인 평안을 누리는 것만을 의미하지 않는다. 비록 사망의 음침한 골짜기를 지나는 듯한 고통과 아픔이 있을지라도 하나님의 이름을 위해서 하나님의 의의 길로 인도 받고 있다는 차원에서 하나님의 보호와 인도를 받는 것이 곧 구원의 체험이다. 때문에 이러한 하나님의 경영을 무시하고 다른 것으로부터 자신의 삶을 경영하려 애쓰는 여타의 모든 행위가 곧 불신앙에 속한다.

1) 신앙과 불신앙

하나님께서 나 자신의 삶에 대해서 철저하고 완벽하게 경영해 놓으신 길이 있는데 그것을 무시해 버리고 자기 나름대로 삶을 경영해 나가겠다는 생각부터가 불신앙에 해당한다. 그리고 그러한 인생은 구원받지 못한 사람의 삶이기도 하다. 하나님께서는 우리 인생에 대해서 또 우리 구원에 대해서 완벽하게 경륜을 세워놓고 경영해 나가신다. 그런데 그 가운데 들어 있지 못하고 뛰쳐나와 자기 나름대로 삶을 경영해 나가는 상태에서 '나는 교회를 다니므로 구원을 받았을 것이다' 라고 여기는 것은 매우 우매하고 유치한 생각이다.

하나님을 바르게 안다면 결코 그러한 무례한 말을 함부로 할 수 없다. 그리고 그러한 처지가 마치 길 잃은 양과 같이 위태한 위치이다. 이 길 잃은 양이 나중에 목자를 통해서 구원을 받게 되어 다행히 다시 양떼로 돌아오기는 하였으나, 길을 잃음으로써 처했던 위태한 상황을 살펴보면 그러한 처지가 결코 온전한 상태가 아님을 알 수 있다.

목자를 떠나 길을 잃고 헤매고 있을 때의 양의 심정이 얼마나 괴롭고 아팠을 것인가를 우리가 상상할 수 있다. 길을 잃고서도 기분이 좋아서 희희낙락할 수는 없다. 물론 길을 잃었다는 사실을 알기 전에는 그럴 수 있다. 길을 잃었다는 사실을 몰랐을 때는 풀을 뜯어먹는 일이든지 아니면 무언가 흥미있는 일이 있어서 거기에 정신이 쏠려 목자도 잃어버리고 양떼도 잃어버렸음에도 자기의 재미에 스스로 빠져있었다. 그러나 막상 자기의 처지가 있어야 할 그곳에 있지 않다는 사실을 알고 난 후부터는 그러한 즐거움이 얼마나 무가치하고 오히려 죽음과 같은 쓴맛을 가져다 주는 독소였다는 것을 알게 된다.

한편 목자와 함께 있고 양 떼와 더불어 있을 때에는 비록 험산 준령을 넘어간다 해도 그러한 고통은 느끼지 않는다. 오히려 그 길이 자기의 생명을 유효하게 드러내는 유일한 길이라는 점에서 보람 있는 길이기도 하다.

마찬가지로 우리의 구원 역시 우리의 삶과 동떨어져 있는 것이 아니다. 때문에 우리가 살아가는 삶의 경영이 하나님의 경영 안에 있어야 비로소 그 가치를 드러내고 의미를 가지게 된다. 그렇지 않다면 이 세상에서 살아가는 삶의 경영이 매끄럽지 못하고 각박하여서 자꾸 억지를 피우게 된다. 어렵고 힘이 들기 때문에 어떻게든지 해결하기 위해 수단과 방법을 다 동원하려는 것이 사람의 생각이다.

더 중요한 것은 내가 무엇을 하든지 언제나 하나님의 경영 가운데 속해 있는가 아니면 그 경영과 상관이 없는가를 알아야 한다. 이것처럼 중요한 일은 없다. 때문에 우리가 하나님의 큰 경영 가운데 정상한 자리에서 있는가를 늘 확인해야 한다. 그러한 위치에 서 있지 아니하면 자기의 존재 가치뿐만 아니라 자기가 속해 있는 나머지 전체에 대해서도 치명적인 타격을 줄 수 있다는 위협을 느껴야 한다. 그리고 나 하나가 정상한 자리에 있을 때 다른 사람들도 정상한 능력을 발휘할 수 있다는 사실을 각성하고 내 자신의 삶에 대해 철저하게 책임을 져야 한다.

2) 하나님의 경륜을 모르는 것이 하나님의 심판

현실적으로, 자기가 길 잃어버린 양과 같은 위치에 있고, 잃어버린 드라크마의 처지에 있고, 탕자같은 상황에 있음에도 불구하고 아무런 아픔 없이 사는 상태에 있을 수 있다. 그러나 그런 아픔을 느끼지 못한다는 것은 그처럼 비참한 처지를 감지할 수 없고 그 길에서 회복될 수도 없기 때문에 무서운 일이 아닐 수 없다.

하나님의 보호와 인도에 대해서 철저하게 신앙할 이유가 여기에 있다. 그리고 우리가 어떻게 해야 될 것이며 하나님께서 나를 어떻게 인도하시는가를 생각한다면, 무엇보다도 하나님의 경륜을 알아 가는 것이 우선이다. 인간 관계 하나 가지고 싸우고 다투고 울고 넘어지는 것보다도, 사회에서 인정 받고 안 받고 하는 문제보다도, 우리가 과연 하나님의 경영 가운데 속해 있는가를 아는 것이 무엇보다도 우선적으로 해결해야 할 일이다. 그러기 위해 먼저 하나님의 경륜이 어떻게 역사를 이끌고 나가시는가를 알아야 한다.

VIII. 성도들의 본분 本分

요한복음 10장 1-42절

1 내가 진실로 진실로 너희에게 이르노니 양의 우리에 문으로 들어가지 아니하고 다른 데로 넘
어가는 자는 절도며 강도요
2 문으로 들어가는 이가 양의 목자라
3 문지기는 그를 위하여 문을 열고 양은 그의 음성을 듣나니 그가 자기 양의 이름을 각각 불러
인도하여 내느니라
4 자기 양을 다 내어놓은 후에 앞서 가면 양들이 그의 음성을 아는 고로 따라오되
5 타인의 음성은 알지 못하는 고로 타인을 따르지 아니하고 도리어 도망하느니라
6 예수께서 이 비유로 저희에게 말씀하셨으나 저희는 그 하신 말씀이 무엇인지 알지 못하니라
7 그러므로 예수께서 다시 이르시되 내가 진실로 진실로 너희에게 말하노니 나는 양의 문이라
8 나보다 먼저 온 자는 다 절도요 강도니 양들이 듣지 아니하였느니라
9 내가 문이니 누구든지 나로 말미암아 들어가면 구원을 얻고 또는 들어가며 나오며 꼴을 얻으
리라
10 도적이 오는 것은 도적질하고 죽이고 멸망시키려는 것뿐이요 내가 온 것은 양으로 생명을
얻게 하고 더 풍성히 얻게 하려는 것이라
11 나는 선한 목자라 선한 목자는 양들을 위하여 목숨을 버리거니와
12 삯군은 목자도 아니요 양도 제 양이 아니라 이리가 오는 것을 보면 양을 버리고 달아나나니
이리가 양을 늑탈하고 또 헤치느니라
13 달아나는 것은 저가 삯군인 까닭에 양을 돌아보지 아니함이나
14 나는 선한 목자라 내가 내 양을 알고 양도 나를 아는 것이
15 아버지께서 나를 아시고 내가 아버지를 아는 것같으니 나는 양을 위하여 목숨을 버리노라
16 또 이 우리에 들지 아니한 다른 양들이 내게 있어 내가 인도하여야 할 터이니 저희도 내 음
성을 듣고 한 무리가 되어 한 목자에게 있으리라
17 아버지께서 나를 사랑하시는 것은 내가 다시 목숨을 얻기 위하여 목숨을 버림이라
18 이를 내게서 빼앗는 자가 있는 것이 아니라 내가 스스로 버리노라 나는 버릴 권세도 있고 다
시 얻을 권세도 있으니 이 계명은 내 아버지에게서 받았노라 하시니라
19 이 말씀을 인하여 유대인 중에 다시 분쟁이 일어나니

20 그중에 많은 사람이 말하되 저가 귀신 들려 미쳤거늘 어찌하여 그 말을 듣느냐 하며
21 혹은 말하되 이 말은 귀신들린 자의 말이 아니라 귀신이 소경의 눈을 뜨게 할 수 있느냐 하
더라
22 예루살렘에 수전절이 이르니 때는 겨울이라
23 예수께서 성전 안 솔로몬 행각에서 다니시니
24 유대인들이 에워싸고 가로되 당신이 언제까지나 우리 마음을 의혹케 하려나이까 그리스도
여든 밝히 말하시오 하니
25 예수께서 대답하시되 내가 너희에게 말하였으되 믿지 아니하는도다 내가 내 아버지의 이름
으로 행하는 일들이 나를 증거하는 것이어늘
26 너희가 내 양이 아니므로 믿지 아니하는도다
27 내 양은 내 음성을 들으며 나는 저희를 알며 저희는 나를 따르느니라
28 내가 저희에게 영생을 주노니 영원히 멸망치 아니할 터이요 또 저희를 내 손에서 빼앗을 자
가 없느니라
29 저희를 주신 내 아버지는 만유보다 크시매 아무도 아버지 손에서 빼앗을 수 없느니라
30 나와 아버지는 하나이니라 하신대
31 유대인들이 다시 돌을 들어 치려 하거늘
32 예수께서 대답하시되 내가 아버지께로 말미암아 여러 가지 선한 일을 너희에게 보였거늘 그
중에 어떤 일로 나를 돌로 치려 하느냐
33 유대인들이 대답하되 선한 일을 인하여 우리가 너를 돌로 치려는 것이 아니라 참람함을 인
함이니 네가 사람이 되어 자칭 하나님이라 함이로라
34 예수께서 가라사대 너희 율법에 기록한바 내가 너희를 신이라 하였노라 하지 아니하였느냐
35 성경은 폐하지 못하나니 하나님의 말씀을 받은 사람들을 신이라 하셨거든
36 하물며 아버지께서 거룩하게 하사 세상에 보내신 자가 나는 하나님 아들이라 하는 것으로
너희가 어찌 참람하다 하느냐
37 만일 내가 내 아버지의 일을 행치 아니하거든 나를 믿지 말려니와
38 내가 행하거든 나를 믿지 아니할지라도 그 일은 믿으라 그러면 너희가 아버지께서 내 안에
계시고 내가 아버지 안에 있음을 깨달아 알리라 하신대
39 저희가 다시 예수를 잡고자 하였으나 그 손에서 벗어나 나가시니라
40 다시 요단강 저편 요한이 처음으로 세례 주던 곳에 가사 거기 거하시니
41 많은 사람이 왔다가 말하되 요한은 아무 표적도 행치 아니하였으나 요한이 이 사람을 가리
켜 말한 것은 참이라 하더라
42 그리하여 거기서 많은 사람이 예수를 믿으니라

VIII. 성도들의 본분本分

요한복음 10장 1-42절

1. 하나님 자녀된 자의 특성

하나님의 자녀라는 가장 독특한 특성 중 하나는 하나님의 인격 곧 신격神格을 드러낸다는 점이다. 신격을 가지고 있다는 사실은 세상 사람들과 구별되는 중요한 요소가 된다. 사람들은 보통 자신의 이성과 지혜에 근거하여 판단함으로써 자기의 삶을 경영해 나간다.

그러나 하나님의 자녀는 인간의 교육과 환경에 따라 그 인격을 형성할 뿐만 아니라 그 인격을 바탕으로 하나님과의 관계를 유지하고 하나님과 거룩한 교통을 통하여 새로운 인격을 형성하게 된다. 따라서 하나님의 자녀가 발휘하는 인격은 다분히 세상으로부터 나온 것이 아니다. 나아가 독특하게 하나님으로부터 나온 성품을 부여받아 살아간다는 점에서 매우 특별하다고 할 수 있다.

1) 성신께서 새로운 인격을 형성하게 하셔

하나님의 자녀들이 세상 사람들과 다른 인격을 소유할 수 있는 것은 그 인격을 형성해 가는 과정에서 세상 사람들과 구별되기 때문이다. 왜냐하면 하나님의 자녀들이 세상에서 인격을 형성해 나가는 과정에서 하나님에 대한 올바른 지식을 습득할 수 있도록 성신께서 인도하시기 때문이다.

성신께서는 하나님의 자녀들이 아버지이신 하나님에 대한 정상한 지식을 습득하게 하심으로써 하나님을 모르는 일이 없도록 해 주신다. 그리고 그의 자녀들이 하나님에 대한 지식을 접촉함에 있어서 오류에 빠지지 않도록 그리고 나쁜 사설邪說에 오염되지 않도록 보호해 주신다.

이렇게 성신께서는 그의 자녀들을 어둡고 치졸한 사상에서 지키시기 위해 항상 그들 곁에서 삶의 방향을 인도하고 보호하신다. 그리하여 하나님의 자녀만이 가지는 독특한 인격을 형성할 수 있도록 도와 주신다.

2) 독특한 성품 가지게 돼

때문에 각 사람의 인격이 독특한 것이기는 하지만 하나님의 자녀가 가지고 있는 인격의 독특함이라는 것은 매우 특이하다. 그들은 모두 하나님의 품성 아래에서 공통성을 가진다. 동시에 각각의 독특한 위치와 역할에 따라 이 세상에 존재한다는 점에서 다양성을 가진다.

그러면 이제 하나님의 자녀가 된 우리가 우리의 존재 의미를 가장 본연의 모습으로 드러내기 위해서는 어떻게 성신님의 인도를 받는가를 알아야 한다. 그것은 성신님의 인도에 따라 우리가 하나님에 대한 지식을 바르게 얻고 그 지식에 근거하여 정상한 인격을 갖출 수 있기 때문이다. 그래서 우리는 먼저 성신님의 인도가 어떠한 모습으로 우리에게 작용하는가에 대하여 살펴볼 필요가 있다.

2. 성신님의 인도에 대하여

성신께서 우리를 인도하시는 몇 가지 원칙을 우리는 요한복음 10장에서 찾아 볼 수 있다. 그중에서 가장 특징적인 모습이 목자는 양의 이름을 각각 불러서 인도한다는 점이다(요 10:3). "목자가 양의 이름을 각각 불러낸다"는 말은 많은 양 무리 중에서 목자가 자기 양들의 이름을 불러서 구별해 낸다는 의미이다. 목자가 양 무리 앞에 와서 "내 양들아 다 나와라"고 하는 것이 아니라 구체적으로 자기 양들의 이름을 하나씩 불러서 자기 양을 다른 양들 속에서 구별해 내고 있음을 강조한다.

이 비유는 고대 근동 지방에서 목축하고 있는 상황을 그 배경으로 하고 있다. 밤이 되면 목자들은 양떼들을 쉬게 하고 들짐승들로부터 보호하기 위해 돌담이나 나무 울타리로 둘러 쌓인 곳에서 양들을 쉬게 했다. 이때 여러 목자들이 이끄는 양떼들이 한 우리 안에서 밤을 보내게 된다. 그리고 이른 아침에 목자가 와서 각기 자기 양들을 불러 다음 장소로 이동하게 된다. 이때 양들은 자기 목자의 음성을 알아듣고 우리에서 나오게 된다. 여기에서 여러 양떼들 속에서 자기의 양들을 불러내는 목자의 모습을 볼 수 있다.

이름은 각각의 고유한 특성character을 지니고 있다. 따라서 이름은 고유한 품성을 대표하여 그만이 가지고 있는 존재 의미를 대변한다. 때문에 목자가 양의 이름을 지어줄 때는 생각나는 대로 아무렇게나 지어주는 것이 아니다. 그 양만이 가지고 있는 독특한 기질이라든지 성질을 보고 그에 맞는 이름을 지어주기 마련이다. 따라서 이름을 지어주었다는 것은 그 양에게 자기다움이 있음을 의미한다.

사람들 사이에서도 이름은 대부분 그 사람의 전부를 대표하기도 한다. 때문에 항상 그 이름과 그 사람이 등질이어야지 이름과 그 사람이 달라서는 안 된다. 바로 거기에 자기다움이 있다. 여기서 자기다움이 있다든지 자기다움이 잘 표현되는 것을 가리켜 자연스럽다고 한다. 즉 '그 사람은 그 사람답게 행한다' 는 것이 자연스러운 일이다.

그러므로 목자가 양의 이름을 부른다고 할 때 그 양의 특성을 잘 살펴본 목자가 그 양답게 살아가는 모습을 지켜보고 그 이름을 부른다는 것을 생각할 수 있다.

1) 성신님은 각 사람의 품성을 사용하심

성신께서 이 세상에서 우리 각 사람을 불러내실 때 그 각 사람이 가지고 있는 고유한 특성을 잘 살피고 그 특성에 알맞게 불러내신다. 우리가 가지고 있는 아주 특이한 성격 또는 성품, 기질, 재질들을 성신께서는 명확하게 분별하고 그것들을 잘 사용할 곳을 알아서 유효 적절하게 불러내 사용하신다.

우리가 지금까지 살아온 것을 매우 자연스러운 우리의 기질 또는 성품의 발로였다고 말할 수 있다. 바로 성신께서 우리의 모든 기질과 성품을 다 아시기 때문에 적절하게 불러 유효하게 사용하여 우리를 이곳까지 인도하셨다는 의미이다. 그러므로 실제로 성신께서 우리를 어떻게 인도하시는가를 알기 위해서 우리가 지금까지 어떤 상황 속에서 살아왔는가를 알아야 한다. 그리고 그 정황 속에서 앞으로 나를 어떤 길로 인도하실 것인가를 판단할 수 있다.

2) 자기의 재능과 환경 알아야

우리가 가지고 있는 독특한 이성을 잘 발휘하여 우리가 처한 현재의 정황과 환경을 잘 알고 있어야 한다. 가족과의 관계 또 가족이 가지고 있는 독특한 성품, 성질(가풍) 등을 알아야 한다. 그리고 친구간의 관계나 사회의 역할도 무시할 수 없다. 또한 우리가 속한 시대적 성격도 상당히 중요한 역할을 한다.

뿐만 아니라 현재 살아가고 있는 사회상을 아는 것도 성신께서 어떻게 우리를 인도하시는가를 알고 판단할 수 있는 자료가 된다. 나아가 역사의 방향성을 안다는 것은 우리가 성신님의 인도를 어떻게 받는가를 아는 데 있어서 매우 중요한 요소가 된다. 그래서 지금까지 역사가 어떻게 흘러왔는가 하는 것들을 자세히 살펴보고 판단할 필요가 있다. 이런 것들을 우리가 잘 살펴볼 때 우리의 위치가 설정되기 때문이다.

이런 외적인 판단 요소뿐만 아니라 내적인 판단 요소도 중요하다. 즉 자신에게 주어진 재능talent을 안다는 것은 성신께서 자기를 어떻게 인도하시는가를 아는 데 있어서 큰 역할을 한다. 그래서 자기의 흥미나 관심이 어디에 쏠리는가를 아는 것은 상당히 중요하다. 어느 방면에 재능이 있다면 성신께서는 그 재능을 충분히 발휘할 수 있도록 인도해 주시기 때문이다. 그리고 그 재능을 자기가 달가워하는가 아니면 억지로 하는가 잘 판단해야 한다.

과연 자기에게 걸맞은 재능과 재질이 있고 그 재능과 재질을 충분히 발휘할 만한 여건이 갖추어져 있는가 하는 것들을 살펴볼 때 성신께서 우리를 어느 곳으로 인도하시는가를 아는 데 도움이 되기 때문이다. 뿐만 아니라 자기가 그 재능과 재질을 합당하게 발휘하고 드러낼 수 있을 만한 준비가 되어 있어야 한다.

어떤 재능이 있고 재질이 있다 할지라도 전혀 그것을 발휘할 만한 여건이 준비되어 있지 않다면 자기의 재능과 재질을 충분히 발휘할 수 없기 때문이다. 그런 여건들이 잘 갖추어져서 자기의 재능을 충분히 발휘할 수 있을 만한 준비가 되어 있는 상태를 포함시켜서 자기에게 재능과 재질이 있다고 해야 한다.

3) 성신님의 인도

이러한 외적인 요소와 내적인 요소는 지금까지 성신께서 우리를 어떻게 인도하셨는가를 판단함에 있어서 결정적인 역할을 한다. 그리고 그 판단에 근거하여 우리가 하나님 나라 안에서 어떤 역할을 할 수 있는가를 깨닫게 된다. 비로소 하나님 나라 안에서 자기 자신만이 가지는 고유한 위치와 역할이 설정된다. 우리가 그러한 위치와 역할을 알아갈 수 있도록 모든 여건과 기회를 마련해 주는 것이 곧 성신님의 인도이며 그 길을 갈 수 있도록 우리를 지키는 것이 성신님의 보호이다.

따라서 성신님의 인도와 보호라는 것은 어떤 사람의 개인적인 안녕과 위로를 위해 발휘되는 무슨 특수한 힘의 작용이 아님을 알 수 있다. 성신님의 인도와 역사는 우리가 하나님 나라 안에서 어떤 위치와 역할이 있는가를 알고, 그 일을 수행해 나갈 수 있는 여건과 기회를 만들어 주시고, 그 일에서 힘을 발휘할 수 있는 원동력energy을 공급하시는 일이다. 따라서 우리가 하나님 나라의 일과 그 진행에 있어서 긴밀한 관련이 없다면 성신님의 인도나 보호를 받을 수 없다.

우리가 성신님의 인도를 받는가를 알기 위해 자기의 위치와 역할을 정당하게 발현할 수 있는 터전이 있는가를 살펴보아야 한다. 다시 말해서 우리가 존재하는 것이 하나님의 나라를 세워나가는 것이고 하나님의 충일한 영광을 드러내는 것이라 한다면 과연 그러한 것을 충분히 발현해 낼 수 있는 터전이 있어야 한다.

나아가 우리 자신이 가지고 있는 재능talent이 하나님 나라의 건설과 확장 그리고 진행에 있어서 어느 모양새로 유익을 가져다 줄 수 있으며 그리고 하나님 나라의 진행이 나에게 그러한 재능을 발휘함에 있어서 얼마만큼의 신변을 보장해주고 있는가 하는 것도 살펴보아야 된다.

그러기 위해서 먼저 우리가 가져야 될 것은 하나님 나라에 대한 풍부한 지식이다. 그런 것을 가지고 있지 않다면 우리가 발현하고 있는 삶의 정형이 과연 성신님의 인도를 받는 것과 하나님의 나라를 구현해 나감에 있어서 유효하게 사용되는가를 알 수 없기 때문이다.

4) 자신의 위치와 역할 알아야

우리는 하나님 나라 안에서 지금 내가 존재해야 할 역사적인 요청과 그 역할의 필연성이 무엇인가를 발견해야 한다. 내가 이곳에 존재하지 않으면 안 된다는 필연성과 당위성을 하나님 나라의 역사성이 나에게 요구하기 때문이다. 그러므로 하나님 나라와 나의 관계는 절대적인 관계이다. 결코 피상적이거나 관념적이지 않다. 어떤 사상적인 학설로 하나님 나라가 존재하거나 그런 학설이 있나 보다 하는 정도가 아니다. 하나님의 나라는 내 삶과 직결된다.

하나님의 나라는 내가 속한 환경과 긴밀하게 연결되어 현시 되어야 한다. 나의 사상과 직결되며 내가 만나는 사람이나 내가 속해 있는 가족과도 연관되어 있다. 심지어 내가 속해 있는 직장 또 내가 요즈음에 관심을 가지는 그 모든 것까지 관계된다. 그런 관계를 통해 내가 존재해야 할 당위성이 더욱 확실해진다.

성신님의 인도를 받고 있는 하나님의 자녀라 한다면 자신이 어떤 부분에서 어떤 역할을 감당해야만 하나님 나라의 진행에 유익을 가져다 줄 것인가 하는 것을 충분히 볼 수 있어야 한다. 이것이 "목자가 그 양의 이름을 불러낸다"는 말속에서 찾아 볼 수 있는 가르침이다.

3. 교회와 시대적 사명

또 하나 생각할 것이 있는데 "목자가 자기 양을 다 내어놓은 후에 앞서가면 양들이 그의 음성을 아는 고로 그 뒤를 따라간다"(요 10:4)는 말씀이다. 앞에서 살펴본 것처럼 "목자가 그의 양을 불러낸다"는 것은 우리의 시대적인 위치와 역할, 다시 말하면 시대적 사명을 확인함을 의미한다. 그 양의 특성character을 찾아 그답게 살아간다는 면에서 의미를 찾을 수 있다. 이 말씀은 우리가 처한 위치와 상황에서 우리의 사명을 어떻게 수행할 것인가에 대한 문제를 언급하고 있다.

먼저 목자는 자기 양을 빠뜨리지 않고 양 떼들 속에서 모두 불러낸다. 여기에서 목자는 자기 양들의 총수總數를 불러냄을 알 수 있다. 양들의 숫자가 만수滿數가 되어야 비로소 앞서 가기 시작한다. 그러므로 목자가 어떤 목적지를 향하여 갈 때에는 그 무리를 이루는 양들의 만수가 채워졌는가를 먼저 확인하는 법이다.

여기에서 우리는 만수로서 무리가 충족되어야 비로소 목자가 길을 떠난다는 사실을 알 수 있다. 적당히 몇몇의 수를 불러내어 길을 가지 않고 그 무리를 이루어야 할 양들이 있고 그 숫자를 채워야 할 만수를 다 불러낸다는 말이다.

1) 교회가 있어야 사명을 각성함

이것은 유형교회를 이루는 성도들의 충족수를 의미한다. 즉 유형교회를 이루는 데에는 그 교회만의 만수가 있어야 한다. 왜냐하면 교회를 그리스도의 몸이라 하는데 그리스도의 몸을 이룰 수 있는 그 지체란 무한하지 않고 한정되어 있기 때문이다. 무한정하게 지체들이 있다가 아무때나 들어왔다 나갔다 하는 것이 아니다.

교회를 이룸에 있어서 이 사람이 되었다가 어떤 사정 때문에 저 사람으로 바뀌는 일이란 없다. 그 사람이 아니면 안 되는 지체로서 독특한 역할이 있기 때문이다. 때문에 목자가 그의 양들의 만수를 다 불러내어 길을 떠난다는 것은 그리스도의 몸을 이루는 데에도 만수滿數가 있음을 의미한다.

교회를 이룰 수 있는 만수가 될 때 거기에 그리스도의 통치가 실제적으로 발휘된다. 다시 말하면 만수가 채워져야 비로소 시대적 사명을 수행할 수 있는 길을 떠나게 된다는 의미이다. 따라서 각각의 그리스도인들은 그가 속해 있는 무리를 떠나서 또는 그 무리와 상관없이 살아갈 수 없다.

이처럼 무리가 채워지면 그리스도께서 먼저 그 길을 가신다. 모든 성도들 앞에 앞장서서 길을 가신다. 이것이 그리스도께서 그의 교회를 통치하시는 방법이다. 앞서가시되 그의 백성이 눈으로 볼 수 없도록 멀리 가시는 것이 아니라 항상 어디로 가시는가를 볼 수 있도록 가까이서 가신다. 그래서 그리스도께서 그의 백성을 인도하시는 것은 가시적이다.

그리스도의 인도는 언제나 현실로 드러나는 것이고 바로 그 자리에 하나님께서 함께 계신다. 언제나 그리스도의 통치 모습은 구체적으로 명확하게 드러나 있기 마련이다. 또한 그리스도께서 그의 백성을 인도하실 때에는 결코 맹목적이지 않다. 때문에 지금 우리의 역할은 아주 명백해야 된다. 무엇을 위해서 살 것인가 하는 점이 분명해야 한다. 바로 이것이 목자의 뒤를 따라가는 우리에게 왕되신 그리스도께서 요구하시는 시대적인 소명이다. 그리스도께서는 그의 백성을 구체적으로 인도하시기 때문이다.

그러한 것을 "양은 그의 음성을 안다"는 말씀 속에서 알 수 있다. 양이 그 목자의 음성을 안다는 말은 그리스도의 뒤를 따라가는 우리가 각각 존재의 본분으로서 주어진 시대적 사명이 각성되어 있음을 의미한다. 목자는 양 하나하나를 인도하는 것이 아니다. "목자가 앞서간다"는 말은 양 한 마리 한 마리를 각각 끌고 간다는 말이 아니기 때문이다.

목자가 앞서가면 그의 양 무리들은 그 뒤를 무리지어 따라가게 된다. 그 무리 중에서 어떤 양은 앞서가기도 하고 어떤 양은 약간 떨어져 가기도 한다. 자기들 성격에 따라 빨리 가는 양이 있고 늦게 가는 양들이 있을지라도 그들은 모두 한 무리를 이루고 목자의 뒤를 따라가게 된다.

그러므로 그리스도께서 그의 백성을 인도하실 때에는 직접 각 사람을 일일이 상관하는 것이 아님을 알 수 있다. 우리는 대부분 그리스도와 개인적인 관계를 유지하고 그리스도의 직접적인 인도를 받아야만 인도를 받는다고 착각하고 그리스도의 인도를 기대하는 오류에 빠져 있다.

그러나 그리스도께서 직접 한 개인을 부르시고 그 사람에게 직접 말씀하시고 인도하시지는 않는다. 이미 한 무리를 이루는 교회가 있고 그 교회의 나아갈 길을 인도하셔서 그리스도의 몸을 이루는 지체들이 함께 살아가도록 하심으로써 우리의 삶을 경영해 나가시기 때문이다.

2) 교회 안에서 고유한 존재 의미 발현해

우리가 어떤 길을 가고자 하면 두뇌가 그 길의 방향을 잡아서 인도할 때 머리가 각각의 손과 발과 몸짓 하나 하나를 일일이 간섭하고 주장하는 것이 아니라, 자연스럽게 모든 육체가 그 방향을 따라 운동을 함으로써 그 길을 가게 된다. 각각의 지체가 유기적으로 활동을 하여 한 길을 가는 총체적인 진행이 있는 것처럼, 그리스도께서 어떤 길을 찾아 나서면 그의 백성은 한 무리를 이루고 그 뒤를 자연스럽게 따라가게 된다.

이렇게 함으로써 전 우주적인 교회(무형교회)가 그리스도의 통치 아래에서 하나님의 나라를 세워나가게 된다. 그리고 우주적인 교회가 그리스도의 뒤를 따라 진행할 때에 특정한 시간과 공간 속에서 한 무리(유형교회 또는 지교회)를 이루게 되고 그 무리만이 가야 할 시대적 사명에 대한 각성이 있게 된다. 그리고 그 길에는 독특한 방향성이 있다. 때문에 그 무리 안에 내가 들어있을 때 비로소 그리스도의 인도를 받아 정상한 나의 길을 가게 된다.

따라서 내가 그리스도를 따라간다는 것은 각자가 그리스도의 양으로서 그리스도께서 인도하시는 무리를 따라간다는 의미이다. 그리고 그 길에 들어서 있을 때 각각의 그리스도인들은 자기의 사명을 수행해 나갈 수 있다. 또한 각각의 사람들은 그 사명을 수행해 나가는 곳에서 각각의 성품을 발현하게 된다.

양들이 목자의 뒤를 따라가는 모습을 보면 어른 양은 의젓하게 앞서서 따라가고 중간층은 그 나름대로, 어린 층은 어린 층 나름대로 목자의 뒤를 따라간다. 그러면서 서로 보호도 해주며 다 큰 것은 큰 대로, 중간 것은 중간 대로, 어린 것은 어린 대로 각각의 위치를 지켜간다.

우리가 여기에서 또 한가지 생각해야 할 것은 예수님께서는 비유로 말씀하신 이 양들을 단순하게 짐승으로 여기지 아니하고 하나의 인격체로 보고 있다는 점이다. 여기에 우리의 궁극적인 인생의 목표가 있다. 예수님께서 말씀하시기를 "내가 온 것은 양으로 생명을 얻게 하고 더 풍성히 얻게 한다"(요 10:10)고 하셨다. 이 말씀 속에서 우리에게 무언가 특별한 것을 주시는 분이심을 보여주신다. 바로 그것은 "나는 선한 목자라 선한 목자는 양들을 위해 목숨을 버린다"(11절)는 말씀과 같이 그리스도의 생명을 우리에게 주신다는 의미이다.

그런데 현실에서는 목자가 양을 위해 목숨을 바치는 일은 없다. 사람이 짐승을 위해서 죽는 경우가 없기 때문이다. 반면에 예수님께서 "내가 내 양을 위해 내 목숨을 버린다"는 것은 그 양이 짐승이 아닌 사람이기 때문에 그렇게 말씀하신다. 다시 말하면 여기에 비유로 말씀하신 양은 인격을 가지고 있는 사람이다.

따라서 우리의 생명이 풍성해진다는 의미는 그리스도께서 우리를 위해 대속하신다는 것을 근거로 하신 말씀이다. 자신의 생명을 우리를 위해 내어주심으로 말미암아 우리가 더 풍성해지고 온전해지는 것을 의미한다. 왜냐하면 우리는 죄로 인해서 죽은 사람들이기 때문이다.

우리가 죽었다는 말은 죄로 인하여 우리의 진정한 이성의 기능이 없어졌음을 의미한다. 우리의 인격이 무기능하다는 말이다. 인격이 무기능하다는 말은 생명의 기능이 없어졌다는 말이기도 하다. 그래서 예수님께서는 친히 사람으로 오셔서 사람의 생명에 해당할 만한 값을 치르신 것이다.

사람의 생명은 고귀하여 다른 짐승의 생명으로는 대신할 수 없다. 사람의 생명을 대속하기 위해서 그리스도는 사람으로 오셔야 했다. 그리고 그의 생명으로 우리의 죽은 생명을 대속하셨다. 이러한 방법으로 마침내 우리의 생명을 가장 온전하게 발휘할 수 있도록 회복시켜 주셨다. 이 구속의 사실을 근거로 우리는 우리의 위치와 역할을 정상적으로 발휘해 나갈 수 있게 되었다. 이것이 구원에 이르는 유일한 방편이다.

3) 교회는 유일한 구원의 보증 기관

따라서 우리가 구원을 받았다 할지라도 그것으로 구원이 완성된 것이 아님을 알 수 있다. 우리는 계속 구원의 완성을 위해서 나아가야 하는 긴장 속에 있다. 그런데 우리가 구원을 완성해 나가는 유일한 방편은 그리스도께서 우리의 상실된 인격을 회복시켜 주셔서 우리가 비로소 인격을 정상적으로 발휘함으로써만 가능하다.

그러므로 우리가 의당히 하나님의 자녀로서 차지하는 위치와 역할, 다시 말하면 우리가 속한 하나님 나라에서 본분을 다하는 것이 구원을 이루어가는 것임을 알 수 있다. 내가 존재하는 의미를 인지하여 하나님 나라 안에서 나의 위치와 역할을 찾아가는 것이 곧 구원을 이루어가는 과정이다.

각 개인의 고유한 위치와 역할을 찾고 발휘할 수 있도록 하나님께서 이 땅에 세우신 유일한 기관이 교회이다. 그래서 교회를 가리켜 유일한 구원의 기관이라고 한다. 각 개인은 교회 안에서 자기의 고유한 위치와 역할을 찾고 발휘해야만 한다. 반면에 지상에 존재하는 유형교회의 고유한 위치와 역할은 우주적인 하나님 나라 안에서 발견해야 한다. 그래서 교회는 하나님께서 어떻게 그의 나라를 역사 속에서 진행시키시는가에 대한 하나님의 경륜을 바로 보고 있어야 한다.

하나님 나라와 교회와의 관계, 교회와 그 회원으로서 나와의 관계를 살펴보면 나 한 사람의 위치와 역할이 우주적인 하나님 나라와 일맥 상통하고 있음을 알 수 있다. 내 개인의 삶은 교회의 삶과 나아가 하나님 나라의 진행과 전혀 별개의 것이 아니다. 하나님 나라의 진행과 내 인생의 진행은 이처럼 긴밀한 관계를 가지고 있다.

그러므로 나 하나의 삶은 교회를 대표하고 나아가 하나님 나라를 대표한다고 할 수 있다. 이 말은 내 삶의 진행이 곧 하나님 나라의 진행이며 내 삶의 완성이 곧 하나님 나라의 완성임을 의미한다. 때문에 교회 안에 있는 하나의 생명에 대해서 우리는 결코 소홀히 할 수 없다. 서로가 그만큼 긴밀한 연대의식을 가지고 있어야 한다.

나 하나가 잘못되면 그만큼 하나님 나라의 진행에 불편을 가져다 준다. 그만큼 나 하나의 존재는 하나님 나라 안에서 매우 독특하고 소중하다. 이 말은 곧 내 생명 하나가 아니라 우리 교회를 구성하고 있는 모든 사람의 생명이 그만큼 소중하고 귀중하다는 의미이다. 때문에 서로가 소홀히 하거나 함부로 하거나 결코 무시할 수 없는 고유한 위치와 역할이 있어서 그러한 위치와 역할을 서로가 충실하게 수행해 나갈 때 비로소 구원이 이루어진다. 이처럼 구원은 나 한 사람으로서 완성되는 것이 아니다. 한 교회를 이루고 있는 우리 모두가 함께 구원을 이루어 나가야만 완성될 수 있다.

4. 그리스도의 보호

구원을 이루어 나갈 때 주님께서는 우리에게 생명에 대한 확고한 보장을 해주신다고 약속하신다. "내 양은 내 음성을 들으며 나는 저희를 알며 저희는 나를 따르느니라 내가 저희에게 영생을 주노니 영원히 멸망치 아니할 터이요 또 저희를 내 손에서 빼앗을 자가 없느니라"(27-28절)고 말씀하셨다.

이 말씀은 주께서 우리를 어떻게 인도하시며 나아가 그의 사랑하시는 백성, 즉 하나님의 나라 안에서 구원을 이루어 가기 위해 자기의 고유한 위치에 서서 자기의 역할을 다하는 백성의 신분에 대하여 철저하게 보장해 주시고 마침내 영생을 이루게 하신다는 약속이다.

아무도 그 자리에 서 있는 성도들을 예수 그리스도의 손에서 빼앗을 수 없으며 어떤 죽음 앞에서도 그의 백성만은 영원히 멸망치 않게 하신다. 그러므로 우리가 이 세상을 살아가면서 하나님 나라에서 차지하는 위치와 역할을 수행해 나갈 때에는 아무도 우리의 생명을 위협할 수 없다.

1) 고난과 박해

그렇다고 해서 예수님께서 우리를 인도하실 때 항상 평탄한 길로만 인도하시는 것은 아니다. 필요하다면 비탈길로 갈 수도 있고 사막을 지날 수도 있다. 때로는 광야를 지나다가 갑자기 광풍을 만날 경우도 있다. 밤에 튼튼한 우리 안에서 잠을 자더라도 멀리서 우는 사자와 이리떼의 소리로 인하여 간담이 서늘할 때도 있다.

"예수께서 우리의 생명을 보장해 주신다"는 말이 이 세상에서는 아무런 어려움이나 고난이나 고통이나 고민도 없이 살아간다는 말은 아니다. 우리가 사망의 음침한 골짜기를 간다 할지라도, 갑자기 광풍이 몰아쳐서 온 세상을 뒤엎을 만한 환난을 당한다 할지라도, 심지어 사자와 이리떼가 습격해 온다 할지라도 그리스도는 우리를 안전하게 보호하신다는 의미이다.

"그의 지팡이와 막대기가 나를 안위하시는도다"는 시편 기자의 고백처럼 그리스도는 그의 지팡이로 우리의 갈 길을 인도하시고 그의 막대기로 우리의 대적을 물리치신다.

이 사실을 우리가 알기 때문에 마땅히 가야 할 길을 안심하고 갈 수 있다. 비탈길과 사막을 지날 때 힘이 들고, 광풍 때문에 심한 고통을 당하고, 짐승들의 갑작스런 습격으로 고난을 당할 수 있다. 그러나 우리는 그 모든 것에서 우리를 철저하게 보호하시는 예수 그리스도의 인도하심을 믿기에 안심할 수 있다.

비록 그와 같은 어려운 상황에 우리가 처해 있다 할지라도 우리가 정상적인 그리스도의 보호 속에 들어있기만 하다면, 정상적으로 우리의 역할을 수행할 위치에 우리가 들어있다면 결코 그러한 두려움을 염려할 필요가 없다. 우리가 그런 염려에 빠지는 것은 그리스도의 보호하심에 대한 신뢰가 약하기 때문이다. 또 자기가 해야 할 일이 무엇인지 알지 못하기 때문이다.

그 말은 곧 그 사람이 그리스도의 인도를 받는 무리 속에 들어있지 않다는 의미이다. 길 잃은 양과 같이 그가 속할 무리에서 이탈되어 있는 동안에는 그와 같이 두려움과 염려 때문에 정상한 삶을 살 수 없다. 그리고 두려움에 대하여 걱정하는 것 자체가 인생의 낭비이다.

심지어 그 무리 속에 있으면서도 그러한 두려움에 빠져 스스로 고통을 당하는 경우도 있다. 그런 경우에 때로는 하나님께서 험한 시험을 치르게도 하신다. 이리떼가 갑자기 나타나서 양떼 속에 뛰어들어 양들을 물게 할 수 있다. 아주 뜸한 경우이기는 하지만 그렇게 함으로써 그리스도의 인도하심에 철저하게 순응하고자 하는 훈련을 감당하게 하신다.

2) 신지식의 결핍이 고난을 가져와

그렇지만 양은 일부러 그런 위험을 만들지는 않는다는 점에서 사람의 경우와 다르다. 사자나 이리떼로 하여금 자신을 습격하게 만든다든지 또는 자기 스스로 근심에 빠지는 고초를 만들지는 않는다. 양이 목자의 뒤를 따라 갈 때 생기는 고초란 자기 안에서 나오는 것이 아니라 대부분 외적인 결과로 발생하는 경우이다. 길이 험하다든지 이리떼가 습격해 온다든지 아니면 광풍이 분다든지 등등 외적인 요인으로 힘이 드는 경우가 발생한다.

그러나 사람에게 있어서는 그렇지 않다. 자기 안에서 고초를 만들어 내는 경우가 많다. 스스로 그런 위험한 자리를 만들어 내든지 아니면 그런 자리를 자기가 찾아갈 수도 있다. 이것이 우리의 사명을 수행함에 있어서 큰 방해가 된다. 그리스도께서는 우리가 그런 자리에 빠지지 않기를 원하심에도 불구하고 우리가 가지고 있는 자율적인 이성 때문에 스스로 그러한 자리를 만들어 나가는 사람도 있다.

물론 하나님께서 우리를 그런 잘못된 자리에 빠지지 않도록 지키시고 그런 악에서 우리를 보호하신다 할지라도 어떤 경우에는 우리의 악한 독소로 인한 사망의 쓴맛을 당하게도 하신다. 그래서 우리가 다시는 그런 자리에 빠지지 않도록 교훈을 주시기도 하신다.

그것은 하나님께서 우리를 사랑하시지 않기 때문이 아니라 연단을 통해서 우리로 하여금 더욱 하나님의 품안에 들어오게 하시기 위함이다. 그래서 하나님께서는 감당할 만큼의 시험을 주신다. 이 말은 곧 우리가 하나님의 자녀라 한다면 때로는 고초를 당한다 하더라도 회복할 수 있는 기회를 하나님께서 마련해 주신다는 의미이다.

3) 의인을 박해하는 세상

이처럼 우리의 결핍으로 인해 하나님의 심판을 당하고 고초를 당하는 경우도 있지만, 전혀 그렇지 않음에도 불구하고 세상의 환란에 의해 핍박을 받고 순교를 당할 수도 있다. 베드로전서 4장 12-19절에 보면 "사랑하는 자들아 너희를 시련하려고 오는 불 시험을 이상한 일 당하는 것 같이 이상히 여기지 말고 오직 너희가 그리스도의 고난에 참예하는 것으로 즐거워하라"고 말씀하고 있다.

불같이 뜨거운 시험을 당하는 형제들이 있음을 예언하고 있다. 이 사람들은 믿음이 없고 하나님을 신앙하는 것이 빈약하기 때문에 그런 일을 당하는 것이 아니다. 하나님 앞에 순결하고 오롯한 신앙을 가지고 있음에도 불구하고 그런 불 시험을 당할 수 있다. 이와 같이 세상으로부터 받는 핍박과 고난도 있다.

뿐만 아니라 외형적으로 임하는 고난과 핍박과 순교를 당하는 것 말고도 내적인 핍박과 고난이 있다. 디모데후서 3장 12절에 보면 "무릇 그리스도 예수 안에서 경건하게 살고자 하는 자는 핍박을 받으리라"는 말씀처럼 이 세상에 대해서 아파하고, 교회의 현실에 대해서 아파하고, 하나님 나라 안에서 우리가 마땅히 서야 할 위치에 내가 충분하게 서 있지 못하다는 것 때문에 마음을 아파하는 것도 거룩한 아픔이며 고난이다.

4) 그리스도의 보호와 위로

우리가 어떤 악에 빠져서 고난을 당하든지, 불의한 세상으로 말미암아 순교를 당할 만큼의 고초를 당하든지, 우리가 경건하게 살고자 함으로 말미암아 세상으로부터 어떤 고난을 느낀다 할지라도 하나님께서는 각 성도들에게 충분한 위로와 평안을 주신다. 그들에게 풍성한 영생의 약속을 주신다.

순교를 당하는 사람은 이미 순교에 앞서 영생을 확인하고 죽음을 맞게 된다. 구원에 대하여 불안해하면서 순교의 자리에 가는 것이 아니다. 경건하게 살고자 하는 자가 세상으로부터 고난과 고초를 당한다 해도 이미 그에게는 그보다 더 큰 기쁨이 있다. 말할 수 없는 아픔 가운데 있다 해도 그 안에는 기쁨이 있다.

심지어 우리가 악에 빠져서 우리 스스로에 의해 조장된 악으로 고통을 당한다 할지라도, 그 안에서도 그리스도의 거룩하신 인도를 체험하는 은혜가 있고 위로와 평안이 있다. 이런 모든 것은 구원을 이루어 가는 위치에 서 있는 사람에게 허락된 특별한 은혜이다. 다시 말하면 자기가 처해 있어야 할 마땅한 자리와 또ㅍ 마땅히 해야 될 역할을 수행해 나가는 사람들에게 주어지는 구원의 체험이다.

반면에 그러한 구원의 길이 확인되지 않은 상태에서 살아가는 사람들은 악에 빠질 일도 없고 핍박이 올 일도 없다. 구원의 정도正道에 서 있는 사람에게 때로는 그 길에서 벗어나는 아픔이 있고, 그 길에 서 있기 때문에 세상으로 말미암아 고난을 당함이 있고, 그 길에 서 있기 때문에 세상에 대한 아픔이 있다.

그 길에서 벗어나 있는 사람이라면 더 벗어날 일도 없고 아픔을 당할 일도 없다. 그 길에서 벗어나 있다는 이유로 고난을 당할 염려도 없다. 그리고 설령 그러한 상황에서 고통을 당하고 고난을 당한다 해도 그것은 하나님을 위해 당하는 거룩한 핍박이 아니라 오히려 하나님에 대한 무지와 거역에 대한 대가를 치르는 하나님의 심판이다.

우리가 마땅히 서야 될 바로 그 위치와 역할을 찾는 것이 무엇보다도 중요하다. 그리고 그 길을 찾는 유일한 방법은 하나님의 말씀에 대한 풍성함과 하나님 나라에 대한 사상의 풍요로움이다. 그것들이 풍족했을 때 주님께서 우리에게 주신 영생의 능력을 충분하게 경험할 수 있기 때문이다.

그 안에 있을 때에 "아무도 저희를 내 손에서 빼앗을 자가 없느니라"는 보장 안에 우리가 살게 된다. 우리에게 어떤 아픔과 또는 세상에서 소외되는 어떤 고통이 있다 할지라도 먼저 이런 자리를 찾아가는 것에서 우리 삶의 본질을 확인하고 그 일에 최선을 다 해야 한다.

기도

거룩하신 주님!

우리의 모습들을 볼 때 얼마나 부족하고 연약한가를 알 수 없습니다. 마땅히 서야 할 위치와 해야 할 역할이 있음에도 그 일을 행하는 것보다는 아주 작은 것들 때문에 마음 아파하고 속상해 하는 일들이 너무나 많사옵나이다.

하오니 무엇보다도 하나님의 말씀 앞에 더 풍요롭고 그 계시에 대해서 더 밝히 알며 하나님 나라에 대한 더욱 풍성한 사상을 가져서, 우리가 하나님 나라 안에서 독특한 위치와 역할을 잘 감당할 수 있도록 우리를 날마다 경성시켜 주옵소서.

우리가 가야 할 길이 분명함에도 불구하고 그 일에 최선을 다하기보다는 세상의 온갖 질려와 형극 가운데 시달리고 그것 때문에 우리의 진액이 마르고 죽을까 하오니, 주님께서 그러한 것들로부터 보호하셔서 이제 우리가 마땅히 가야 될 그 길에 최선을 다하게 하시옵소서. 그럼으로써 하나님의 영광이 가득하게 되기를 원하옵나이다.

예수님의 이름으로 기도하옵나이다. 아멘.

IX. 예수님과의 관계

요한복음 15장 1-27절

1 내가 참 포도나무요 내 아버지는 그 농부라
2 무릇 내게 있어 과실을 맺지 아니하는 가지는 아버지께서 이를 제해 버리시고 무릇 과실을 맺
는 가지는 더 과실을 맺게 하려 하여 이를 깨끗케 하시느니라
3 너희는 내가 일러 준 말로 이미 깨끗하였으니
4 내 안에 거하라 나도 너희 안에 거하리라 가지가 포도나무에 붙어 있지 아니하면 절로 과실을
맺을 수 없음같이 너희도 내 안에 있지 아니하면 그러하리라
5 나는 포도나무요 너희는 가지니 저가 내 안에 내가 저 안에 있으면 이 사람은 과실을 많이 맺
나니 나를 떠나서는 너희가 아무 것도 할 수 없음이라
6 사람이 내 안에 거하지 아니하면 가지처럼 밖에 버리워 말라지나니 사람들이 이것을 모아다
가 불에 던져 사르느니라
7 너희가 내 안에 거하고 내 말이 너희 안에 거하면 무엇이든지 원하는 대로 구하라 그리하면
이루리라
8 너희가 과실을 많이 맺으면 내 아버지께서 영광을 받으실 것이요 너희가 내 제자가 되리라
9 아버지께서 나를 사랑하신 것같이 나도 너희를 사랑하였으니 나의 사랑 안에 거하라
10 내가 아버지의 계명을 지켜 그의 사랑 안에 거하는 것같이 너희도 내 계명을 지키면 내 사랑
안에 거하리라
11 내가 이것을 너희에게 이름은 내 기쁨이 너희 안에 있어 너희 기쁨을 충만하게 하려 함이
니라
12 내 계명은 곧 내가 너희를 사랑한 것같이 너희도 서로 사랑하라 하는 이것이니라
13 사람이 친구를 위하여 자기 목숨을 버리면 이에서 더 큰 사랑이 없나니
14 너희가 나의 명하는 대로 행하면 곧 나의 친구라
15 이제부터는 너희를 종이라 하지 아니하리니 종은 주인의 하는 것을 알지 못함이라 너희를
친구라 하였노니 내가 내 아버지께 들은 것을 다 너희에게 알게 하였음이니라
16 너희가 나를 택한 것이 아니요 내가 너희를 택하여 세웠나니 이는 너희로 가서 과실을 맺게
하고 또 너희 과실이 항상 있게 하여 내 이름으로 아버지께 무엇을 구하든지 다 받게 하려
함이니라

17 내가 이것을 너희에게 명함은 너희로 서로 사랑하게 하려 함이로라
18 세상이 너희를 미워하면 너희보다 먼저 나를 미워한 줄을 알라
19 너희가 세상에 속하였으면 세상이 자기의 것을 사랑할 터이나 너희는 세상에 속한 자가 아
니요 도리어 세상에서 나의 택함을 입은 자인고로 세상이 너희를 미워하느니라
20 내가 너희더러 종이 주인보다 더 크지 못하다 한 말을 기억하라 사람들이 나를 핍박하였은
즉 너희도 핍박할 터이요 내 말을 지켰은즉 너희 말도 지킬 터이라
21 그러나 사람들이 내 이름을 인하여 이 모든 일을 너희에게 하리니 이는 나 보내신 이를 알지
못함이니라
22 내가 와서 저희에게 말하지 아니하였더면 죄가 없었으려니와 지금은 그 죄를 핑계할 수 없
느니라
23 나를 미워하는 자는 또 내 아버지를 미워하느니라
24 내가 아무도 못한 일을 저희 중에서 하지 아니하였더면 저희가 죄 없었으려니와 지금은 저
희가 나와 및 내 아버지를 보았고 또 미워하였도다
25 그러나 이는 저희 율법에 기록된 바 저희가 연고없이 나를 미워하였다 한 말을 응하게 하려
함이니라
26 내가 아버지께로서 너희에게 보낼 보혜사 곧 아버지께로서 나오시는 진리의 성령이 오실 때
에 그가 나를 증거하실 것이요
27 너희도 처음부터 나와 함께 있었으므로 증거하느니라

Ⅸ. 예수님과의 관계

요한복음 15장 1–27절

우리의 존재 의미를 여러 각도에서 살펴볼 수 있다. 그중에서도 예수 그리스도와 긴밀한 관계를 맺고 있다는 사실이 우리가 존재하는 의미를 찾는 가장 근간根幹이 된다.

1. 인생의 존재에 대한 가치 판단에 대하여

우리는 가족과의 관계에서나 친구들과의 관계에서, 아니면 직장이나 사회에서 형성된 관계에서, 더 나아가 국가적인 관계나 인류적인 차원에서 각각의 존재 의미를 발견할 수 있으며 그 안에서 얼마든지 자기의 가치를 확인할 수 있다. 그러나 그런 것들은 항구적이지 못하고 항상 단편적일 수밖에 없다.

아무리 친구가 좋다 하더라도 한번 그 사이에 미움이 생기면 하루아침에 그들의 우정은 무가치하게 되고 만다. 뿐만 아니라 아무리 가까운 사람이라 하더라도 그 마음에 오해가 생기면 그런 관계라는 것이 무의미해지고 서로 미워하는 사람들로 전락되고 만다.

이처럼 사람에 대한 감정과 그 사람에 대한 평가는 쉽게 변질되기 마련이다. 국가에 전쟁이 생기면 그러한 현상은 더 심각해진다. 어떤 사람이 귀하게 자랐든지 천하게 자랐든지 간에 그 전쟁 속에서 인생의 가치가 완전히 무시되고 한 순간에 죽임을 당하는 비참한 현상이 발생할 수 있다.

1) 인간 관계 속에서 항구한 가치 찾을 수 없어

인간 관계 속에서 자신의 가치를 찾는다는 것은 항구적이지 못하다. 여러 가지 주변 정황에 따라 자기의 가치 의식이 자주 바뀌기 때문이다. 아무리 고결하게 보이는 사람이라 할지라도 그 이면에는 어떤 악한 것이 있어서 경우에 따라 추하고 악한 일을 서슴지 않고 행하는 것을 얼마든지 볼 수 있다. 그런 대표적인 소설로 "지킬 박사와 하이드"가 있다. 여기에서 우리는 사람의 양면성이 얼마나 극단적으로 드러나는가를 볼 수 있다. 그런 사람들의 관계에서 서로 양면성을 감추고 살기 때문에 아무렇지 않은 것처럼 여기고 살 뿐이다.

그와 같은 인간 관계에서 벗어나 우리가 가진 그리스도와의 관계는 전혀 변함이 없다. 내가 그분을 배반하면 했지 그분이 나를 배신한 적은 없다. 내가 그분을 섭섭하게 하면 했지 그분이 나를 섭섭하게 하지는 않는다. 내가 그분을 욕하면 했지 그분이 나를 욕하든지 나를 천하게 여긴 적은 없다.

그러므로 항상 문제라는 것이 내쪽에서 발생한다. 내가 미흡하고 결핍이 많고 여러 가지 개인적인 감정의 변동이 심해서 그분을 섭섭하게 하고, 어느 때는 불신앙으로 변동을 부릴 뿐이지 그분이 우리에게 그렇게 하시지는 않는다. 그러므로 우리의 존재 의미 또는 존재 가치를 그분에게 기준을 둘 때에 참으로 내 존재 의미라든지 가치라는 것이 명확해지고 항구해진다.

2) 진정한 가치 기준이신 그리스도

따라서 항구적이고 변치 않으시는 그리스도에게 우리의 모든 것을 쏟아 붓는 것이 정상이고 현명한 일이다. 우리가 그리스도를 신앙한다면 이런 것을 염두에 두고 생명을 걸다시피 그분에게 나의 모든 인격을 다 의뢰해야 한다. 그것이 신앙이다.

적당하게 어떤 테두리 안에서만 서로의 관계를 유지하고, 다른 면에서는 내 삶을 따로 꾸려 나가겠다는 것은 신앙이 아니다. 오롯이 주님을 향하여 살아가는 사람에게 주어지는 최후 인생의 열매가 바로 영생이다. 그러한 신앙인에게만 영생이라는 열매가 드러나게 되어 있다.

이제 "우리는 어떻게 이 세상에서 하나님의 보호를 받고 하나님 나라의 진행의 결과로서 우리의 삶의 열매를 맺을 수 있을 것인가?"에 대하여 생각해 볼 필요가 있다.

2. 예수 그리스도와의 관계

요한복음 15장에서 주님께서는 우리와의 관계를 포도나무와 그 가지의 관계로 비유하신다. 여기에서 포도나무와 가지의 관계는 불가분리의 관계이다. 그리고 가지가 포도나무에 붙어 있다면 풍성한 열매를 맺도록 되어 있고 그것은 당연한 결과이다. 주님은 '과실을 맺지 못하는 가지를 잘라내는 일은 있어도 과실을 맺는 가지를 잘라내는 법은 없다' 라고 말씀하신다.

마찬가지로 지금 주님과 우리와의 관계는 이미 하나의 유기적 관계임을 설정하고 있는 상태이다. 포도나무와 가지와의 관계와 같이 "너희는 가지이다"라고 말씀하신다. '너희는 포도나무 가지가 아닌데 나에게 붙으면 가지가 된다. 그리고 포도 열매를 많이 맺게 된다' 는 이야기가 아니다. 본래 포도나무와 그 가지는 본질상 한 나무이지 다른 개체가 아니다.

1) 유기적인 관계

가지란 의당히 과실을 맺게 되어 있고 포도나무가 하는 일은 더 풍성히 과실을 맺도록 하기 위해서 신진대사를 잘 일으키게 한다. 농부는 가지가 과실을 풍성하고 온전하게 맺도록 하는데 항상 보호하고 돌보는 역할을 한다. 따라서 예수님의 비유는 우리가 진정 포도나무와 한 몸을 이루고 있다면 과일을 풍성하게 맺을 수밖에 없다는 이야기이다. 우리가 이리 붙고 저리 붙어서 과실을 맺는 것이 아니라 그 본질이 포도나무에 붙어 있는 가지이면 자연스럽게 열매를 맺도록 되어 있다는 것이다.

내가 포도나무 가지인데 사과나무에도 한번 붙어보아서 열매를 맺을 수 없으니까 이번에는 배나무에도 한번 붙어보았다가 그래도 열매가 없어서 포도나무에 붙어보니까 열매가 맺어졌다는 말이 아니다. 처음부터 포도나무에 붙어있는 가지이기 때문에 그냥 붙어있다는 사실 하나만 가지고도 풍성한 열매를 맺는 그런 위치에 있다. 마찬가지로 우리가 하나님의 자녀라면 당연하게 그 결실로서 영생을 거두게 되어 있다. 온전한 구원으로 그 과실이 맺혀지게 되어 있는 것이지 다른 열매가 맺힐 리 없다.

과실을 풍성히 맺도록 하는 일은 하나님과 그리스도께서 하실 일이기 때문에 가지인 우리가 염려할 일은 없다. 가지가 무슨 일을 해서 과실을 맺는 것이 아니다. 이 비유에서 관심이 있는 것은 그 열매의 특성이다. 특히 여기에서 과실을 맺는다라는 것을 이야기할 때 과실이 열리는 것은 몇 가지 구조적인 조직을 필요로 함을 알 수 있다.

전체 나무를 지탱할 뿌리가 있어야 하고, 줄기가 튼튼하여서 좋은 가지가 나와 잎사귀가 달리고 꽃이 피어야 하며, 그런 모든 생명의 발현이 마침내 첨예화되어 나타난 하나의 결정체가 바로 열매이다. 열매는 생명의 궁극적인 응집체로 나타난 결과이다. 그렇다고 그 열매가 포도나무 전체는 아니다.

2) 그리스도 안에서 진정한 인생의 열매 맺어

마찬가지로 우리 인생의 열매라 했을 때 요즈음 우리가 살아가는 삶의 태도라든지 몇 가지 현상을 놓고 그것으로 열매가 좋다든지 열매를 잘 맺었다고 말할 수 없다. 우리 인생의 종국적인 종점에 이르렀을 때 최종적으로 맺혀지는 것이 구원이어야 그 인생의 열매가 가치 있다. 그리고 그 구원에 대하여 하나님 나라의 진행에 어떤 유익을 주었는가의 여부를 보고서 그 인생의 결실이 아름답다든지 풍성하다고 이야기해야 한다.

여기에서 말하는 결실이나 열매란 우리 인생의 종국적인 위치에 서서 결산할 때에 하나님 나라의 진행에 있어서 필연적인 결과를 초래하는 것을 가리켜 열매가 있다든지 없다고 말한다. 이런 점에서 우리의 구원은 종말론적 의미를 가진다. 이 땅에 살면서 다른 사람보다 도덕적으로 살고 사회적인 명예를 얻고 교회에서 어떤 직위를 얻는 것을 가리켜서 저 사람은 신앙의 열매가 좋고 아름답다고 말하는 것이 아니다.

그런데 열매를 판단할 때에 그런 식으로 결정하는 경우가 많다. 십일조 생활을 잘 한다든지, 주일 성수를 잘 한다든지, 새벽기도를 잘 한다든지 하는 몇 가지의 구조적인 행위를 보고 신앙이 좋다든지 신앙의 열매가 아름답다는 식으로 말하기 쉽다. 전도의 열매, 헌금의 열매, 기도의 열매 등등 눈에 보이는 몇 가지 현상을 신앙의 열매로 비유하는 것도 모두 그러한 데서 나오게 된다. 그런 식으로 판단해버리기 때문에 몇 명을 전도했느냐에 따라 신앙의 열매라든가 전도의 열매가 맺혔다고 좋아한다.

그러나 그 인생의 종국에 가서 하나님 나라에 아무런 유익이 되지도 않고 그 사람 자신이 구원을 이루지 못한다면 그 인생의 모든 삶이 허망할 뿐이다. 그가 세상에서 한 그 모든 일이 아무런 의미가 없다. 마태복음 7장에서 예수께서 말씀하시기를 '나무는 그 열매를 보아 아느니라 좋은 나무마다 좋은 열매를 맺고 가시나무가 좋은 열매를 맺을 수 없느니라' 고 하신다. 그 예를 좀더 실질적으로 '나의 이름으로 선지자 노릇하고 병을 고치고 온갖 이적을 다 행한다 할지라도 하늘에 계신 아버지의 뜻대로 행하지 않는 사람은 마침내 하나님께서 인정하시지 않고 그런 사람들을 처음부터 알지도 못했고 도무지 알지 못한다' 라고 말씀하신다.

선지자 노릇할 때는 그 사람이 자기 이름으로 선지자 노릇을 하는 것이 아니다. 그리스도의 이름으로 하나님을 앞세우고 하나님의 일을 열심히 하는 사람들이다. 여기에서 '선지자' 라고 주님께서 언급하시는 것은 주께서 말씀하시던 그 시기가 아직 교회 시대가 열리기 전이기 때문에 구약적 관점에서 사용되던 '선지자' 라는 말로 지칭하셨다. 이것은 후일에 교회 시대가 열리고 난 후에 전적으로 교회에서 일하는 목회자나 직분자들을 염두에 두고 하신 말씀이다.

따라서 주님의 말씀을 우리 시대 상황에 비추어 볼 때 여기에서 언급하고 있는 '선지자' 는 적어도 주의 일을 맡아 일하는 직분자들, 즉 오늘날의 목사나 장로 혹은 집사들을 일컫는 의미를 가진다. 이 직분을 가진 자들이 하나님의 이름을 앞세우고 그리스도의 이름을 등에 업고 기이한 일을 벌이기도 하고 온갖 이적을 행하는 것처럼 보인다 할지라도 하나님의 뜻과 상관없이 그러한 일을 행할 수 있다. 그러나 그들이 생각했던 그 열매들은 하나님 나라에 아무런 유익도 되지 않을 뿐만 아니라 자기 스스로도 구원에 이르지 못하고 만다.

그러므로 인생의 종점에서 결산할 때에 열매가 있다, 없다 그렇게 이야기해야 한다. 때문에 그 나무 자체가 중요하고, 그 열매를 맺기 위한 가지가 중요하며, 그 열매를 맺기 위한 모든 시간 과정이 중요하다.

3) 인생의 가치 파악해야 진정한 열매 맺을 수 있어

여기에서 주님께서 열매를 말씀하실 때에는 열매를 맺히느냐 안 맺히느냐의 문제가 아니다. 물론 결국은 열매로서 그 인생의 존재 의미에 대하여 따지는 날이 온다. 그러나 그 열매를 맺히기까지 그 인생이라고 하는 과정을 거쳐야 하기 때문에 여기에서 중요하게 말씀하시는 것은 인생의 과정임을 알 수 있다.

'우리 인생의 모든 생활 감정이 어디에 쏟아 부어져야 하는가?' 하는 문제가 더 중요하다. 그것에 따라 열매의 성격이 달라지기 때문이다. 평생 하나님과 긴밀한 관계 속에서 그의 나라를 위해서 살아간다면 그 열매의 결실은 의당히 하나님 나라에 어떤 유익을 가져와야 한다.

평생 문학을 위해서 살아간다면 그 사람에게 있어서는 문학에 대한 어떤 업적을 하나 이룰 수 있다. 과학을 위해서 살든지 아니면 예술을 위해서 살든지 간에 어떤 면에서든지 그 나름대로의 업적을 이룰 수 있다. 교회에서 혼동하기 쉬운 점이 바로 그런 점들이다. 하나님을 위해서 산다고 하는 사람들도 주로 생각하는 것이 종교적인 업적을 많이 쌓는 일이다. 교회를 크게 짓는다든지 아니면 세계 곳곳에 선교사를 파송한다든지 전도를 많이 한다든지 등등 그런 업적들을 자꾸 세워보려고 한다. 우리는 그러한 업적이 하나님께로부터 나온 것인가, 다시 말하면 포도나무의 본체로부터 나와서 시작된 열매인가 아니면 자기 스스로 만들어 낸 열매인가에 대하여 면밀히 점검해 보아야 한다.

4) 하나님에 대한 오롯한 사랑이 열매의 원천

실제로 우리에게 있어서 가장 중심적이고 중요하게 여겨야 될 것은 우리 안에 하나님 나라에 대한 사상이 풍성하고, 그 결과 우리의 생활 감정이 오롯이 하나님께 쏟아짐으로써 열매를 맺어야 한다는 것이다. 그것이 중요하고 아름다운 열매이다. 그러한 것들이 실제로 우리가 살아감에 있어서 총체적인 삶의 관심이 되어서 그것으로부터 구원의 열매가 맺혀야 한다.

바로 그런 삶의 과정에 우리가 있을 때 성신께서 우리를 지키시고 보호하셔서 아름다운 열매를 맺는 일이 가능하다. 이런 것이 명확하지 않다면, 즉 성신께서 우리의 모든 생활 감정 하나하나를 조정하시고 인도하시며 깨우쳐 주셔서 우리가 하나님 나라의 사상을 가지고 살아가게 하는 일을 도와주시지 않는다면, 우리가 애써 살아가는 그 모든 인생의 결과는 무의미한 것뿐이다.

이런 점을 볼 때 구원은 하나님께서 이루시는 것이라고 말한다. 이것을 가리켜 성도의 견인이라고 한다. 결국 우리의 모든 삶이 하나님의 나라에 연결되어 있지 않고 하나님 나라의 진행에 어떤 기여를 하지 않는다면 우리 삶이라는 것은 무의미할 수밖에 없다.

성신께서 적극적으로 우리를 인도하고 경영해 가시는데 있어서 성신님과 나와의 관계를 맺을 수 있는 매체가 바로 하나님의 말씀에 대한 풍성한 지식이다. 하나님의 말씀에 대한 풍성한 지식이 있어야 성신께서 그 말씀을 통해 우리를 사용하신다. 그 결과로 우리 인생이 구원으로 드러나게 되며 그러한 삶이 곧 하나님 나라에 유익을 가져다 주는 것이라고 지금까지의 이야기를 간추려서 말할 수 있다.

요한복음 15장 16절에서 '너희가 날 택한 것이 아니요 내가 너희를 택하여 세웠나니 이는 너희로 가서 과실을 맺게 하고 또 너희 과실이 항상 있게 하기 위함이라' 고 주님께서 말씀하신다. 그렇다면 여기에서 중요한 것은 그리스도께서 우리를 택하셔서 풍성한 열매를 맺을 수 있도록 모든 여건을 다 마련해 놓으셨다는 점이다. 다시 말하면 그리스도께서 우리의 모든 삶을 다 보증해 주시며 따라서 우리는 당연하게 그리스도께서 원하시는 풍성한 열매를 맺게 되어 있다. 그러한 열매가 우리에게 맺혀지기 위해 '내가 너희를 사랑한다' 라고 말씀하신다.

"사람이 친구를 위해 자기 목숨을 버리면 이에서 더 큰 사랑이 없나니"(13절)라고 말씀하시는 것처럼 친구를 위해 자기 목숨을 버린다는 그러한 감정이 과연 우리에게도 찾을 수 있는가를 주님께서 말씀하신다. 주님은 '나는 너를 위해서 내 생명을, 내 목숨을 주었다' 라고 말씀하신다. '그래서 너는 나의 친구이다' 고 말씀하신다. 그렇다면 그러한 사랑의 대상으로 존재하는 우리는 과연 그리스도와 같은 사랑을 갖고 있는지 살펴보아야 한다. 바로 '우리도 주를 위해서 우리의 목숨을 바칠 수 있을 만큼의 사랑을 우리가 드릴 수 있는가?' 에 대한 문제이다.

5) 우리의 생활 감정이 전적으로 하나님을 향해 있어야

여기에서 '사랑' 은 우리의 모든 생활 감정을 대표하는 말이기도 하다. 우리의 생활 속에서 느끼는 모든 감정을 누구에게 쏟아 붓고 있으며 그 대상이 누구냐 하는 것을 판단해야 한다. 어디에 우리의 사랑을 부어야 될 것인가에 대하여 "너희가 나의 명하는 대로 행한다면 곧 나의 친구라"(14절)고 말씀하신다. 친구라 한다면 서로가 서로에게 똑같은 감정이 있어야 한다. 서로의 생활 감정이 일치하고 있어야 한다. 그리스도께서 나에 대한 마음과 감정이 그리고 그리스도에 대한 나의 감정이 일치하고 있어야 서로 친구가 된다.

여기 주님께서는 '친구를 위해서 목숨을 버릴 각오가 되어 있다' 라고 말씀하신다. 그렇다면 우리도 과연 주를 위해서 그만한 각오가 되어 있는지 따져볼 필요가 있다. 뿐만 아니라 주님께서는 주님의 친구들 사이에서도 "서로 사랑하게 하려 함이라"고 하셨다. 여기에서 "너희"라고 일컬어지는 바로 '우리' 라는 사람들, 교회라고 하는 우리 사이에서도 그만큼의 생활의 감정이 서로 일치하고 있어야 한다는 말이다.

그럴 때 이제는 각각의 열매로서가 아니라 총체적인 하나님 나라의 열매로 드러나게 된다. 그 열매를 통하여 하나님의 나라가 구현된다. 우리 모든 사람들의 열매가 하나님의 나라를 이루게 되는 것이고 거기에

하나님 나라의 완성이 있다. 결코 하나님의 나라는 개인적인 것이 아니다. 나 하나 천국 가고 못 가고 하는 것이 문제가 되지 않는다.

오늘날 상당히 많은 사람들이 자기의 구원에 대해, 즉 개인 구원에 관심이 많다. 일반적인 교인들의 생각이 그렇다. '나 하나 천국가면 된다'고 생각하며 살아간다. 그러나 그것이 아니라 주님께서 요구하시는 것은 "너희로 서로 사랑하게 하려 함이라"고 하신다. 그 사랑은 모든 생활과 사상의 일치이다. 그래서 우주적이고 총체적인 하나님 나라의 건설을 위해서 함께 사랑을 나눌 수 있어야 한다.

3. 사랑으로 하나가 되어야

1) 아브라함과 이삭의 하나님께 대한 사랑의 감정

그 예를 창세기 22장에 나오는 아브라함과 이삭의 사이에서 살펴볼 수 있다. 하나님께서 아브라함에게 "네 아들 네 사랑하는 독자 이삭을 데리고 모리아 땅으로 가서 내가 네게 지시하는 한 산 거기서 그를 번제로 드리라"고 말씀하셨다. 번제는 그 제도가 가지고 있는 독특한 의미와 정신이 있다.

그 정신에 따라서 이삭을 하나님께 드리라고 요구하신다. 이삭을 하나님 앞에 따로 세워서 구별하여 그의 전 생애를 하나님을 위해 살도록 하라고 말씀하신다. 그러나 아브라함이 당시에 갖고 있는 번제 의식은 당시 사회적 상황의 영향을 받아서 이삭을 번제로 드리라는 말씀을 '하나님께 이삭을 불로 태워서 드려야 되나보다' 하고 생각하게 만들었다.

이러한 아브라함의 생각 이면에는 하나님께 대한 불순함은 없었다. 단지 자기 나름대로 하나님을 이해하고 그 지식으로 하나님을 대우하고자 한 생각이 이삭을 불로 태워 제사드리는 것이라고 생각하게 했다. '하나님께서 아들을 원하시는구나. 그렇다면 하나님께 내 아들을 드리는 것이 옳다' 라고 하나님을 가장 하나님답게 인정했다.

이러한 생각은 하나님에 대해서 자기의 모든 감정이 다 쏟아 부어져 있는 상태에서 나왔다. 하나님을 사랑하는 마음으로 '아들이라도 번제로 드려야 되겠다' 라고 결정하였다. 당시의 사회적인 습관이나 경향에 따라 아들을 불로 태워 죽여서 신께 바침으로써 자기의 이익이나 영달을 얻기 위한 방편으로 아브라함이 이삭을 하나님께 드리는 것은 절대 아니었다.

① 아버지와 동일한 생활 감정을 가지고 있는 이삭

아브라함이 이삭을 하나님께 번제로 드리려 했을 때 이삭은 아버지와 똑같은 마음으로 자기를 하나님께 드리는 것에 동의했다. 아브라함이 하나님께 대해서 절대적인 사랑을 행사하는 방편으로 이삭을 제물로 드리고자 할 때 이삭은 똑같이 공감했다. 아브라함의 감정에 대해서 이삭이 반대한다든지 '왜 아버지는 그것밖에 생각하지 못하느냐?' 고 반발하거나 거부하지 않았다. 오히려 이삭은 같은 마음으로 아버지를 이해하고 있었다.

여기에서 아브라함과 하나님과의 관계가 어떤 관계이며 얼마만큼의 사랑의 관계인가를 분명히 알 수 있다. 뿐만 아니라 아브라함과 이삭과의 관계에 있어서도 그 관계가 얼마만큼 돈독한 사랑의 관계인가를 알게 된다. 하나님께서 아브라함에게 요구하신 것이라면 이삭으로서도 결코 거부할 수 없다는 아브라함과 똑같은 감정으로 자기를 하나님께 드리기를 기뻐하였다.

다시 말해서 아브라함이 하나님께 어떤 사랑의 표현으로서 아들의 생명을 드리기 원한다면 이삭은 아무런 거리낌 없이 아버지의 뜻에 동의한다는 것과 같다. 그만큼 아브라함과 이삭의 생활 감정이 같았다.

하나님께 대한 생활 감정과 하나님께 대한 사랑이 꼭 같았을 뿐만 아니라 아브라함이 아들 이삭을 드릴 때에도 '내가 이삭을 드림으로써 나에게 어떤 유익을 가져오겠다' 하는 저차원적인 수단으로 생각한 것이 아니다. 아들 이삭을 하나님께 드리는 것이 아브라함으로서는 가장 이삭을 사랑하는 모습의 표현으로 여겼다. 그런 것을 본다면 하나님께서 이삭을 요구하신 것이나 아브라함의 사랑이나 이삭의 사랑이 전혀 다르지 않다는 것을 볼 수 있다. 바로 여기에서 신앙의 위대함을 발견하게 된다.

② 하나님에 대한 두 사람의 사랑 일치해

하나님께서 그것을 요구하실 수 있는 자리에 있고, 아브라함은 그러한 요구를 들어줄 만한 위치에 있으며, 이삭은 자기를 희생해서라도 그러한 요구에 부응하겠다는 각오가 되어 있어서 셋이 똑같은 자리에 있다. 이것이 서로 간에 가지고 있는 사랑의 관계이고 서로의 사상이 일치를 이루고 있는 것이며 서로의 생활 감정이 동일한 모습이다.

물론 당시 사회적 상황에서는 아버지가 아들을 불에 태워서 신에게 제사드리는 것은 보통 있었던 일이다. 아버지에게 있어서 아들은 하나의 소모품일 수 있었다. 뿐만 아니라 아내까지도 그 당시에는 소모품이었다. 자기의 필요에 따라 아내를 다른 사람에게 줄 수 있었고 팔 수도 있었으며 자식을 그렇게 할 수도 있었다. 그러므로 아버지의 권위로써 아들을 불에 태워 죽일 수도 있었다.

그럴 때 그 아버지의 감정이 순수한 하나님에 대한 열정과 사랑의 감정에서 나온 것인가, 아니면 자기 마음 가운데 또 다른 이권을 도모하기 위한 수단으로 사용하기 위함인가를 점검해 본다면 인간의 생명을 수단으로 사용했을 가능성이 당시 사회에서는 농후하다.

그러나 아브라함과 이삭은 그런 차원에서 서로의 생명을 요구한 것이 아니고 동의한 것도 아니다. 이삭은 자기가 가지고 있는 하나님에 대한 신앙의 감정에 따라 아브라함의 제사에 순종했다. 그와 같은 관계가 서로 형성되기까지 먼저 아브라함과 하나님과의 관계가 어느 정도 긴밀한 관계를 유지하고 있었는지 우리는 생각할 수 있다.

하나님께서 아브라함에게 아들을 바칠 것을 요구할 만큼 하나님과 아브라함 사이에 깊은 사랑의 관계가 형성되어 있었다. 그 요구에 대하여 아브라함은 아무런 이의를 달지 않고 순응한 것만 보아도 보통 긴밀한 관계가 아님을 알 수 있다. 뿐만 아니라 그러한 아브라함의 하나님에 대한 사랑의 행위에 대해서 이삭이 전혀 거부하지 않고 그대로 동의했다는 것 역시 아브라함과 이삭과의 관계가 긴밀하다는 것을 대변해 주고 있다. 나아가 하나님께 대한 이삭의 사랑 역시 하나님께 대한 아브라함의 사랑과도 일치하고 있다. 그래서 이삭은 아브라함과 일치한 감정으로 자기의 생명을 기꺼이 하나님께 드리기로 동의할 수 있었다.

③ 서로 사상이 일치할 때 하나님 나라를 위해 유용하게 쓰임 받아

그들의 신앙이 일치하기까지 서로에게 얼마만큼의 깊은 신뢰가 있었는지를 우리는 짐작할 수 있다. 즉 아브라함이 하나님의 사랑에 대하여 이삭에게 그만큼 철저하게 보여주었음을 알 수 있다. 그만큼 하나님께 대해서 아브라함의 신앙이 철저하고 절실하여 하나님에 대한 신뢰가 완벽했기 때문에 이삭 역시 아브라함과 같은 신앙과 신뢰를 하나님께 드릴 수 있었다. 나아가 그런 사상과 생활의 감정이 서로 일치하고 있을 때 그들의 삶은 하나님 나라의 진행에 있어서 커다란 유익을 가져올 수 있었다.

그런 아브라함이기 때문에 그의 사상이 시대적인 암매의 영향으로 약간의 결핍을 가지고 있어서 이삭을 불에 태워 드리려고 하는 잘못을 범했다 할지라도 하나님께서는 적극적으로 개입하시어 오히려 이삭을 보호하신다. 하나님은 자칫 아브라함이 이삭의 생명을 해할 수 있는 위기 상황에서 아브라함과 이삭을 동시에 보호하셨다. 그렇다고 하나님께서

아브라함을 책망하시지는 않으셨다.

'내가 너에게 요구한 것이 무엇인지도 모르고 세상 사람들처럼 감히 네 아들을 불에 태워서 제사하려는 저급한 생각을 할 정도밖에 되지 않았느냐?' 고 책망하지 않으셨다. 오히려 아브라함의 행위에 대해서 기꺼이 받아주시고, 그것이 믿음에 근거한 행위라고 정당화 시켜주셨다.

주의 사자가 "그 아이에게 네 손을 대지 말라 아무 일도 그에게 하지 말라 네가 네 아들 독자라도 아끼지 아니하였으니 내가 이제야 네가 하나님을 경외하는 줄 아노라"(창 22:12)고 함으로써 오히려 진정으로 하나님을 경외하는 사랑의 표시라고 인정하셨다.

그후에 하나님은 좀더 새로운 차원에서 이삭을 하나님께 드리는 방법이 무엇인가를 계시해 주신다. 지금까지 양을 하나님께 번제로 드리라고 요구하신 일은 있어도 사람을 번제로 드리라고 요구하신 일은 없었다. 그럼에도 불구하고 하나님이 그것을 요구하셨을 때 거기에 어떤 목적이 있었기 때문이다. 즉 번제의 정신이란 하나님과의 긴밀한 사랑의 관계를 확인하고 사상의 일치를 이루는 것이라는 점을 인식하게 하기 위함이었다.

아브라함은 이삭을 번제로 드리는 과정에서 그러한 정신을 알게 되었다. 하나님께서는 그 정신을 아브라함에게 계시하실 뿐만 아니라 이삭에게도 똑같이 가르쳐 주셨다. 그리고 그들의 믿음을 바탕으로 그러한 번제의 정신이 얼마나 소중하며 그것이 하나님 나라에 얼마나 큰 유익을 가져다 주는가 하는 것을 세세만대까지 교훈으로 주신다.

이처럼 하나님과 아브라함과 이삭과의 긴밀한 서로간의 사랑의 관계가 분명할 때에 하나님의 나라가 진행함에 있어서 절대적인 이정표를 세울 만한 위치에서 하나님은 그들을 사용하시고 계심을 볼 수 있다.

2) 사랑으로 일치를 이루고 있어야

우리가 서로 사랑하는 관계라 한다면 생활 감정 하나에까지 서로 일치하고 있어야 한다. 우리가 그러한 관계에 들어와 있지 않다면 사실 우리가 앞으로 가야 할 길은 참으로 막연할 뿐이다. 우리가 무엇을 위해 가야하며, 같이 살아가며, 서로 사랑한다고 하고, 무엇 때문에 한 마음으로 하나님께 예배드린다고 할 수 있는가에 대한 확인이 되어 있어야 한다.

하나님께서 우리에게 요구하시는 어떤 것이 있다면 우리 모두가 총체적인 한 마음으로 그것을 이루어야 된다. 그럼에도 불구하고 우리 안에 이 정도의 사랑도 확인되어 있지 않고 사상의 일치도 되어 있지 않다면 우리는 사실 더이상 아무 것도 할 수가 없다. 그런 사람들에게 하나님께서 무슨 일을 요구하시지도 않는다.

반면에 아브라함과 이삭과 같은 사랑이 우리에게서도 피차 확인되어 있다면, 그 사랑은 우리가 이 세상을 살아 갈 때에 무엇보다도 소중하고 우리가 앞으로 가야 될 길에서 가장 중요한 근간이 된다.

하나님께서 우리에게 생명을 바치라고 요구할 만한 위치에 우리가 있다는 것은 그만한 사랑을 우리가 확인하고 있어야 함을 의미한다. 마치 하나님께서 아브라함에게 이삭을 바치라 했을 때 기꺼이 바칠 만큼 그들 사이가 긴밀한 관계에 있던 것과 같다. 우리 중에 누구 하나를 하나님께서 요구하실 때 우리 모두가 그 일에 기꺼이 참여할 수 있을 만큼 서로의 관계를 확인하고 있어야 한다. 이것이 이 땅에 있는 교회들에게서 나타나는 자연스러운 모습이어야 한다.

① 입다와 그의 딸과의 일체성

그러한 예를 하나 더 살펴본다면 사사기 11장에서 입다와 그 딸의 관계에서 찾을 수 있다(삿 11:30-40). 입다는 전쟁에 나가면서 이 전쟁에서 이기도록 하나님께서 해 주신다면 집에 돌아오는 날 가장 먼저 반기는 사람을 하나님께 번제로 드리겠다고 서원을 했다. 입다가 하나님께 그러한 서원을 했을 때에는 자기의 개인적인 관심사를 성취하기 위해 일종의 감정에 치우쳐 한 것은 아니다.

그 전쟁 자체가 민족적인 차원에서 암몬을 무찔러야 할 뿐만 아니라 암몬과의 전쟁에서 이기는 것만이 하나님의 큰 뜻, 즉 하나님의 나라를 진행시키는 유일한 길임을 분명히 파악하고, 자신이 하나님 나라에서 중요한 위치에 있다는 사실을 분명히 알고 있었다. 때문에 하나님께 그와 같은 서원을 하였다. 하나님께서 이 전쟁에서 이기게 하신다는 확실하고 면밀한 근거를 가지고 있던 입다는 하나님의 은혜를 은혜답게 이룰 수 있는 일은 무엇일까 궁구하던 중 그와 같은 서원을 했다.

입다가 전쟁에서 승리하고 돌아올 때 맨 처음 그의 딸이 소고를 치면서 기뻐 뛰어 나왔다. 입다가 하나님께 서원한 내용을 말하자 그 딸은 그 서원에 대해서 조금도 거부하지 않고 받아들였다. 여기에서 그 딸의 신앙을 살펴볼 수 있다.

② 대의적인 사랑의 감정 가지고 있어

입다의 딸이 그 서원에 동의한 것은 단순히 아버지를 사랑하고 순종한다는 지극히 인간적인 차원에서 동의한 것은 아니다. 그렇다고 입다가 전 이스라엘의 대표로서 공개적으로 약속했고 그 약속을 사람들 앞에서 지켜야 하는 의무적인 위치에 있었기 때문에 동의한 것도 아니다. 그것보다는 하나님 나라의 진행이라는 대의적인 가치를 더 높이 보았기 때문이었다.

하나님의 나라가 적의 침략 앞에 무너지지 않고 계속 든든히 서 나아가야 하는 것은 거기에 인류의 소망이 담겨 있기 때문이다. 이에 입다의 딸은 그 서원에 동의하여 자기를 하나님께 기뻐하는 마음으로 내어놓았다. 입다는 하나님 나라의 일이라는 대의적인 입장에서 하나님께 서원하였고 그의 딸 역시 우주적인 하나님의 나라를 위해 입다의 서원에 동의하고 자신을 기꺼이 하나님께 드렸다.

여기에서 시내산 율법과 다른 새로운 번제의 정신이 나타난다. 이 번제는 아브라함이 이삭을 드리려 했던 것처럼 불로 태워서 제사하는 것이 아니었다. 입다 시대에는 시내산에서 율법을 받은 이후 상당히 시간이 흐른 뒤이고, 입다 자신이 율법에 대해 많이 알고 있는 사람으로서 사람을 번제로 드릴 생각은 하지 않았음이 분명하다. 오히려 번제의 정신에 입각하여 그의 딸을 하나님께 드렸고 그의 딸 역시 이 번제의 정신에 입각하여 한 평생동안 하나님께 드려진 사람으로서 구별된 삶을 살았다. 이것은 하나님께서 아브라함과 이삭에게 계시해 주신 번제 정신과 일치한다.

이처럼 입다와 그의 딸 사이에서도 생활의 감정이 일치하고 있다. 그것이 바로 사랑이다. 기꺼이 아무 조건 없이 서로를 내어놓을 수 있고, 서로를 하나님께 드릴 수 있으며, 그 드림에 자기를 기꺼이 내어놓을 수 있을 만한 관계를 갖게 한 것은 사랑이었다. 때문에 사랑의 감정이 편협해서는 안 된다. 적어도 하나님 나라의 진행과 하나님 나라에 일치하는 감정에서 서로 똑같은 사랑의 감정이 있어야 한다. 이처럼 우리의 사랑은 크고 온전한 사랑으로서 하나님 나라를 이루어 나가는 사랑이어야 한다.

3) 사랑의 대상이신 하나님

이런 사랑이 우리 안에 있을 때 "너희는 세상에 속한 자가 아니요 도리어 세상에서 나의 택함을 받은 자인 그로 세상이 너를 미워하느니라"(요 15:19)고 예수님께서 말씀하시는 것처럼 세상에 대한 구별된 위치에 우리가 서 있어야 한다. 세상이 우리를 핍박하고 박해를 한다 하더라도 하나님에 대한 우리의 사랑이 지극하고 온전하다면 그것을 이겨낼 수 있다. 세상은 우리에게 사랑의 대상이 아니다. 세상과 우리는 적대 관계이다. 따라서 우리가 적극적으로 사랑을 쏟아 부어야 할 대상은 세상이 아니라 하나님이시다.

이런 차원에서 우리가 모두 하나님께 대해서 똑같은 사랑을 부어야 하고 서로 교통하고 교제하며 서로를 가꾸어 주고 사랑해야 한다. 이러한 관계 속에서 우리 공동의 사랑의 대상으로서 하나님을 사랑할 때 우리가 가지고 있는 사랑의 능력이 행사됨으로써 우리 인생의 종국적인 결과로 하나님께서 기뻐하실 열매가 드러나게 된다.

우리는 함께 구원의 열매를 맺고 완성해 가는 교회의 회원들이다. 거듭 말하지만 자기 혼자 구원에 이를 수 없다는 것을 알아야 한다. 우리가 서로 행사하는 사랑의 감정은 형편에 따라 시시각각 바뀌어서는 안 된다. 하나님께 오롯한 사랑의 감정을 쏟아 부어야 하듯이 우리 사이에서도 똑같이 그런 사랑의 감정을 나누고 있어야 한다.

결코 우리의 사랑이 가식적이거나 추상적이거나 편협해서는 안 될 이유가 여기에 있다. 우리가 서로 사랑하는 것처럼 하나님도 사랑해야 한다. 하나님을 사랑하는 것처럼 우리 서로를 사랑해야 한다. 하나님을 사랑하는 것과 형제들을 사랑하는 것은 다른 것이 아니다. 이러한 모든 삶의 총체적인 관심이 마침내 구원의 열매로 완성된다. 우리는 그것을 바라보고 서로 갈 길에 대해서 격려하고 협조하며 유익을 도모해야 한다. 이러한 관계만이 앞으로 우리 교회가 나아갈 길을 힘있게 하는 원동력이 된다.

4. 주께서 우리를 부르신 목적

한 사람의 인간으로 태어나 하나님 나라의 진행에 지대한 역할을 하는 것이 인간의 본분이자 자신이 추구하는 삶의 길을 제대로 간 사람이라 할 수 있다. 이러한 길을 찾기 위해 그동안 제반 사항을 점검해 보았다.

1) 우리를 부르신 목적

하나님께서는 온 우주를 창조하시고 통치하심에 있어 거룩한 목적을 가지고 그의 능력을 발휘하신다. 최초의 목표란 본상의 하나님 나라와 창조계, 즉 실존의 하나님의 나라가 통일되는 것이라고 말할 수 있다. 이것을 우리는 창조 목적이라고 한다. 본상의 하나님의 나라는 하나님이 친히 왕으로 군림하시는 하늘에 있는 나라이다. 실존의 하나님 나라는 이 땅에 세워진 하나님의 나라, 즉 가장 하나님 나라와 방불한 형태로 존재하는 이 땅의 우주적인 교회이다. 우주의 모든 피조 세계는 종말과 함께 자취를 감추게 될 것이다. 그러나 이 우주적인 교회만은 없어지지 않고 그대로 천상의 나라와 결합하여 하나가 된다. 이것이 교회만이 누리는 영광이다.

"하늘에 있는 것이나 땅에 있는 것이 다 그리스도 안에서 통일 되게 하려 하심이라"(엡 1:10)는 말씀은 하나님의 창조 목적이 무엇인가를 잘 말해주고 있다. 이 궁극적인 창조 목적을 하나님은 그리스도의 십자가를 통해 이 땅에 건설하게 된 교회를 통해 성취하시기를 계획하셨다. 이렇게 함으로써 본질과 실체가 하나인 나라를 건설하심으로써 피조의 세계 속에서 하나님의 지혜와 영광이 충일하게 발휘되는 나라를 하나님은 원하신다. 이러한 목적을 두고 하나님은 전 역사를 경영해 나가신다. 우리는 이것을 하나님의 경륜(*οικονομια*)이라고 한다. 따라서 하나님의 경륜은 바로 교회를 통해서 보다 구체적으로 구현된다.

이러한 통일된 새 나라, 즉 교회 안에서 우리의 위치와 역할을 알고 하나님의 뜻을 수행함으로써 자신에게 주어진 생의 의미를 깨닫고 그리스도께서 통일시키신 영광된 나라의 한 백성으로 살아가기를 원하신다.

따라서 그 경영을 이루어 나가기 위해 하나님께서는 어떻게 역사를 진행시키고 인도하시는가를 분명하게 보여주고 그 길을 따라 살아가도록 우리를 부르셨다.

그러기 위해 먼저 하나님께서는 전 우주적인 계획을 충분하게 우리에게 계시해 주시기 위해 성경을 기록해 주셨다. 그리고 이 계시를 보존하고 해석하여 각자의 본분을 찾아 의미 있는 인생을 수행할 수 있는 터전으로 교회를 예비해 주셨다.

따라서 우리가 하나님의 경륜 곧 '하나님의 나라를 통치해 나가시는 계획' 을 밝히 아는 것이 우리의 사명을 수행함에 있어서 진정한 열쇠가 된다. 나아가 계시에 대한 정당한 해석과 가르침이 선포되는 교회가 있어서 우리의 행보를 일일이 점검하고 보완해 주며 그 길에 대하여 보증해 주어야 한다.

2) 삶의 터전으로서 교회 세워야

이상의 주제들에 대하여 우리는 여러 각도에서 살펴보았다. 그리고 무엇보다도 우리에게 가장 시급한 것은 우리가 살아가는 삶의 터전이 되는 교회를 세워나가는 일임을 알 수 있었다. 그리고 교회를 통해 하나님께서 공급해 주시는 양식을 섭취하고 장성하여 각각의 사명을 각성하고 수행함으로써 하나님께서 우리를 부르신 인생의 목적을 완수해 나가야 한다.

그러므로 제일 먼저 점검해야 할 것은 우리 각 사람이 한 교회의 지체로 서로의 관계를 확인함으로써 공동의 교회적인 삶을 경영해 나가고 그리스도의 지체된 한 몸으로서 인격을 발휘할 만큼 서로에 대한 연대의식을 갖고 있는가를 확인해야 한다.

나 하나가 신자로서 가지는 각성이 교회아敎會我로 각성이 되어 있고 하나님 나라의 진행에 있어서 필수적인 역할을 수행할 수 있는 위치에 이르기 위해 교회 회원들이 모두 서로 그만한 각성을 하고 있어야 한다. 그러기 위해 전 인격적인 일체감을 갖고 있어야 한다. 그 일체감은 무엇보다도 사랑의 감정이다. 모든 생활 감정이 이 사랑을 중심으로 일치되어 있어야 한다. 이러한 관계를 우리는 유기체라고 한다. 일사불란하게 움직일 수 있는 생명체로서 각각의 역할을 수행할 수 있어야 한다. 이에 대한 바울의 가르침을 눈여겨보아야 한다.

"몸은 하나인데 많은 지체가 있고 몸의 지체가 많으나 한 몸임과 같이 그리스도도 그러하니라 우리가 유대인이나 헬라인이나 종이나 자유자나 다 한 성령으로 세례를 받아 한 몸이 되었고 또 다 한 성령을 마시게 하였느니라 몸은 한 지체뿐 아니요 여럿이니 만일 발이 이르되 나는 손이니 몸에 붙지 아니하였다 할지라도 이로 인하여 몸에 붙지 아니한 것이 아니요 또 귀가 이르되 나는 눈이 아니니 몸에 붙지 아니하였다 할지라도 이로 인하여 몸에 붙지 아니한 것이 아니니 만일 온 몸이 눈이면 듣는 곳은 어디며 온 몸이 듣는 것이면 냄새 맡는 곳은 어디뇨 그러나 이제 하나님이 그 원하시는 대로 지체를 각각 몸에 두셨으니 만일 다 한 지체뿐이면 몸은 어디뇨 이제 지체는 많으나 몸은 하나라 눈이 손더러 내가 너를 쓸데없다 하거나 또한 머리가 발더러 내가 너를 쓸데없다 하거나 하지 못하리라 이뿐 아니라 몸의 더 약하게 보이는 지체가 도리어 요긴하고 우리가 몸의 덜 귀히 여기는 그것들을 더욱 귀한 것으로 입혀 주며 우리의 아름답지 못한 지체는 더 아름다운 것을 얻고 우리의 아름다운 지체는 요구할 것이 없으니 오직 하나님이 몸을 고르게 하여 부족한 지체에게 존귀를 더하사 몸 가운데서 분쟁이 없고 오직 여러 지체가 서로 같이하여 돌아보게 하셨으니 만일 한 지체가 고통을 받으면 모든 지체도 함께 고통을 받고 한 지체가 영광을 얻으면 모든 지체도 함께 즐거워하나니 너희는 그리스도의 몸이요 지체의 각 부분이라"(고전 12:12-27).

3) 교회 공동체로서 삶이 진정한 구원 완성해

한 시대에 있어서 하나의 교회를 이루고 있는 우리 각 사람들은 함께 구원을 이루어 가는 데 있어서 절대적으로 필요한 사람들이다. 자기 혼자 열심히 신앙 생활을 하고 예수 그리스도를 잘 믿으면 구원을 받는다고 생각하는 개인적 구원관에 대해서 바울은 심각한 경고를 하고 있다.

특히 동양적인 사고 방식에 젖어 있는 한국 교회가 그러한 경향이 농후하다는 점을 우리는 지나칠 수 없다. 이런 경향은 기독교 사상이 아닌 옛적부터 내려온 소승불교의 영향 때문이다. 다른 사람의 처지나 형편은 상관하지 않고 나 하나 잘 되면 그만이라는 소아적인 사고 방식과 극락 왕생한다는 불교의 내세 신앙이 그대로 한국 교회에 유입된 것이다.

그러한 영향을 받은 사람들은 개인 구원에 관심이 많고 현실에서 가지는 신앙 생활보다는 내세에서 복락을 얻고자 하는 내세 지향적인 신앙관을 가지고 있다. 그래서 함께 교회를 이루고 연합하여 하나님 나라의 드높은 사상을 문화로 드러내고 그 안에서 구원받은 성도들의 삶을 통하여 기쁨과 감격을 누리는 일에는 관심이 없다.

그러나 성경에 나타난 이스라엘 백성의 신앙 생활이나 초대 교회 성도들을 보면 이 땅에서 하나님의 백성으로서 어떻게 사는 것이 하나님을 기쁘시게 하는가에 대하여 깊은 관심을 가지고 있음을 볼 수 있다. 그리고 그러한 삶을 통하여 하나님은 이 땅에 구체적인 하나님의 나라가 세워지기를 원하셨음을 알 수 있다. 이러한 이유 때문에 바울은 함께 교회를 세워나가야 함에 대하여 우리의 주의를 환기시키고 있다.

"오직 사랑 안에서 참된 것을 하여 범사에 그에게까지 자랄지라. 그는 머리니 곧 그리스도시라 그에게서 온 몸이 각 마디를 통하여 도움을 입음으로 연락하고 상합하여 각 지체의 분량대로 역사하여 그 몸을 자라게 하며 사랑 안에서 스스로 세우느니라"(엡 4:15-16)는 말씀 속에서 교회가 가야 할 제일보를 말해주고 있다. 즉 ① 하나님에 대한 순일하고 순전한 사랑을 가지고 있어야 할 것과 ② 성도들 사이에 지극한 지체 의식으로 전체의 삶이 유기적으로 하나가 되는 사랑을 나눌 수 있어야 할 것에 대해 말하고 있다.

바울은 그런 면에서 빌립보 교인들과 아무런 사심이나 거리낌 없이 사랑의 관계를 맺었다고 담대히 말하고 있다(빌 4:10-20). 그리스도 안에서 함께 사랑을 나누고 구원을 향해 달려가면서 그 형제들이 자기에게 기쁨이고 면류관이라고까지 자랑한다(빌 4:1). 바로 이런 모습이 하나님 나라를 건설함에 있어서 초석이 된다.

우리의 관계는 소아적인 사랑의 관계가 아닌 하나님 나라를 바탕으로 한 대의적인 사랑의 관계여야 한다. 그러한 삶의 모습은 ① 하나님께 대한 숨김없는 사랑에서 나오며 ② 그 사랑을 바탕으로 서로를 가장 그 사람답게 가꾸어주고 사랑을 베푸는 것이다. 그러한 삶으로 교회를 세울 때 그 교회는 그리스도의 인격을 바탕으로 하는 교회가 되어 이 땅에 하나님의 나라를 구현하게 된다.

기 도

거룩하신 주님!

우리가 그리스도에게 연결되어 있을 때는 이미 그리스도께서 우리에게 모든 사랑의 능력을 다 공급해 주신다는 관계 안에서 주님은 포도나무요 우리는 가지인 것을 알았사옵나이다.

때문에 우리가 열매 맺지 못하는 일은 없을 것이며 온전히 우리의 모든 생활의 감정을 우리 주님께 쏟아 부어야 한다는 것을 알았사옵나이다. 바로 그것이 사랑이고 그런 사랑을 오롯이 하나님께 드릴 뿐만 아니라 이제는 우리 사이에서도 똑같은 차원에서 사랑을 나누어야 될 것을 배웠사옵나이다.

이러한 길을 우리가 끊임없이 추구해 나갈 때 그 인생의 종점에서 열매가 맺힐 것이며 바로 그 열매가 하나님의 나라를 세워나가고 하나님의 나라를 진행시킴에 있어서 특별하고 각별한 가치를 지니고 있음을 알았사옵나이다.

이제 우리의 모든 삶을 서로 내보이고, 나아가 서로의 감정이 온전하게 하나가 되어서 하나님을 기쁘시게 하고 서로를 사랑할 수 있는 교회로 장성케 되기를 소원하옵나이다.

예수님의 이름으로 기도합니다. 아멘.

제3부
교회와 신앙

배교 시대에 우리가 가야할 개혁신앙

이사야 1장 1-17절

1 유다 왕 웃시야와 요담과 아하스와 히스기야 시대에 아모스의 아들 이사야가 유다와 예루살
렘에 대하여 본 이상(異像)이라
2 하늘이여 들으라 땅이여 귀를 기울이라 여호와께서 말씀하시기를 내가 자식을 양육하였거늘
그들이 나를 거역하였도다
3 소는 그 임자를 알고 나귀는 주인의 구유를 알건마는 이스라엘은 알지 못하고 나의 백성은 깨
닫지 못하는도다 하셨도다
4 슬프다 범죄한 나라요 허물진 백성이요 행악의 종자요 행위가 부패한 자식이로다 그들이 여
호와를 버리며 이스라엘의 거룩한 자를 만홀히 여겨 멀리하고 물러갔도다
5 너희가 어찌하여 매를 더 맞으려고 더욱 더욱 패역하느냐 온 머리는 병들었고 온 마음은 피곤
하였으며
6 발바닥에서 머리까지 성한 곳이 없이 상한 것과 터진 것과 새로 맞은 흔적뿐이어늘 그것을 짜
며 싸매며 기름으로 유하게 함을 받지 못하였도다
7 너희 땅은 황무하였고 너희 성읍들은 불에 탔고 너희 토지는 너희 목전에 이방인에게 삼키웠
으며 이방인에게 파괴됨같이 황무하였고
8 딸 시온은 포도원의 망대같이, 원두밭의 상직막같이, 에워싸인 성읍같이 겨우 남았도다
9 만군의 여호와께서 우리를 위하여 조금 남겨 두지 아니하셨더면 우리가 소돔 같고 고모라 같
았었으리로다
10 너희 소돔의 관원들아 여호와의 말씀을 들을지어다 너희 고모라의 백성아 우리 하나님의 법
에 귀를 기울일지어다
11 여호와께서 말씀하시되 너희의 무수한 제물이 내게 무엇이 유익하뇨 나는 수양의 번제와
살진 짐승의 기름에 배불렀고 나는 수송아지나 어린 양이나 수염소의 피를 기뻐하지 아니
하노라
12 너희가 내 앞에 보이러 오니 그것을 누가 너희에게 요구하였느뇨 내 마당만 밟을 뿐이니라
13 헛된 제물을 다시 가져오지 말라 분향은 나의 가증히 여기는 바요 월삭과 안식일과 대회로
모이는 것도 그러하니 성회와 아울러 악을 행하는 것을 내가 견디지 못하겠노라

14 내 마음이 너희의 월삭과 정한 절기를 싫어하나니 그것이 내게 무거운 짐이라 내가 지기에
곤비하였느니라
15 너희가 손을 펼 때에 내가 눈을 가리우고 너희가 많이 기도할지라도 내가 듣지 아니하리니
이는 너희의 손에 피가 가득함이니라
16 너희는 스스로 씻으며 스스로 깨끗케 하여 내 목전에서 너희 악업을 버리며 악행을 그치고
17 선행을 배우며 공의를 구하며 학대 받는 자를 도와주며 고아를 위하여 신원하며 과부를 위
하여 변호하라 하셨느니라

배교 시대에 우리가 가야할 개혁신앙

이사야 1장 1-17절

시작하는 말

인류의 역사를 놓고 보면 ① 창세 이래로 지금까지 하나님에 대항하여 배도한 무리들이 죄와 더불어 발전해오는 역사와 ② 죄를 대항하며 거룩한 하나님 나라를 세워나가도록 하나님께서 세상에서 불러낸 무리들의 역사로 나눌 수 있다. 인류가 이처럼 극단적인 두 조류 사이에서 갈등을 겪으며 역사의 발자취를 걸어오게 된 것은 처음 하나님께서 세상을 창조한 때부터는 아니었다.

하나님께서 아담과 하와를 이 땅에 내실 때에 그들은 죄의 성향을 가지고 있지 않았다. 이것은 그들이 죄를 추구하고자 하는 방향성을 가지지 않고 있음을 의미한다. 그렇다고 그들이 죄를 지을 수 있는 가능성이 없다는 말은 아니다. 단지 그들은 처음부터 죄를 짓도록 창조되지 않았다는 점에서 죄로부터 분리되어 있었다.

따라서 첫 사람인 아담과 하와가 처음 하나님께서 창조하신 그 모습을 가지고 지속적으로 하나님과 동행하고 살았더라면 인류의 세계에 죄가 들어오지 않았을 것이다.[2] 그러나 아담과 하와가 사탄의 유혹에 대

2) 아담과 하와가 지속적으로 하나님의 말씀에 순종하여 범죄하지 않았다고 하더라도 그들이 하나님께서 바라시는 수준에까지 자연적으로 도달할 수 있다는 것은 아니다. 그들에게 있어서 범죄의 유무와는 상관없이 그들이 궁극적으로 도달해야 할 수준에 이르기 위해서는 중보자의 역할이 절대적으로 필요했다. 그들이

하여 적극적으로 반응하고 창조주이신 하나님의 말씀을 거역한 결과 죄가 이 세상에 들어오게 되었다.[3]

궁극적으로 도달해야 할 완성의 위치에 이르기까지 그들에게 중보자가 필요하다는 사상은 동산 중앙에 있는 생명나무의 역할에서 읽을 수 있다.

선악을 알게 하는 나무가 그들에게 있어서는 죽음을 경고하는 역할을 하는 반면에 생명나무는 그들에게 주어진 영속적인 생명의 궁극적인 완성에 도달하도록 인도하는 역할을 하였다. 이 사실은 그들에게 있어서 생명나무를 통하여 끊임없이 하나님으로부터 생명력을 공급받아야 한다는 사실을 증명한다. 따라서 그들이 비록 영생하도록 지음을 받았다 할지라도 날마다 하나님으로부터 생명력을 공급받아야 함을 의미하며 하나님의 생명을 공급받음에 있어서 중보자가 필요함을 생명나무가 상징하고 있다. 그리고 이러한 과정을 통하여 마침내 그들이 도달해야 할 궁극적인 완성을 향하여 나아갈 수 있었다.

하나님께서는 처음부터 아담과 하와가 중보자를 통하여 그들이 하나님이 다스리시는 통치권에 순종하도록 하셨으며 중보자의 적극적인 사역을 통하여 하나님께서 그들을 창조하신 목적에 도달하도록 하셨다. 따라서 아담과 하와는 중보자의 중보 사역에 의지하여 그들이 마침내 하나님께서 다스리시는 나라에 들어갈 것을 소망해야 했고, 이것을 신앙하고 자신의 인생을 경영해 나가야 했다. 그 결과 중보자의 사역을 통하여 마침내 영화(glorification)의 자리에까지 도달해야 했다.

3) 아담은 이미 선악을 알게 하는 나무의 열매를 먹으면 죽으리라(창 2:17)고 하신 하나님의 말씀을 통해 죽음에 대하여 경고를 받은 바 있다. 그러나 죽음에 대한 개념을 알고 있다는 것이 죄를 지을 가능성을 가지고 있음을 의미하는 것은 아니다. 때문에 아담과 하와에게 외부로부터 그 누군가가 죄를 가져다 주기 전에는 그들이 스스로 죄를 지을 가능성이 없었다. 뿐만 아니라 타락하기 이전의 아담에게 있어서의 죽음에 대한 개념은 단순히 개념적인 차원에서 말하는 죽음이 아니었다. 즉 선악을 알게 하는 나무의 열매를 먹으면 죽을 것이라는 막연한 지식을 가지고 있는 것이 아니라, 아담이 절대적으로 선하게 지어졌다는 속성에 비추어 상대적으로 정반대적인 성향을 띠고 있는 죽음의 성격이 어떤 것인가를 알고 있음을 의미한다.

그러므로 아담은 단순히 죽음이라는 개념을 알고 있었던 것이 아니라 그 죽음이 가지고 있는 가장 악독한 성질이 어떤 것인가를 가슴으로 느끼고 있었다. 아담이 가지고 있는 충일한 생명력에 대한 환희와 더불어 그 반대편에 있는 죽음의 공허함은 이미 죄로 인해 부패한 인간이 가지는 정도의 죽음이 아니었다. 아담이 죽음에 대하여 가지고 있었던 개념은 죄가 없으신 그리스도께서 죽음에 대하여 가지는 분노와 그 죽음이 가져다 주는 고통에 대하여 알고 계셨음을 통해서도 알 수 있다.

그럼에도 불구하고 아담과 하와가 범죄하였다는 것은 죽음의 방향을 향하여 이후부터 인류는 필연적으로 죄의 영향력과 죄의 지배 아래에서 살 수밖에 없었다. 인류가 죄의 노예가 된 것은 범죄한 아담과 하와 이래로 아무도 그 자리에서 벗어날 수 없는 철칙鐵則이 되고 말았다. 인류가 죄의 노예가 되었다는 것은 그들이 더이상 하나님의 편에 서지 않고 사탄의 편에 있음을 의미한다.

다시 말하면 창조주이신 하나님의 통치를 받으며 하나님으로부터 나오는 지혜와 능력으로 살아가는 것이 아니라 전적으로 사탄의 지배 아래 있음을 의미한다. 그 결과 인류는 하나님과 원수가 되었고 공의로우신 하나님으로부터 저주를 받는 위치에 들어가게 되었다.

뿐만 아니라 하나님의 형상으로 창조되어 그 본성상 하나님의 성품을 발휘하여 신적 속성을 드러내어야 할 인류는, 범죄한 이후부터 누구나 사탄적인 성격을 가지게 되었고 사탄이 조장하는 방향에 인생의 목적을 두고 자신의 생활을 경영하게 되었다. 이것은 모든 인류가 하나님의 저주 아래 사탄적인 사상을 가지고 줄곧 죽음을 향해 달려가고 있음을 의미한다.

이러한 처지에 빠져 있는 아담과 하와를 비롯하여 장차 태어날 여자의 후손들이 하나님과 원수된 자리에서 하나님과 화목하는 자리로 옮겨지고 지금까지 사탄과 친밀성을 가지고 있던 위치에서 사탄과 원수가 되게 하기 위해 하나님께서 전격적으로 선포한 것이 최초의 복음proto

몸을 내어던질 정도로 적극적이었음을 의미한다. 그들은 죽음에 대하여 적극적으로 반대하는 성향을 가지고 있었음에도 불구하고 죽음을 선택하였다. 이러한 점에서 아담과 하와는 마지못해 사탄을 추종한 것이 아니라 그들 스스로 죽음을 향하여 적극적으로 하나님을 대항하고 사탄의 편에 섰던 것이다. 이것이 죄가 가지고 있는 악독한 성질이다. 그리고 이 죄는 사탄이 외부로부터 가져와 하와에게 준 것이다. 만일 하와가 적극적으로 이 죄를 추구하지 않았다면 아담과 하와가 죄에 빠지는 일은 없었을 것이다.

evangelium인 창세기 3장 15절이다.[4)]

"내가 너로 여자와 원수가 되게 하고 너의 후손도 여자의 (그) 후손과 원수가 되게 하리니 여자의 (그) 후손은 네 머리를 상하게 할 것이요 너는 그의 발꿈치를 상하게 할 것이니라"(창 3:15)는 하나님의 말씀은 범죄함으로 말미암아 하나님과 원수된 위치에 있는 여자를 다시 하나님과 화목하게 함으로써 본래와 같이 여자가 사탄과 원수되는 위치에 서게 할 뿐만 아니라 이후 탄생할 여자의 후손들이 사탄과 원수가 되게 하겠다는 것과 특정한 '여자의 그 후손'이 사탄의 머리를 상하게 할 것이라는 선언이 담겨 있다.

즉 여자의 후손(들)은 전체 인류를 의미하는 것이 아니라 사탄과 원수가 될 여자의 후손(들)을 의미하는데 이 여자의 후손(들)은 그 성격상 사탄과 원수되는 성향을 나타내게 될 것이라는 말이다. 이 말은 하나님께서 여자의 후손(들)에게 범죄한 아담과 하와가 상실한 하나님의 형상을 다시 발휘할 수 있도록 생명력을 주심으로써 자연스럽게 하나님의 성품을 발현發顯할 뿐만 아니라 그 결과 사탄적인 모든 성격과는 대칭적인 관계를 이루게 하실 것이라는 의미이다.

더 나아가 마침내 '여자의 그 후손'[5)]이 나타나 사탄의 머리를 상하게

---

4) 창세기 3장 15절은 하나님께서 인류를 죄로부터 구원하시겠다는 의지를 계시하신 최초의 말씀이라는 점에서 '원형의 복음'(proto evangelium)이라고도 한다. 그러나 이 말씀은 선악을 알게 하는 나무의 열매를 먹으면 정녕 죽으리라고 하시며 최초에 아담과 맺은 언약의 갱신으로서, 범죄한 인간과 하나님 사이에 맺어진 최초의 언약이라는 점에서 중요한 위치를 차지한다. 이런 이유로 이 언약은 '은혜의 언약'이라고 불린다. 이 언약은 이후 하나님과 인류 사이에 맺어진 모든 언약(노아와 맺은 언약, 아브라함과 맺은 언약, 시내산에서 이스라엘 백성과 맺은 언약, 다윗과 맺은 언약 및 주께서 세우신 새 언약)의 근간이 될 뿐만 아니라 언약 사상의 중요한 근거를 이루고 있다.

5) 이 용어, 즉 '여자의 그 후손'은 이후 인류의 역사에서 명백하게 계시되고 있는 구속사에서 핵심을 이루게 된다. 따라서 아담이 범죄한 이후의 역사는 '여자의 그 후손'에 대한 역사라고 할 수 있다.

함으로 말미암아 이 세상에 들어온 사탄적인 성격이 마침내 온전히 제거될 것이라는 의미를 가지고 있다. 여기에서 말하는 뱀의 머리는 사탄이 아담과 하와를 유혹하여 그들로 하여금 죄에 빠지도록 조장한 사탄의 계략을 상징하는 것으로, 여자의 그 후손은 바로 이 사탄의 술수를 철저하게 깨뜨려 하나님께서 창조하신 세계에 다시는 사탄적인 성향이나 성격이 나타나지 않도록 한다는 의미이다.

그러나 그날이 임하기까지 필연적으로 이 세상의 역사는 사탄적인 성향을 가진 자들과 사탄의 성향을 대적하는 여자의 후손(들)과의 싸움이 끝나지 않고 진행된다. 여기에서 사탄은 그의 악랄한 방법을 동원하여 어떻게든지 여자의 후손(들)이 이 세상에 나타내어야 할 하나님의 성품을 드러내지 못하게 하기 위해 강력한 조직을 세워 대처해 나가기 시작한다. 그 첫 번째 사건이 바로 가인이 아벨을 살인한 사건이다.

1. 가인의 살인 사건

가인과 아벨이 처음부터 하나님에 대한 지식과 인식의 정도가 달랐던 것은 아니다. 그러나 그들이 장성하는 과정에서 아담과 하와로부터 하나님에 대한 지식을 전달받을 때 점차 그 인식의 차이를 가져오게 되었다. 가인과 아벨이 하나님에 대하여 얼마나 그 인식의 정도가 달랐는가를 단적으로 표하는 사건은 가인이 곡식을 제물로 하여 하나님께 제사를 드렸고 아벨은 양의 첫 새끼와 그 기름을 제물로 삼아 하나님께 제사를 드린 것이다.

이 과정에서 가인은 당연히 자기가 농사를 지은 것의 소산을 하나님께 드린 것이고 아벨은 양을 기른 것으로 하나님께 드렸다는 점에서 놓고 본다면 각자 그들의 행위에 별달리 어떤 차이를 둘 필요는 없다.

그러나 제사란 자기가 얻은 소득의 일부를 하나님께 드리는 것이 아니라, 죄로 말미암아 죽은 자기의 생명을 대신하여 하나님의 공의를 만족하기 위해 대속해야 한다는 정신과, 그것에 의지하여 하나님과 화목하고 그 앞에 나아갈 수 있다는 믿음을 상징하는 것이어야 한다.[6] 뿐만

6) 죄 있는 인간이 창조주 하나님께 나아가기 위해서 중보자가 필요하다는 사상은 처음 하나님께서 아담을 창조하시고 언약을 맺을 때부터 분명하게 나타나고 있다. 하나님은 에덴 동산을 창설하시고 그곳 동산 중앙에 생명나무와 선악을 알게 하는 나무를 두셨다(창 2:9). 하나님은 아담과 하와를 그 동산에 살게 하심에 있어 먼저 언약을 맺으시고 "동산 각종 실과는 네가 임의로 먹되 선악을 알게 하는 나무의 실과는 먹지 말라 네가 먹는 날에는 정녕 죽으리라"(창 2:16-17)고 하심으로써 그들이 에덴 동산에 거주하면서 생육하고 번성함에 있어 하나님의 말씀에 적극적으로 순종하고 살아야 할 것을 제시하셨다.

하나님께서 선악을 알게 하는 나무와 함께 생명나무를 동산 중앙에 두신 것은 그들이 궁극적으로 도달해야 할 인생의 완성에 있어서 지속적으로 생명을 공급받아야 한다는 사실을 생명나무의 존재를 통해 말씀하셨던 것이다. 따라서 아담과 하와는 선악을 알게 하는 나무의 열매를 먹지 말라고 금하신 하나님의 말씀을 적극적으로 순종함에 있어, 상대적으로 생명을 확장하고 발전시켜 나가야 한다는 차원에서 생명나무의 존재를 날마다 확인해야 했다.

이 과정에서 그들에게 주어진 생명의 능력은 하나님으로부터 공급되어지되 그 사이에 생명나무가 있음을 알게 함으로써 하나님과 인간 사이에는 생명을 전달해주는 중보자가 있음을 날마다 인식하도록 하셨다. 그러므로 동산 중앙에 있는 생명나무와 선악을 알게 하는 나무의 역할은 하나님과 인간 사이에 맺어진 언약의 내용을 보여줄 뿐만 아니라, 인간이 영속적으로 생명을 유지하기 위해서는 생명의 원천자이신 하나님과 인간 사이에 생명력을 전달해 주는 중보자가 있음을 알도록 하기 위함이었다.

이러한 중보자에 대한 지식은 아담과 하와가 범죄한 이후 여자의 후손이 사탄의 계략을 깨뜨리고 하나님과 원수되었던 인류를 하나님과 화목하게 할 것이라는 은혜언약에서 분명하게 계시되었다(창 3:15). 즉 처음 에덴 동산에서 생명나무로 상징되었던 중보자가 여기에서는 '여자의 그 후손'이라는 사실이 분명하게 계시되고 있다. 따라서 이후부터 인류는 하나님께서 약속하신 중보자를 통하여 근본적인 죄의 문제를 해결할 수 있음을 알게 되었고 이러한 사상이 제사 제도 안에 담겨져 나타나게 되었다. 따라서 제사 제도에 있어서 제물은 죄 있는 인간과 하나님과의 사이에 놓여져 넘을 수 없는 벽을 헐고 둘 사이를 화목하게 하는 중보자의 역할을 상징한다.

그러므로 제사를 드리는 사람은 중보자의 역할을 신앙해야 하는 것에 그 근거를 두고 제물을 가져와야 한다. 또한 이러한 신앙에 근거하여 제사를 드리는 사람은 자신의 죄의 문제를 근본적으로 대속해 주어야 할 중보자를 절대적으로 의지해야 한다. 그런데 죄는 필연적으로 사망을 가져다 주기 때문에 사망 선고를 받은 죄 있는 인간의 생명을 대속함으로써 죽음으로부터 생명을 보존하는 것이 중보자의 사역임을 알 수 있다. 이러한 차원에서 죄의 대가를 중보자가 대신 치

아니라 제사 제도를 통하여 인간이 하나님 앞에 나아간다는 것은 비록 자기의 죄로 인하여 자신이 죽었음을 상징하는 제물을 가지고 하나님께 나아갈지라도, 마침내는 중보자를 통하여 인간이 하나님 앞에 서게 되는 날이 올 것이며 그날에는 죄 있는 인간이 중보자를 통하여 직접 하나님을 대면하고 하나님과 같은 형상으로 변화되어야 할 것을 믿어야 한다.

아벨은 이런 차원에서 하나님이 누구이시며 그 앞에 서 있는 인간은 누구이고 죄 있는 인간이 하나님 앞에 나아가기 위해서는 어떻게 신앙을 표시해야 하는가에 대하여 바르게 알고 있었다. 그러나 가인은 하나님 앞에 나아가야 한다는 사실에 대한 명확한 지식을 가지고 있지 못했기 때문에 자기 임의대로 제물을 선택하고 자기식의 제사를 드린 것이다. 이것은 자신의 종교성을 만족시키기 위한 종교적 행위일 뿐이다.[7]

가인이 제사가 상징하는 바 그 의미가 무엇인가를 바르게 알지 못했다는 사실과, 아벨의 제사를 열납하시고 아벨과 깊은 교통을 나누기를 기뻐하시는 하나님에 대해서 바르게 알지 못했다는 증거는, 제사를 드리고 난 뒤의 가인의 행위에서 잘 나타나고 있다. 가인은 하나님께서 자기를 거부하시고 반면에 아벨을 기뻐하신다는 사실을 알고 심히 분이나서 안색이 변할 정도가 되었다(창 4:5). 그러나 여기에서 문제는 누가 더 사랑을 받고 안 받고 하는 비교의 문제가 아니다. 분명한 것은 하나님께

러야 한다는 대속의 정신을 발견할 수 있다. 이것은 후에 신약 시대에 와서 '칭의'로 신학화되었다. 즉 그리스도의 중보 사역에 의하여 죄사함을 받는다는 칭의의 근거가 되었다.

7) 가인이 하나님께서 계시하신 방편을 따르지 않고 자기식 생각을 바탕으로 하나님께 나아가고자 한 것은, 죄로 인하여 인간이 부패해진 사실에 대하여 중요하게 여기지 않았을 뿐만 아니라, 죄 있는 인간은 누구나 중보자를 통하여 하나님께 나아가야 한다는 사실을 무시한 것이다. 이것은 스스로 자기의 의로움을 주장하고자 한 불신의 행위로 밖에는 보이지 않는다. 여기에서 우리는 최초의 인본주의자(人本主義者)를 발견하게 된다. 인간은 창조주 하나님의 피조물임에도 불구하고 자기 스스로 자기식 주장을 내세워 하나님을 상대하겠다는 생각이야말로 이후 모든 인류가 빠지게 된 인본주의의 뿌리가 된다.

서 아벨을 택하셨고 가인은 버리셨다는 점이다. 그리고 그 선택의 권한은 전적으로 하나님께 있다는 사실이다.

가인은 이미 태어날 때부터 그에게 있는 죄의 오염이 작용하여 그가 장성하며 인식의 능력이 발휘되면서부터 하나님에 대하여 바른 지식을 쌓아가기보다는 사탄의 편에 점점 더 가까이 나아가게 되었고 그 방향으로 지식이 쌓이게 된 것이 이 사실을 증거한다. 그 결과 가인은 하나님께서 진정으로 원하시는 제사의 자세나 의미에 대하여 바르게 인식할 수 없었다. 때문에 가인은 자기식 종교적 관념에 따라 자기가 소출한 것을 가지고 하나님께 나아갔다.

가인이 하나님께 제사를 드린 행위는 가인의 종교적 관심에 따라 이루어졌다. 하나님의 공의 앞에 서 있는 죄 있는 인간으로서 겸허함과 그 심판으로부터 구원받기 위해 중보자의 대속이 절대적으로 필요하다는 신뢰감에서 나온 것이 아니었다. 만일 이러한 사실을 조금이라도 알았다면 하나님께서 아벨의 제사를 열납하시고 자기의 제사를 거부하신 의도를 알았을 것이다.

피조물이 창조주 하나님 앞에서 어떤 자세를 취해야 할 것에 대하여 바르게 인식하지 못했던 가인은 단지 자기식 종교적인 열정을 바탕으로 하나님 앞에 나아가고자 하였다. 그러나 그 열정이 거절당하자 오히려 자기를 거부한 하나님을 대항하고자 하였다.[8)]

8) 종교적 특성은 인간의 열정에 그 바탕을 두고 형성되었다는 점에서 그 특성을 찾을 수 있다. 따라서 인간이 가지고 있는 종교적인 열정은 자신이 추구하고자 하는 인간적인 욕망에 관심을 두고 있을 뿐이다. 특히 죽음 앞에 서 있는 인간으로서는 어떻게든지 죽음을 피해보려는 열망으로 가득 차 있고 이것이 종교적인 행위를 조작해 내기에 이르렀다.

그러나 기독교는 인간의 종교적인 관심에서 비롯된 것이 아니다. 기독교는 하나님께서 인간을 죄로부터 구원하시겠다는 자신의 의지를 나타내심(이것을 계시라고 한다)에 그 근거를 두기 때문이다. 그러므로 기독교는 계시에 기초하여 세워졌다. 이런 점에서 기독교는 인간 중심의 종교가 아니며 하나님께서 창설하

가인의 본색이 적나라하게 드러난 것은 아벨을 살해한 사건에서 찾을 수 있다. 하나님은 가인에게 이미 하나님께 대하여 분을 내는 것이 합당치 않다는 사실을 밝힌 바 있다. "네가 분하여 함은 어찜이며 안색이 변함은 어찜이뇨 네가 선을 행하면 어찌 낯을 들지 못하겠느냐 선을 행치 아니하면 죄가 문에 엎드리느니라 죄의 소원은 네게 있으나 너는 죄를 다스릴지니라"(창 4:6-7)고 경고하신 것처럼 죄에게 노예가 되지 말고 죄를 이길 것에 대하여 말씀하셨다. 그럼에도 불구하고 가인은 그 형제 아벨을 죽임으로써 하나님께 대한 자기의 불만을 대신하였다. 결국 가인은 뱀의 후손으로서 자기의 본색을 드러내고 여자의 후손인 아벨과 원수의 관계가 있다는 사실을 이 사건을 통하여 증명하고 말았다.

여기서 우리가 알 수 있는 것은 근본적으로 가인과 아벨이 서로 다른 위치에 서 있었다는 점이다. 때문에 서로 원수가 될 수밖에 없었다(요일 3:12).[9] 서로의 관점이 다르고 관심이 달랐기 때문에 그들이 쌓은 하나

셨고 하나님의 의지에 근거하여 형성된 것으로, 전적으로 신적 기원을 가지고 있다는 점에서 신본주의(神本主義)이다. 따라서 기독교는 인간의 종교적 열정을 철저하게 배격하고 있다.

9) 요한 사도는 처음부터 가인은 사탄의 편에 서 있는 자라고 명백하게 밝혀 말하고 있다. "죄를 짓는 자마다 불법을 행하나니 죄는 불법이라 그가 우리 죄를 없이 하려고 나타내신 바 된 것을 너희가 아나니 그에게는 죄가 없느니라 그 안에 거하는 자마다 범죄하지 아니하나니 범죄하는 자마다 그를 보지도 못하였고 그를 알지도 못하였느니라 자녀들아 아무도 너희를 미혹하지 못하게 하라 의를 행하는 자는 그의 의로우심과 같이 의롭고 죄를 짓는 자는 마귀에게 속하나니 마귀는 처음부터 범죄함이니라 하나님의 아들이 나타나신 것은 마귀의 일을 멸하려 하심이니라 하나님께로서 난 자마다 죄를 짓지 아니하나니 이는 하나님의 씨가 그의 속에 거함이요 저도 범죄치 못하는 것은 하나님께로서 났음이라 이러므로 하나님의 자녀들과 마귀의 자녀들이 나타나나니 무릇 의를 행치 아니하는 자나 또는 그 형제를 사랑치 아니하는 자는 하나님께 속하지 아니하니라 우리가 서로 사랑할지니 이는 너희가 처음부터 들은 소식이라 가인 같이 하지 말라 저는 악한 자에게 속하여 그 아우를 죽였으니 어찐 연고로 죽였느뇨 자기의 행위는 악하고 그 아우의 행위는 의로움이니라"(요일 3:4-12).

님에 대한 지식도 다를 수밖에 없었다. 그 지식이 다르기 때문에 아벨은 하나님이 기뻐하시는 그리고 하나님과 교통을 나누고 화목을 유지하는 방편으로 제사를 드렸지만, 가인은 오히려 하나님께 대하여 분을 품고 적대자가 되기에 이르렀다.

가인의 삶을 통해 볼 때 가인은 하나님께 대하여 바른 지식을 가지지 못했을 뿐만 아니라 하나님만이 가지는 속성, 즉 하나님적인 성향을 가지지 못하고 사탄적인 속성의 지배를 받고 있었다. 이러한 가인의 성향은 향후 사탄의 후손들에게서 공통적으로 찾아 볼 수 있는 특성이 되었다.

이것은 힘의 우월주의Cainisim를 형성하였고, 남보다 악랄한 수법으로 의로운 백성을 죽이는 것에서 그 특성이 현저하게 나타난다.[10] 그러나 이러한 가인의 특성은 역사가 흘러갈수록 그 후손들에 의해 더 광포해지기만 했다. 그 결과 온 세상이 패역의 극치를 달리게 되었는데 바로 '노아의 때'에 이르러 그 결과가 나타났다.

10) 가인이 아벨을 죽인 사건에서 볼 수 있는 것은 가인이 아벨보다 힘이 월등하거나 아벨을 충분히 제압할 수 있는 능력을 가지고 있다는 것을 증명하지는 않는다. 분명한 것은 가인과 아벨 사이에 정정당당한 방법으로 싸움이 이루어지지 않았다는 점이다. 그것은 불의한 방법으로 가인이 급작히 아벨을 쳐죽인 사건이었다. 즉 아벨은 가인에 대하여 전혀 적개심을 가지고 있지 않은 상태에서 가인을 맞이한 반면에 가인은 처음부터 살해할 목적을 가지고 아벨에게 달려들어 아벨을 쳐죽였다.

만일 아벨이 이러한 가인의 의도를 미리 알고 대처하였다면 그처럼 쉽게 죽임을 당하지 않았을 것이다. 이처럼 처음부터 가인은 악랄한 방법으로 형제 아벨을 상대하였다는 점에서 그 방법이 비열하였음을 의미한다. 그러므로 힘의 우월주의라는 것은 강력한 힘을 존중한다는 의미가 아니다. 힘의 능력을 따지기 이전에 악랄하고 비열한 방법과 수단을 사용하여서라도 자기의 목적을 달성하기 위한 것만을 그 목적으로 하는 것을 힘의 우월주의라고 한다. 이것이 가인이 가지고 있는 속성으로서 그 성향은 순전히 사탄적이다. 이러한 사탄적인 성향은 이후 모든 가인의 후손들에게서 나타나는 속성이기도 하다.

2. 노아 홍수 사건

노아 시대의 시대적 특성에 대하여 모세는 "여호와께서 사람의 죄악이 세상에 관영함과 그 마음의 생각의 모든 계획이 항상 악할 뿐임을 보시고"(창 6:5)라고 표현하고 있다. 이는 아담의 후손들, 즉 가인의 후손들이 하나님의 통치 원리를 벗어나 자신의 존재 목적을 상실하고 스스로 자기들을 위해 사탄적인 성향이 담긴 힘의 철학을 바탕으로 이 세상을 지배하려 한 것에 대한 지적이다.

사람이 창조주이신 하나님 앞에서 행해야 할 자기의 본분을 포기하고 자기의 이익만을 위해 줄곧 살고자 하는 행위, 즉 사탄적인 성향에 대하여 하나님은 '악' 이라고 하신다. 결국 하나님의 통치를 벗어나 독자적인 세력을 확보하고자 하는 일체의 행위가 하나님께 대하여 '악' 으로 나타나게 된다.[11]

---

11) 인간에게 있어서의 '선과 악' 의 개념은 단순히 윤리적이거나 도덕적인 차원에서 말하여지지 않는다. 일반적으로 말하는 도덕이나 윤리는 어디까지나 인간이 하나님의 형상으로 창조되었다는 속성의 발현으로 형성된 것으로 그 역시 인본주의적인 성향을 가지고 있다. 그러나 하나님 앞에서 말하여지는 절대적인 의미에서의 '선과 악' 은 전적으로 하나님의 의지(意志)에 근거해야 한다. 때문에 인본주의에 입각하여 형성된 윤리관에는 이러한 신적 의지의 구현이 담겨 있지 않다는 차원에서 절대적인 '선과 악' 을 구별하는 기준이 될 수 없다. 인간이 조작한 윤리관은 시대적인 변수에 따라 얼마든지 변질될 수 있다는 것만 보아도 그 사실을 알 수 있다.

하나님께서 천지 만물을 창조하시고 보시기에 좋았더라고 하신 것처럼 하나님의 의지가 아무런 방해나 부족함 없이 현실로 구현되는 상태가 곧 '선' 이다. 따라서 하나님께서 역사선상에서 세워나가시고자 결정하신 우주적인 섭리가 이 땅에서 이루어지는 것을 가리켜 '선' 이라고 한다. 그리고 이 '선' 에 근거하여 자신의 인생을 경영해 나가는 것을 가리켜 '의' (義)라고 한다. 즉 하나님의 의지에 입각하여 나타난 선에 근거한 인생의 행로를 가리켜 그것이 옳다는 차원에서 '의롭다' 고 한다.

이런 차원에서 아브라함은 하나님으로부터 의롭다고 인정을 받았다(창 15:6). 또한 이러한 이유로 노아 역시 하나님으로부터 의인이라고 인정을 받을 수 있었다(창 6:9). 이들은 모두 그 시대를 통하여 하나님께서 당신의 의지를 나타내 사람들이 자기의 존재 목적을 상실하게 되면 무엇보다도 자기의 편익을 위해 살고자 하는 욕망에 빠지게 된다. 그러한 인간 중심의 삶에 대하여 예수님께서는 "홍수 전에 노아가 방주에 들어가던 날까지 사람들이 먹고 마시고 장가들고 시집가고 있으면서 홍수가 나서 저희를 다 멸하기까지 깨닫지 못하였으니 인자의 임함도 이와 같으리라"(마 24:37-39)고 말씀하신 바 있다. 결국 아담의 후손들이 이 세상에서 건설해야 할 하나님 나라에 대하여 등한시하고 자신의 편익을 위해 항다반의 일상생활에 빠져들게 되자 이 세상은 점차 황폐해지기 시작하였다.

사람이 하나님을 떠나 악을 향해 치닫고 나아갈 때에는 동시적으로 이 세상 곳곳에서 강포가 판을 치게 되고 그만큼 세상은 사악해지기 마련이다. "때에 온 땅이 하나님 앞에 패괴하여 강포가 땅에 충만한지라 하나님이 보신즉 땅이 패괴하였으니 이는 땅에서 모든 혈육 있는 자의 행위가 패괴함이었더라"(창 6:11-12)는 말과 같이 힘으로 지배하는 세상은 마침내 온 땅을 강퍅하게 만들고 말았다.[12]

는 일에 자신을 전적으로 드려 인생을 경영한 사람들이다. 이러한 사람을 가리켜 선하다 혹은 의롭다고 한다. 이것은 각 시대의 사람들을 통하여 나타난 신적 통치의 구현이라는 점에서 하나님은 그들을 특별하게 구별하신다. 반면에 하나님의 섭리에 대항하여 적극적으로 반역하고 대항하는 행위가 바로 '악' 이다. 즉 하나님의 통치 사역에 대하여 적극적으로 대항하는 일체의 행위를 가리켜 '악' 이라고 한다. 그리고 이 악은 그 성격상 사탄적이다.

12) 여기에서 당시 인류가 지향하고자 한 성향은 소위 요즘 발전하여 우리가 볼 수 있는 수준의 인본주의(humanism)적인 성격이 아니었다. 이들이 구축하고자 한 것은 순전히 사탄적인 성향이 가득한 것으로 수단과 방법을 가리지 않고 자기의 생존권을 위해 투쟁한 것뿐이었다. 즉 타인의 악랄한 침략으로부터 자기의 생명과 재산을 지키기 위해 더 악랄해져야만 했다.

그들이 먹고 마시고 시집가고 장가가고 일상의 항다반의 일에 전념하였다는 주님의 말씀은 그들의 일상 생활이 안정되고 정상적인 방법으로 유지되었음을 의미하는 것이 아니다. 그들은 자신의 생존을 걸고 최악의 발악을 통하여 먹고 마시며 시집가고 장가가고 일상의 항다반의 일을 성취해 나갔다. 즉 그들은 최악의 방법을 동원하여 먹고 마시는 일에 전념하였고 심지어 장가가고 시집가 이러한 영향은 셋의 후예들인 여자의 후손(들)에게도 전염되었고 그들 역시 자기들만의 고유한 존재 목적(하나님 나라를 건설하고 그 문화를 세워나가는 것)을 상실하고 마침내 가인의 후예들과 같이 힘을 바탕으로 하는 사탄적인 성향의 세계를 건설하게 되었다. 이에 하나님은 인류를 이 세상에서 제거하시기로 결정하셨다(창 6:13). 인류가 부패하여 이 땅에 광포가 가득하게 됨으로써 하나님은 인류와 함께 땅까지도 멸하시기로 결정하셨다.

여자의 후손(들)이 본연의 사명을 상실하고 자신의 일상생활에 빠져들게 된 결과로 온 세상이 약육강식의 힘의 지배 원리에 따라 점차 패괴해지기 시작하였다. 누구나 더 잘 살고 남보다 좋은 환경을 갖고자 하는 욕구로 인하여 서로를 힘으로 제압하고 심지어 자신의 유익을 위해서는 얼마든지 사람을 죽여서라도 그 목적을 달성하고자 하는 것이 그들에게는 곧 선이고 진리였다.

때문에 그 시대에 나타나는 것은 모든 일상의 일들이 사탄적인 성향을 드러내고 있었다. 이런 점에서 그들은 극단적인 상태에서 개인주의를 형성하고 오직 자신의 이익만을 추구하기에 급급하였다. 이러한 세상에서는 하나님의 의와 사랑을 근본으로 하는 통치 원리가 오히려 부끄럽게 여겨지고 누구든 악랄하고 강력한 힘을 소유한 자가 곧 길이고 법이 된다.

그러한 세상을 하나님은 용납하시지 않는다. 최소한 이 땅에서 하나님의 의를 두려워할 줄 알고 하나님의 사랑을 고마워할 줄 아는 사람이

는 일조차도 악랄한 방법을 성취하기 위함이었다. 따라서 이런 시대에 있어서는 정의를 부르짖거나 찾을 수 없었다. 그들에게 있어서 유일한 삶의 기준은 생존을 보존하기 위한 악랄한 방편이 전부였던 것이다. 이런 점에서 그들의 삶은 전적으로 사탄적인 성향을 가지고 있었고 그 결과 온 세상이 패괴하였던 것이다.

있는 한 바로 그 사람을 위해 하나님은 이 세상을 심판하시지 않는 분이시다. 그러나 이미 하나님의 공의와 사랑의 통치 원리가 무시되어 버린다면 이 세상을 더이상 유지시켜 나가야 할 이유가 없다.

하나님께서 천지를 창조하신 것은 이 피조의 세계 안에서 하나님의 의와 사랑의 통치가 완벽하게 구현되기 위함이다. 그런데 이 세상이 부패해짐으로써 그러한 창조 목적이 무시되어 버린다면 이 세상은 존재할 이유가 없다. 그래서 하나님은 이 세상을 심판하기로 하셨다.

노아 홍수가 사탄적인 성격이 지배적이던 사회를 심판하신다는 하나님의 공의의 발현임을 상징한다면 이제 노아의 후손들에 의해 건설될 나라는 전적으로 하나님의 속성만이 나타나는 나라가 된다.[13] 그러나 놀랍게도 노아의 홍수로 모든 죄의 세력과 영향력으로부터 구별된 새 인류에게서 나타난 것은 전 인류가 합심하여 총체적으로 하나님의 통치를 거역하고 인간의 나라를 건설하는 사건으로 일단락지고 말았다. 바벨탑 사건이 바로 그것이었다.

3. 바벨탑 사건

그들이 바벨탑을 쌓았다는 것은 하나님께서 그들과 맺은 언약의 성취

---

13) 하나님이 노아와 그 후손들에게 복을 주시며 하신 말씀은 "생육하고 번성하여 땅에 충만하라"(창 9:1)는 것이었다. 이 말씀의 성취를 위해 하나님은 친히 노아와 그 후손들을 상대로 언약을 체결하셨다(창 9:11-13 참고). 그리고 다시는 물로 세상을 심판하지 않겠다고 약속해 주셨다. 이로써 인류의 생존권이 보장되었다. 그런데 여기에서 "생육하고 번성하여 땅에 충만하라"고 하나님께서 노아와 그 후손들에게 주신 복은 이미 아담과 하와에게 주신 복이었다(창 1:28). 그렇다면 노아 홍수 이후 하나님은 노아와 그 후손들을 새로운 인류의 시작으로 인정하셨다는 사실을 분명히 밝히신 것이다. 이러한 점에서 노아와 그 후손들은 아담이 건설하지 못했던 하나님의 나라를 새롭게 건설하기 위해 선택되었음을 알 수 있다. 이것이 그들에게 요구되어진 인생의 본분이었다. 이러한 본분에 입각하여 인생을 경영할 때 그것이 그들에게 '선' 이 되는 것이며 이 선에 근거하여 인생의 삶을 진행시켜 나가는 것이 그들에게 요구되어진 '의' 이다.

나 천지 창조의 목적을 추구하는 인생의 본분과는 아무런 상관이 없다는 점에서 문제의 핵심이 있다. "자, 성과 대를 쌓아 대 꼭대기를 하늘에 닿게 하여 우리 이름을 내고 온 지면에 흩어짐을 면하자"(창 11:4)는 그들의 생각은 하나님의 경영과는 정반대의 방향을 추구하는 것이었다. 그들이 바벨탑을 쌓고 온 지면에 흩어짐을 면하고자 한 것은 "생육하고 번성하여 땅에 충만하라"(창 9:1)고 하신 문화적 사명에 대한 하나님의 계획과 정면 대치되는 생각이다.

오히려 그들이 추구할 것은 참으로 하나님께서 문화적 사명을 내리신 의도가 무엇인가에 대하여 함께 논의하고, 그들을 통해 이루고자 하신 하나님의 우주적인 경영의 목적을 성취하기 위해 힘과 지혜를 모아야 했다. 이것이 그들에게서 찾아야 할 인생의 본분이다. 그러나 그들의 경영은 하나님의 경영과 일치하지 않았을 뿐만 아니라 정면 배치되는 것으로 하나님은 더이상 그들의 역사를 용납하지 않으셨다. 그리하여 그들의 언어를 혼잡하게 하여 바벨탑을 쌓는 역사를 중단시키시고 세계 각처로 흩어버리시고 말았다.

그런데 노아의 후손들이 하나의 공동 단위를 형성하여 총체적으로 하나님의 섭리를 거역하고 있다는 점에서 이 문제의 심각성이 나타난다. 새롭게 형성된 새 인류라는 점에 있어서 그들의 존재는 사뭇 의미심장하다. 아담이 이룩하지 못했던 인류에게 주어진 문화적 사명을 수행할 수 있는 최상의 조건을 갖추었던 그들이 어떻게 한결같이 마음을 모아서 하나님을 대항하는 자리에까지 빠지게 되었는지 참으로 안타까운 일이 아닐 수 없다.

이미 노아 시대의 속성에서 나타난 것처럼 당대에는 각 사람이 자기의 생존권을 지키고 유지하기 위해 사탄적인 성향을 강하게 나타내었던 것과는 달리, 이때에는 전 인류가 하나의 형제 의식을 가지고 운명 공동체로서 강한 결속력을 가지고 있었음에도 불구하고 그처럼 강력한 결속력이 오히려 하나님을 대항하는 무기가 되었다.

인간이 극단적으로 개인적인 성향을 가지고 자기만을 위해 악랄하게 살고자 한 때에도 사탄적인 성향을 극렬하게 나타낸 반면, 이처럼 하나의 운명 공동체라고 단단하게 결속되어 있는 상태에서도 적극적으로 하나님의 섭리를 거역하고 인간을 위한 인간의 통치 체계를 갖추고자 했다.

우리가 여기에서 알 수 있는 것은 아담이 한번 범죄한 이후 인류는 정상한 길로 가지 못하고 계속 하나님의 경영과는 정반대의 길을 가고 있다는 점이다. 이처럼 범죄로 말미암아 왜곡된 역사의 결과는 언제까지나 인류의 갈 길에 걸림돌이 되고 있는 것을 볼 수 있다. 바로 그러한 것을 보면 볼수록 그리고 역사 속에 그러한 현상이 강하게 나타나면 나타날수록 근본적으로 죄를 해결하지 않고서는 인류가 참다운 인생의 길을 갈 수 없다는 사실이 더 분명해진다.

이후 하나님은 인류를 버리시고 새롭게 아브라함을 선택하여 아브라함의 후손(들)이 약속된 여자의 후손(들)이 되게 하셨다.[14] 그러나 아브라

---

14) 하나님께서 바벨탑 사건 이후 인류를 버리시고 아브라함을 선택하셨다는 것은 인류 역사상에 있어서 획기적인 사건이었다. 하나님은 아브라함을 선택하여 새롭게 한 민족을 형성하게 하시고, 그들을 통하여 아담과 노아의 후손들이 건설하지 못했던 하나님의 나라를 건설할 것을 작정하셨다(창 12장). 이런 점에서 아브라함은 새롭게 불리움 받은 민족의 조상이 되었다.

아브라함은 이러한 하나님의 의지를 깨닫고 갈대아 우르를 떠나 약속의 땅으로 갔다. 이 약속에 근거하여 아브라함은 하나님께서 가나안 땅을 유업으로 그의 후손들에게 주실 것을 믿었고, 이러한 믿음에 근거하여 하나님께서 아브라함에게 후손을 주시겠다고 약속하실 때 기쁨으로 그 사실을 받아들일 수 있었다. 하나님은 이러한 아브라함의 믿음을 기뻐하시고 아브라함을 의롭다고 하셨다(창 15장). 이것이 아브라함의 '의' 이다. 신약 시대에 와서 신학화된 '칭의' 는 그리스도의 속죄 사역에 근거하여 형성된 것으로, 이것은 순전히 죄 있는 인간을 구원하시고자 하신 하나님의 원대한 구속 경륜 가운데에서 그의 백성에게 보여진 계시적 사건이라는 점에서 아브라함의 '의' 와는 구별된다.

그러므로 아브라함의 언약에 근거하여 새롭게 한 단위의 민족으로 형성된 이

함의 후손(들)의 역사 역시 평탄한 것만은 아니었다. 그 대표적인 사건이 바로 출애굽한 제1세대 이스라엘 백성들이 광야에서 멸절당한 사건이다.

4. 출애굽한 이스라엘이 광야에서 멸절 당한 사건

이스라엘 백성은 유월절 사건과 홍해 사건을 통하여 세상으로부터 특별하게 하나님의 부름을 받았다. 애굽의 압제에서 구원받은 이스라엘은 하나의 공동 운명체로서 가나안을 향해 진군하게 되었다.[15] 특히 이스

스라엘 백성은 약속의 땅 가나안에 들어감에 있어 "생육하고 번성하여 땅에 충만하라"(창 1:28; 창 9:1)고 아담과 노아의 후손들에게 하나님께서 복주신 사실을 기억하고 가나안에 들어가 이 말씀을 성취해야 했다. 이러한 점에서 장차 이스라엘 백성이 들어갈 약속의 땅은 제2의 에덴 동산과 같은 성격을 가지고 있다. 이스라엘 백성은 이 땅에 들어가 아담과 노아의 후손들이 건설하지 못했던 하나님의 나라를 세워 나가야 했다. 그리고 에덴 동산이 한정적이지 않고 아담의 통치력에 따라 확장되어야 했던 것처럼 그들이 가나안에 세울 나라는 제한적인 영토를 가지는 것이 아니라 전세계적으로 확장되어야 했다.

때문에 그들은 아담이 그랬던 것처럼 제사장적인 위치에서 그들의 나라를 확장시킴으로써 전세계를 하나님의 통치 아래 들어오게 해야 했다. 이것이 그들에게 요구되어진 인생의 사명으로 이 사명에 입각하여 인생을 경영할 때 그들의 삶은 의롭다고 인정을 받게 된다. 이러한 인생이 바로 하나님 앞에서 인정받는 '의'이다.

15) 출애굽 사건은 "내가 너와 함께 애굽으로 내려가겠고 정녕 너를 인도하여 다시 올라올 것"(창 46:4)이라고 하나님께서 야곱에게 약속하신 내용의 성취이다. 하나님은 야곱이 요셉의 초청으로 애굽으로 내려가는 것에 대하여 역사적인 의의를 전제하고, 아브라함의 후손들이 이방에 내려가 400년 동안 객이 되어 큰 민족을 이룬 후에 다시 약속의 땅에 들어올 것이라는 아브라함과 맺은 언약(창 15:1-25)을 근거하여, 야곱과 함께 애굽에 내려가신 하나님께서 야곱(여기에서 야곱은 이스라엘 공동체를 대표하고 있는데)과 함께 다시 올라오시리라고 약속하셨다. 따라서 이스라엘 후손들이 애굽을 떠나 가나안으로 진군하기 위해 출애굽한 사건은 아브라함과 맺은 언약의 성취를 의미한다.

나아가 출애굽 사건은 이스라엘 후손들에게는 약속의 땅으로 들어간다는 언약의 성취로 보여진다. 이때 이스라엘 백성에게 있어서 약속의 땅은 애굽과 같은 부자유스런 나라가 아닌 전혀 새로운 나라에 들어감을 의미하며, 그들이 가

라엘은 유월절과 홍해 사건을 통하여 새로운 구원의 권능을 체험하게 되었다.16) 이 일로 이스라엘은 하나님의 은혜의 왕국으로 그리고 하나

나안 땅에 들어가 기업을 얻는다는 것은 하나님께서 다스리시는 나라에서 기업을 얻는 것임을 상징한다. 따라서 그들에게 있어서 가나안 땅은 언약의 성취로서 하나님의 기업을 얻는 것으로만 그치는 것이 아니라, 그곳에서 실지로 하나님의 거룩하신 통치를 받는 것으로 이해되어졌다.

그렇다면 그들에게 있어서 출애굽 사건은, 그동안 자신의 인생이 바로에 의해 억압되었던 위치에서 벗어나 새롭게 펼쳐지는 하나님의 통치 아래 자유로운 인생을 경영함을 의미한다. 즉 하나님의 권능을 힘입고 그의 인도와 보호 아래 새 사람으로 변화되어 새롭게 인생을 시작하게 된다. 이것은 그들에게 있어서 새창조의 세계를 충분히 바라볼 수 있도록 하는 동기(motive)가 되었다. 즉 장차 건설될 영원한 나라에서 그들이 하나님으로부터 직접 통치를 받으며 그 나라의 기업을 받게 될 것을 예표한다는 점에서, 그들이 지금 약속의 땅에 들어간다는 것은 영원한 하나님의 나라에 들어갈 것을 예표한다. 이런 점에서 출애굽 사건은 장차 하나님에 의해 완성될 새 하늘과 새 땅을 예표하고 있다는 점에서 그들의 인생 자체가 새로워져야 함을 요구하고 있다.

이것은 그들이 새롭게 거듭나지 않으면 그 나라에 들어갈 수 없음을 암시한다. 따라서 출애굽 사건은 그들이 죽음에서 거듭 태어났다는 의미로서 유월절 사건을 경험해야 했고, 임마누엘이신(여기에서는 구름 기둥과 불 기둥으로 임재하신 하나님으로 나타남) 하나님에 의해 그들이 전적으로 구속되었음을 의미하는 홍해 사건을 경험해야 했다.

이 두 가지의 사건을 통하여 그들이 거듭날 뿐만 아니라 철저하게 임마누엘 하나님의 절대 주권에 순종해야 함을 배울 수 있게 되었다. 그런데 임마누엘은 성육신 하신 예수 그리스도에 의해 그 절정을 이루었고, 마침내 말세에 그의 백성에게 여호와의 신을 부어주시겠다는 약속(욜 2:28-30)에 따라 그리스도의 영으로 오신 성신님에 의해 영원한 임마누엘을 성취하셨다. 이것은 오직 영으로 새롭게 거듭난 상태에서 자연스럽게 새 사람의 속성이 나타난다는 사실을 증명한다.

16) 유월절 사건은 유월절 양을 잡고 그 피를 문설주와 인방에 발라 죽음의 사자가 넘어가게 함(pass over)으로써 죽음을 당하지 않고 생명을 얻게 한 것으로, 애굽에 있는 백성을 구원하시기 위한 하나님의 구속 사역에서 그 절정을 이루게 된다. 이렇게 함으로써 이스라엘 백성은 사망을 면하고 생명을 보존 받게 되었다. 즉 그들의 생명을 보존하기 위해 양이 대신 죽임을 당하고 피를 흘리게 되었다. 이것은 실지로 이스라엘이 죽었음을 상징하는 표이기도 하다. 이런 점에서 하나님은 이스라엘 백성이 유월절 사건을 근거로 새롭게 인생을 시작하였음을 보여주기 위해 이스라엘 역사의 원년으로 삼으셨다. 즉 새 사람으로 새롭게 인생을 경영하기 위한 것임을 유월절 사건에서 분명히 보여주신다. 이렇게 함으로써 유월절은 애굽의 종에서 벗어나 세상에 대하여 공적으로 그리고 일체의 외부

님께서 친히 다스리시는 경륜체로서 역사 속에 부각되었다. 그리고 하나님께서는 이스라엘에게 역사 속에서 성취해야 할 역사적인 사명을 주

세력에 의해 지배당하지 않는 독립적인 존재임을 선포하는 역사적인 사건이다.

유월절이 이스라엘의 죽음과 새 사람이 되는 것을 상징한다면, 홍해사건은 죽음에서 건지움 받은 사건임을 상징한다. 바다는 죽음을 상징하는 모형인데 새 사람으로 거듭난 이스라엘은 죽음을 통과한 반면에 애굽 군대는 홍해에서 죽임을 당한다. 이것은 이스라엘이 새 사람으로 거듭 태어났음을 상징(motive)한다. 그런데 이스라엘이 홍해에서 죽임을 당하지 않고 통과할 수 있었던 것은 순전히 하나님의 주권적인 권능에 의해서 가능하였다. 하나님은 친히 쉐키나로 임재하시어 애굽 군대에게는 흑암을 이스라엘에게는 광명을 주심으로 하나님이 그들과 함께 하신다는 사실(Immanuel)을 분명히 하셨다. 하나님이 그들과 함께 계심으로써 그들은 죽음의 바다에서 죽지 않고 그들에게 약속된 새로운 나라에 들어가게 되었다.

하나님이 그의 백성과 함께 하신다는 임마누엘 사상은 마침내 그리스도께서 육신을 입고 오셔서 신과 인간이 하나가 됨을 천명함으로써 완성되었다. 예수 그리스도는 동정녀에게서 출생하셨고, 그의 백성을 모든 죄의 얽매임(종)으로부터 구속하여 자유하게 하기 위해 친히 십자가에서 죽으심으로 그 자신이 유월절 양이 되셨다. 이로써 죽음의 종으로 있던 인류가 당할 사망을 대신하심으로써 하나님의 공의를 만족시키셨다. 그 결과 인류는 죄로부터 자유하게 되었고 비로소 새 사람으로 거듭 태어나게 되었다. 이것은 유월절 사건으로 말미암아 새로운 역사를 시작하게 된 이스라엘이 새 생명으로 거듭남을 상징한다. 즉 그리스도께서 십자가에서 죽으시고 피흘리심을 통하여 죄인된 인간이 당할 사망을 대신함으로써 죽음을 당하지 않게 되었음을 의미한다.

또한 그리스도는 부활하고 승천하심으로 그 자신이 하나님이심을 증거하셨다. 즉 신과 인간의 합일이 그리스도의 몸을 통해 완성되었으며, 장차 인간의 몸이 그리스도와 같이 신과 인간의 합일의 상태로 부활할 것을 예표하신 것이다. 그 일을 이루기 위해 친히 그리스도의 영이신 성신께서 이제 그의 백성에게 임재하신 사건이 바로 오순절 사건이다. 따라서 오순절 사건은 신이신 하나님께서 인간의 몸으로 오심으로써 신인합일을 이루셨고 이것은 마치 홍해 사건에서 임마누엘 하나님이심을 나타내심과 같이, 임마누엘이신 성신께서 친히 절대적인 주권으로 그의 백성을 다시는 죽음에 빠지지 않도록 죽음을 통과하여 생명의 부활로 거듭나게 될 것을 상징하고 있다. 때문에 오순절 사건은 새 사람으로 거듭난 사람(이를 변개라고 하는데)들이 성신께서 세우신 교회를 구성하고 새롭게 역사의 시작을 알리는 사건이라고 할 수 있다.

이런 점에서 유월절 사건이 구약의 교회가 태동한 사건이라면, 오순절 사건은 그 완성으로서 신약의 교회가 출범하고 있음을 역사에 알리는 사건이라고 할 수 있다.

셨다.

출애굽한 이스라엘에게 주어진 역사적 사명은 출애굽기 19장 4-6절에서 찾을 수 있다.

첫째, 이스라엘은 하나님의 소유로서의 신분을 인식해야 한다. 모든 세상의 민족들에서 선택된 유일한 하나님의 소유로서 위치를 인식하는 것이 가장 먼저이다(You shall be My own possession among all the peoples).

둘째, 이스라엘은 하나님의 제사장 나라가 되어야 한다. 이 말은 이스라엘이 제사장들로서 이루어진 한 나라라는 말이다(You shall be to Me a kingdom of priests).

셋째, 이스라엘은 하나님의 백성이 되어야 한다. 즉 이스라엘은 하나님께 속한 구별된 백성으로 세워져가야 할 것을 말씀하신다(You shall be to Me a holy nation). 여기에서 거룩한 나라로 세워진다는 것은 '신령한 집을 세운다'는 말과 같은 의미를 가지고 있다. 한 나라를 세운다는 것은 좁은 의미에서 한 가정을 세운다는 말의 확장된 개념으로, 하나님께서 그의 나라를 세워나가신다는 경영(*οικονομια*)이라는 말과 같은 의미를 가지고 있다.

따라서 이스라엘은 하나님의 소유로 그리고 제사장들의 나라로 또한 신령한 국가로, 역사 안에 그 실체를 세워나가야 하는 사명을 가지게 되었다. 그리고 이 나라를 광야에 세우는 것이 아니라 가나안에 들어가 세워야 한다. 그러기 위해 이스라엘은 역사적인 사명을 따라 하나님의 나라를 건설할 책임을 지고 시내산을 떠나 가나안을 향하여 진군해야 했다. 그래서 하나님은 이스라엘을 군대 편제로 조직을 개편하셨다. 이스라엘이 시내산을 떠나 가나안을 향해 진군할 때 12지파별로 군대를 조직하고 유다 지파가 선봉이 되어 출발하게 하셨다.

여기에서 우리는 전투적인 교회Militant church를 보게 된다. 처음에는 세상의 큰 세력 앞에 잠식될 것처럼 빈약하기만 하던 이스라엘이 새로운 조직을 하고 가나안을 향해 진군하게 될 때에는 하나님의 나라를 표방하는 대표적인 군대가 되었다. 그렇게 이스라엘 군대는 가나안에 있는 반신국적인 세상 나라의 문화를 제거하고 그곳에 하나님의 나라와 문화를 건설하기 위해 출발하게 되었다.

이스라엘이 가나안에 세울 나라의 성격에 대해서는 출애굽기 20장에서 구체적으로 계시해 주셨다. 이 율법은 가나안에 세워질 이스라엘 나라의 헌법이다. 그러므로 시내산에서 헌법이 반포되었다는 것은 한 나라가 세워졌음을 상징한다. 그리고 그 나라의 문화적인 특성을 잘 표명해 주는 제도가 바로 성막 제도이다. 성막은 하나님 나라의 문화를 대표하는 상징물이었다.

그러므로 율법과 성막[17]은 이스라엘이라는 나라가 역사상에 구체적

---

17) 하나님께서 이스라엘 백성과 맺은 시내산 언약을 통하여 그들의 삶의 규범으로 율법을 주시고 삶의 양식으로 성막을 제정해 주신 사건은, 후에 신약의 교회 시대에 와서 주께서 세우신 새 언약을 통하여 완성된다. 그 결과 계시의 완성으로서 교회에게 주신 것이 성경과 성례이다. 여기에서 우리는 하나님께서 죄 있는 인간을 구원하시기 위해 계시를 인류에게 주신 형태를 관심 있게 살펴볼 필요가 있다.

최초에 하나님은 자신을 직접 계시의 당사자에게 보이셨다. 이것을 가리켜 신의 현현(顯現, Theophany)이라고 한다. 이 시대에 하나님은 직접 계시 당사자와 언약을 체결하셨는데 이후 점차 언약의 사상을 중심으로 하나님의 대리자를 통하여 말씀하시는 방법을 사용하셨다. 이 언약의 핵심이란 '하나님은 이스라엘을 당신의 백성으로 삼으시고 하나님은 친히 그들의 하나님이 되시겠다'는 것이다. 하나님은 이 약속을 성취하기 위해 친히 그의 백성이 살아가야 할 삶의 정형으로서 율법과 성막을 주셨다. 이때부터는 제사장을 통하여 하나님께서 자신의 뜻을 밝혀나가셨다. 그러나 점차 제사장들이 자신의 소임을 충실하지 못하고 부패하자 하나님은 친히 당신의 대리자인 선지자를 선택하여 이스라엘 백성이 하나님께로 돌아오도록 권면하셨다. 초창기 선지자들은 주로 백성에게 하나님의 뜻을 직접 고하는 방식으로 활동하였는데 이를 구술 선지자(oral prophet)들이라고 하며, 후기에는 하나님의 뜻을 기록하여 그 뜻이 역사 안에서 어떻게 진행되고 성취되는가를 그의 백성이 알도록 하였는데 이들을 가리켜

으로 하나의 형태를 이루고 등장하게 하는 표징이 된다. 그 이전에는 이스라엘 민족은 있었으나 그들이 한 나라를 세웠거나 세상에 독립된 한 국가로 인정받은 것은 아니었다. 즉 하나의 민족으로서 한 단위의 공동체는 이루었을지라도 그들이 한 나라로서 세속 국가들과 같이 동등한 위치를 차지하지 못하였다. 그러나 율법이 반포되고 성막이 세워짐으로써 이스라엘은 명실상부한 독립 국가로서 면모를 갖추게 되었다.

따라서 이후로는 율법을 통해 인생의 길을 나아가고, 성막을 중심으로 하나님께 제사드리는 제도를 통해 세상 나라와 구별되는 하나님 나라의 백성으로서 살아가게 되었다. 이처럼 세상 속에 독립된 한 나라를 세우고 독특한 교회 공동체로서 세상과 구별되는 사건이 바로 출애굽 사건이었다. 이처럼 이스라엘은 그들을 외형적으로 세상과 구별하는 요소를 출애굽 이후부터 가지게 되었는데 첫째는 삶의 규범으로서의 율법, 둘째는 하나님 나라의 문화를 상징하는 성막이었다.

기록선지자(writing prophet)들이라고 한다.

그리고 마침내 하나님의 계시는 로고스(λογος)이신 그리스도께서 성육신(incarnation)하심으로써 그 절정에 달하였는데, 계시의 원형이신 그리스도께서 역사 안에 직접 활동하시며 하나님 자신을 계시하심으로써 계시가 완성되었다. 그리스도께서 완성하신 이 계시는 친히 말씀하신 '말씀 계시'와 행위로써 자신이 하나님이심을 보이신 '행위 계시'가 있으며, 이것은 사도들에 의해 기록되었다. 그 결과 하나님께서 그의 백성에게 계시하신 언약과 친히 세우신 율례와 법도를 비롯하여 구약의 선지자들이 전한 예언과 합하여 사도들이 전한 복음이 결집되기에 이르렀다. 이것을 성경이라고 한다. 뿐만 아니라 그리스도께서 직접 행하신 성찬식은 지금도 행위 계시로 우리에게 남겨져 있다. 이것을 성례라고 한다.

이로써 하나님의 계시는 말씀 계시로서의 성경과 행위 계시로서의 성례로 완성되었다. 이에 계시의 완성자이신 그리스도께서 친히 보혜사 성신님을 보내시어 교회를 세우시고, 당신에 의해 완성된 계시로서 말씀과 성례를 교회 안에 보존케 하시고, 성신님의 감화와 감독 아래 해석하도록 하셨다. 이런 점에서 교회는 유일한 '진리의 기둥과 터'(딤전 3:15)이다. 따라서 계시는 성신님의 사역 아래 교회에 의해 선포되며 해석되고, 오늘날에도 성신님의 적극적인 활동 아래 죄인을 구원에 이르게 하는 고유한 능력을 발휘하고 있다.

이스라엘은 이 율법과 성막을 중심으로 하나님 나라의 성품이 무엇이고 그 나라의 문화가 무엇인가를 세상에 드러내어야 한다. 그러기 위해 먼저 가나안 문화를 무너뜨리고 그곳에 하나님 나라의 문화를 세우기 위해 그들과 전투를 수행해야 했다. 그리고 그곳에 하나님의 나라가 존재하는 것과 하나님의 통치가 구현되고 있음을 외형적으로 온 세상에 드러내어야 하는 역사적인 사명을 가지고 있다.

이스라엘 국가를 가나안에 세운다는 것은 하나님의 나라를 이 땅에 현저하게 세우는 매우 중대한 역사적인 사명이었다. 그러나 이스라엘은 그러한 사명을 수행하지 못하고 광야에서 멸절하고 말았다. 이스라엘에 속한 백성으로서 자기 존재의 궁극적인 삶의 목표를 완수하지 못하고 광야에서 죽었다는 것은 하나님의 나라를 건설하는 데에 있어서 매우 치명적인 일이 아닐 수 없다. 하나님께서는 그들을 애굽에서 불러내시어 인생으로서는 최상의 구원을 체험하게 하는 특별한 은혜를 받도록 배려해 주셨음에도 불구하고, 자기들에게 주어진 인생의 가치를 발휘하지도 못하고 광야에서 죽고 말았다는 것은 참으로 안타까운 일이 아닐 수 없다.

히브리서 기자는 이 광야의 죽음에 대하여 이스라엘이 항상 마음에 미혹이 생겨 하나님을 믿지 아니하여 영원한 안식에 들어가지 못하였다고 경고하면서(히 3:7-11) “성경에 일렀으되 오늘날 너희가 그의 음성을 듣거든 노하심을 격동할 때와 같이 너희 마음을 강퍅케 하지 말라 하였으니 듣고 격노케 하던 자가 누구뇨 모세를 좇아 애굽에서 나온 모든 이가 아니냐 또 하나님이 사십 년 동안에 누구에게 노하셨느뇨 범죄하여 그 시체가 광야에 엎드러진 자에게가 아니냐 또 하나님이 누구에게 맹세하사 그의 안식에 들어오지 못하리라 하셨느뇨 곧 순종치 아니하던 자에게가 아니냐 이로 보건대 저희가 믿지 아니하므로 능히 들어가지 못한 것이라”(히 3: 15-19)고 지적하고 있다.

광야의 이스라엘이 하나님을 믿지 않아서 저주를 받아 하나님의 안식에 들어가지 못하였다고 결론을 내리고 있음을 주의해야 한다. 이러한 평가를 보아 광야에서 죽은 이스라엘은 그들을 구원하신 하나님의 뜻을 거역함으로써 약속의 땅에 들어가지 못하였음을 알 수 있다. 이것은 그들이 자신의 삶속에서 '의'를 이루지 못한 결과였다.

비록 할례를 받고 유월절에 참예하고 홍해를 건너는 구원 사건을 체험하였음에도 불구하고 그들의 대다수는 본연의 인생 존재 의미를 드러내지 못하고 죽고 말았다. 이처럼 인생의 본분인 하나님의 나라를 세우는 일에 전혀 도움이 되지 못하고 본연의 삶의 의미조차 진전시키지 못하고 죽었다면 그 인생은 무의미한 인생이라고 말할 수밖에 없다.

그렇다면 그들이 구원의 완성인 안식에서 제외되었다는 것이 당연한 결과인지도 모른다. 하나님께서 한 인생을 이 땅에 보내셨다면 그 인생의 존재 의미와 가치를 정상적으로 발휘하도록 보내신 것이다. 그처럼 광야에서 무가치한 죽음을 당하라고 보내지는 않으셨다. 이것을 보아 우리 인생이 그 본분을 행하지 못하면 아무런 의미가 없음을 알 수 있다.

특히 하나님께서 세우신 구원의 제도인 할례(오늘날의 세례의 의미와 같음)와 유월절(오늘날의 성찬의 의미와 같음)에 참여하였다 할지라도 그런 예식과 제도 자체에 구원의 능력이 있는 것이 아니다. 그 예식과 제도에 참여한 백성으로서 살아가야 할 인생의 목표를 향하여 계속 전진하지 아니하면 그 제도 자체가 아무런 의미가 없음을 알아야 한다. 따라서 하나님께서 이런 제도와 예식을 세우신 것은 인생의 본연의 목표를 이루기 위한 방편으로 주신 것이다. 그 제도나 예식 자체가 우리 인생의 궁극적인 완성을 가져다 주지 않는다는 사실을 알아야 한다.

하나님께서는 하나님의 나라를 세우고 하나님의 경륜의 진행에 알맞게 하기 위해 필요에 따라 제도나 규례를 제정하신다. 그러나 그 제도나 규례는 어디까지나 하나님의 나라를 세우고 드러내는 일에 도움이 되기 위함이다. 그 자체가 하나님의 나라를 세우는 본질은 아니다. 오히려 그 제도를 통하여 우리가 하나님의 백성답게 살아가는 그곳에 하나님의 나라가 명백하게 서 있어야 한다.

율법과 성막의 제도 역시 마찬가지이다. 율법이나 성막 중심의 삶을 통하여 구원에 이르게 함이 아니라 이미 구원받은 하나님의 백성이기 때문에 그 백성답게 살아가도록 하기 위해 주신 것이다. 율법을 통하여 하나님의 백성답게 자신을 감찰하고, 성막을 중심으로 하나님을 의지하며 살아감으로써 이 땅에서 인생의 본분을 현저하게 드러내라고 주신 하나님의 은혜의 도구이다. 그리고 그러한 삶을 지향하여 마침내 하나님의 통치를 이 땅에 드러내고 하나님의 영광을 드러내야 한다.

모세와 함께 홍해에서 세례를 받은 자들이라 할지라도 자기 본분을 따라 살지 못하고 인생의 사명을 수행하기 위해 날마다 전진해 나가지 아니하면 그러한 제도가 아무런 의미가 없음을 우리는 명심해야 한다. 이러한 차원에서 사사 시대에 있었던 이스라엘의 부패 현상을 살펴봄으로써 우리가 가지고 있는 신앙이 진정한 개혁신앙에 입각한 것인가, 아니면 우리도 모르는 사이에 일종의 형식적인 종교 신앙으로 전락하지 않았는가를 점검할 필요가 있다.

5. 법궤의 탈취 사건

기원전 1075년경 사무엘이 이스라엘의 공식적인 사사로 부름을 받기 직전 이스라엘은 엘리 제사장의 다스림을 받고 있었다. 이 당시에는 농사하기에 적합한 가나안의 서부 해안 지방의 기름진 영토인 이스르엘 평원과 샤론 평야를 이스라엘이 가나안 원주민으로부터 점령하고 있었다. 그런데 이 땅을 탐내는 지중해 해안 지역의 블레셋 족속들이 자꾸 이 땅을 침범하여 전쟁이 끊이지 않던 때였다.

이스라엘은 이미 기원전 1446년경 출애굽하여 40년 후 가나안에 들어와 7년 간의 정복전쟁을 거쳐 가나안을 평정하고 하나님께서 아브라함에게 약속하신 가나안에 들어 왔으나 하나님께서 명하신 거룩한 새 나라(출 19:4-6)를 세워나가지 못하고, 지난 300여년 동안 우상숭배에 빠져 있었다. 그때마다 하나님께서는 이방인들을 보내 이스라엘을 심판하셨고 이스라엘은 그들의 압제에서 벗어나기 위해 잠시 우상숭배에서 떠나 하나님을 섬기는 식의 작태를 쉬지 않고 거듭하고 있었다.

이스라엘이 진정한 하나님의 통치를 가나안에 구현하지 못하고 매사에 지리멸렬하게 살아온 원인은 우상숭배에 빠져 하나님을 올바로 섬기지 못한 데 있었다. 하나님께서 이스라엘을 가나안에 들이신 것은 아브라함과의 언약에 근거하여 세상 나라들과 전혀 다른 새로운 정치 형태(이것이 곧 신약의 교회이다)를 구축하고 하나님께서 인류를 창조하신 영광이 온 땅에 나타나게 하기 위함이었다.

하나님은 이스라엘이 세상 나라들과는 그 성격이 다른 하나님의 나라를 건설하기 위해 세상의 국권 조직과는 전혀 다른 신정정치를 제시하셨는데 그 정치 형태가 바로 사사정치였다. 인간의 자율권을 최대한으로 인정하시고 또한 그 나라의 백성으로서 가장 자유롭게 자신의 삶을 경영해 나가기 위해 세상의 강압정치 형태인 군주정치를 배제하고 자율정치 형태인 사사제도를 도입하셨다. 이 사사제도는 예나 지금이나 정치 형태에서는 가장 드높은 정치 체제이다. 그만큼 하나님은 이스라엘을 높이 대우하시고 최대의 자유와 자치권을 허용해 주셨다. 이런 점에서 오늘날 교회의 정치 제도는 왕국 시대가 아닌 사사 시대의 정치 체제에 대해 깊은 관심을 가져야 한다.

이스라엘은 이러한 자율적 정치 형태를 통하여 각자가 하나님 나라에 속해 있음을 염두에 두고 자신의 인생을 경영해 나가야 했다. 하나님의 나라를 건설해야 한다는 대 명제 아래 그 목표를 완성하기 위해 각자 자신의 삶을 가장 적합하게 경영해 나가야 한다. 이러한 삶은 자신의 삶에 대하여 스스로 책임을 지고 최선의 인생을 구현해 나가도록 하기 위한 하나님의 배려였다.

그러나 역사적 사명을 인식하고 가나안에 진정한 신정정치가 구현될 수 있도록 자신의 삶을 가꾸어 나가야 했음에도 불구하고 이스라엘은 조금이라도 생활이 느슨해지면 곧장 우상숭배에 빠지고 말았다. 하나님의 특별한 백성으로 살아가야 할 이스라엘이 우상숭배에 빠졌다는 것은 하나님의 백성으로서 누려야 할 자격을 포기하였음을 의미한다. 그럼에도 불구하고 하나님은 아브라함과의 언약을 기억하시어 이스라엘이 다시 하나님 앞으로 돌아오도록 여러 가지 은혜를 베푸셨다.

하나님께서 이스라엘을 지극히 사랑하시고 그들을 끝까지 버리지 않고 보호하신 것은 하나님 스스로 죄에 빠진 인류를 구원하시겠다고 언약하셨기 때문이다. 하나님은 일찍이 인류의 대표라 할 수 있는 아담과 노아와 아브라함을 통하여 당신의 백성을 사탄의 세력으로부터 구원하심으로 진정한 인생의 길을 경영하게 함으로써 천지창조의 목적을 실현하시겠다고 약속하신 바 있다.

이 약속에 근거하여 신실하신 하나님은 우상숭배에 빠진 이스라엘을 그처럼 아끼시고 그들이 다시 하나님의 품에 돌아와 언약의 백성으로 살아갈 것을 독려하셨다. 이스라엘은 이러한 하나님의 은혜 안에 살면서 이 땅에 하나님 나라를 건설하기 위해 구별되어 부르심 받은 특별한 민족이었다. 이처럼 특별한 사명을 가진 민족이기에 하나님은 그 민족을 다스릴 사사들을 위급한 시기마다 보내어 이스라엘을 보존하셨다.

엘리가 제사장으로 있던 때에도 이스라엘은 총체적으로 부패해 있었다. 백성은 우상숭배에 깊이 빠져 있었고 백성의 지도자인 엘리 가문은 재물에 눈이 어두워 심각한 부정부패에 맛들여져 있었다. 엘리가 나이 많아 늙어지자 엘리의 두 아들 홉니와 비느하스가 제사장직을 대신하여 수행하고 있었다. 그런데 이들은 하나님을 섬기는 규례를 무시하고 무엇이든 자기들이 정한 방식으로 백성을 다스렸다. 성경은 이들을 가리켜 '불량자' 라고 할 정도로 그들은 하나님의 일을 멸시하는 자들이었다(삼상 2:12-21 참고).[18]

이러한 때에 블레셋이 이스라엘을 치려고 전쟁을 일으켰다. 블레셋은 이스라엘의 곡창 지대를 점령하기 위해 아벡 근처에 진을 치고 있었다. 이 소식을 접한 이스라엘은 급하게 군대를 모아 에벤에셀 근처에 진을 쳤다. 그러나 당시 이스라엘은 블레셋의 상대가 되지 못했다. 블레셋은 막강한 군사력을 가지고 있는 반면에 이스라엘은 이렇다할 무기도 없는 형편이었기 때문에 첫 전투에서 패하여 4천명 가량이 죽임을 당하게 되었다.

그러자 이스라엘 장로들이 모여 대책을 논의하게 되었다. 자기들의 힘만으로는 도저히 블레셋을 이길 수 없다는 사실을 알았기 때문이다. 그들은 하나님의 언약궤를 가져다가 진중에 모셔두면 하나님이 자기들과 함께 계시기 때문에 블레셋을 이길 수 있을 것이라고 의견을 모으고 실로에 있는 언약궤를 가져오기로 했다.[19] 그들은 언약궤의 영험에 힘

18) 사무엘상 2:12에 기록된 '불량자' 는 '벨리알' 이라는 말로 이 단어는 하나님의 적대자에게 사용하는 용어이다. 이런 점에서 엘리의 두 아들은 하나님께 드려져야 할 마땅한 영광을 찬탈한 자들로서 그 행위는 장차 교회가 하나님께 드려야할 모든 영광을 찬탈하게 될 '벨리알' 즉 적그리스도를 상징한다고 볼 수 있다. 이런 점에서 그들의 죄악은 하나님의 나라에서 용납될 수 없는 악한 행위에서 나온 것임을 성경은 암시하고 있다. 참고, 고후 6:15.

19) 당시 실로는 이스라엘의 종교 중심지로 회막이 있고 엘리가 제사장으로 회막에서 여호와를 섬기고 있었다.

입어 블레셋을 이길 수 있으리라는 기대감을 가지고 있었다.

이처럼 언약궤를 가져오기로 결정한 것은 그동안 수많은 전쟁을 겪을 때마다 자기들을 인도하고 보호하기 위해 항상 하나님의 언약궤를 앞세웠음을 알고 있었기 때문이다. 따라서 언약궤를 모셔다 두면 하나님의 큰 힘이 블레셋을 이기게 할 것이라고 믿었다.

그러나 우리가 잘 알고 있듯이 하나님의 권능은 언제나 이스라엘이 자기들의 역사적 사명을 구체적으로 수행함에 있어 그들의 가는 길이 옳다는 것을 보증해 주기 위한 증표로 보여주신 것이었다. 하나님은 이스라엘이 아무런 역사적 의식도 없고 하나님의 백성으로 역사를 세워나가야 하는 사명 의식이 결여되어 있을 때에는 오히려 재앙을 내리는 분이시다.

때문에 그들이 지금 블레셋과 왜 전쟁을 하게 되었고 하나님의 나라에 적군이 침략한 성격이 무엇인가를 규명하는 것이 먼저 선행되어야 할 과제였다. 그런 후에 자신에게 문제가 있다면 특히 하나님과의 관계에 문제가 있다면 그 문제를 해소하기 위한 대책을 세워야 한다. 아니면 이스라엘이 하나님의 나라를 건설하기 위해 정상하게 역사를 진행하고 있음에도 불구하고 외적이 쳐들어 왔다면 그 전쟁의 성격을 잘 규명하여 하나님의 도움을 청해야 한다.

그럼에도 불구하고 이스라엘의 지도자들은 자신과 하나님과의 관계도 점검하지 않고 또한 그 전쟁의 성격도 규명하지 않고 하나님의 도움을 받아보겠다면서 언약궤를 가져오게 한 것은 언약궤에 주술적인 효능을 기대하겠다는 의도로 밖에 볼 수 없다. 이것이 바로 종교 신앙이다. 이미 자기들이 블레셋과의 전투에서 크게 패하였다면 왜 하나님의 백성으로서 이처럼 외적 앞에 무력하게 무너지고 말았는가를 따져 봄으로써 자신의 위치를 바로 알 수 있었을 것이다. 하지만 이미 그들은 영적으로 크게 부패하여 있었다. 때문에 하나님의 언약궤가 자기들과 함께 있지 않아서 패했다는 식의 엉뚱한 생각을 했다.

엘리의 두 아들 홉니와 비느하스가 중심이 되어 실로에서 언약궤를 가져오는 날 이스라엘 군대는 사기가 충천하였다. "여호와의 언약궤가 진에 들어올 때에 온 이스라엘이 큰 소리로 외치매 땅이 울린지라"(삼상 4:5). 이스라엘은 언약궤가 자기들 가운데 있다는 사실만 가지고서도 전쟁에서 이미 승리를 얻은 것처럼 자만하였다.

이 소식을 접한 블레셋 군대는 두려움에 빠졌다. 그들은 300여년 전 이스라엘의 하나님 여호와께서 애굽에 큰 재앙을 내리고 이스라엘을 구원해 낸 사실을 알고 있었다. 때문에 여호와가 이스라엘과 함께 하신다면 혹시 자기들도 애굽에서와 같은 재앙을 당하지 않을까 하는 두려움이 앞섰다.

그러나 그들은 "너희 블레셋 사람들아 강하게 되며 대장부가 되어라 너희가 히브리 사람의 종이 되기를 그들이 너희 종이 되었던 것같이 말고 대장부 같이 되어 싸우라"(삼상 4:9)고 서로 독려하며 이스라엘을 쳐서 크게 승리하게 되었다. 이스라엘은 블레셋 군대를 향하여 제대로 싸워보지도 못하고 대패하고 말았다. 하나님의 언약궤가 그들 중에 있게 되면 하나님의 힘으로 블레셋을 이길 수 있을 것이라던 기대는 무참히 무너지고 말았다. 이스라엘 군대 3만 명이 그 자리에서 죽임을 당했고 모두 뿔뿔이 흩어져 도망하고 말았다.

이스라엘이 전쟁에서 참패한 것은 언약궤의 영험이 나타나지 않았기 때문은 아니었다. 그들은 이미 하나님을 떠나 있었다. 지도자로부터 일반 백성에 이르기까지 총체적으로 부패해 있었다. 이미 이스라엘은 하나님을 떠나 있으면서 언약궤가 그들 중에 있기 때문에 하나님께서도 역시 그들과 함께 계실 것이라고 생각한 것부터가 오판이었다. 마음 깊은 곳으로부터는 하나님을 배격하고 있으면서 하나님의 궤를 모셔다 놓고 하나님이 그들과 함께 계실 것이라는 생각을 한다는 것부터가 그들이 종교적으로 얼마나 심각하게 부패하였는지를 잘 보여주고 있다.

문제는 우리 주변의 종교적 상황에 대하여 점검해 볼 때 그때나 지금이나 별 차이가 없다는 점이다. 이미 교인들은 하나님의 본질과 실존에 대하여 아무런 관념이나 지식이 없다. 하나의 잘 길들여진 종교인이 되었는지는 몰라도 하나님의 현존에 대한 감각이나 하나님의 실체에 대한 경험이 없기 때문이다.

이 시대는 종교의 본체인 교회마저도 하나님을 상실했다. 이제 교회에서 하나님을 찾는다는 것은 바닷가에 떨어진 바늘을 찾기보다 어렵게 되었다. 언제부터인가 교회는 하나님 없이도 잘 살아가는 종교 단체로 전락해 버렸다. 이름만 '기독교' 라는 명패를 가지고 있을 뿐이다. 여타의 종교에 비교해 볼 때도 전혀 다를 바 없는 종교가 되어 버렸다.

기독교가 하나의 종교로 전락되고 있다는 현상은 구약 이스라엘의 역사를 보면 얼마든지 발견할 수 있다. 특히 하나님의 말씀에 대한 바른 자세가 갖추어지지 않았을 때 나타나는 두드러진 현상이 바로 배교의 현상이다. 우리는 그러한 현상을 엘리야 시대에 나타났던 이스라엘의 배교에서 찾아볼 수 있다.

6. 이스라엘의 배교

이스라엘의 왕 중에서 가장 악한 왕이었던 아합은 자신의 나라를 견고히 하기 위해 정략적으로 당시 시돈을 통치하고 있던 엣바알의 딸인 이세벨과 혼인하였다. 아합의 왕비가 된 이세벨은 여호와 하나님을 섬기는 이스라엘 백성에게 이방 종교인 바알과 아세라를 섬기도록 온갖 술책을 다하고 여호와의 전에서 예배하거나 제사 드리는 행위를 일체

금하였다.

지금까지 이스라엘 백성은 여호와 하나님을 섬기되 혹시 신학적 사상의 수준이 미급하고 저속하여 변질된 사상 아래에서 여호와를 섬기기는 했을지라도 여호와를 근본적으로 부인하거나 떠난 일은 없었다. 물론 여호와에 대한 신앙이 변질될 때에는 여호와 하나님께서 선지자들을 보내 그들의 신앙을 타매하고 원상의 상태로 돌아올 것을 강력하게 촉구하였기 때문에 이스라엘이 전적으로 여호와 하나님을 배역하지는 않았었다.

그러나 이세벨이 왕비가 된 후로는 그 실상이 완연하게 바뀌고 말았다. 지금까지와는 달리 이스라엘이 이제 전적으로 여호와를 떠나 바알과 아세라를 섬기게 되었다. 살아 계신 하나님을 섬기지 않고 죽은 우상을 섬기되 예전에 가지고 있던 여호와에 대한 신관을 완전히 벗어던지고 새로운 개념의 신관을 도입하여 바알과 아세라에게 입을 맞추었다.[20]

---

20) 여로보암에 의해 설립된 북이스라엘 왕국은 처음부터 혼합주의적(syncretism)인 여호와의 종교를 가지고 있었다. 여로보암은 자신의 왕권을 든든히 하려는 목적으로 이스라엘 백성이 절기 때마다 예루살렘에 있는 성전에 내려가 여호와를 섬기는 것을 두려워하고, 여호와를 대신하여 벧엘과 단에 여호와의 제단을 세우고 거기에 금송아지 상을 만들어 그것이 이스라엘을 애굽에서 인도하여 낸 신이라고 하며 경배하도록 요구하였던 것이다. 그 결과 북이스라엘 왕국은 설립 당시부터 우상숭배에 빠지게 되었고 이후부터 여로보암의 뒤를 이은 북이스라엘 왕들은 한결같이 혼합주의적인 여호와의 종교를 그의 백성에게 강요하였다.

이러한 이유로 하나님은 선지자들을 보내 이스라엘이 속히 우상숭배에서 벗어나 여호와 앞에 돌아오도록 권고하였으나 이스라엘 왕들은 끝까지 이를 거역하였고 그때마다 하나님은 이스라엘을 심판하셨다. 그러나 아합의 시대에 와서는 벧엘과 단에 있었던 여호와의 제단마저도 허물고 대신 바알과 아세라를 신으로 섬기게 하였다는 점에서 여호와 종교를 이스라엘에게서 완전히 제거해 버렸다는 점에서 그 심각성이 있다. 이러한 이유로 하나님은 엘리야 선지자를 보내 비상 사태를 선포하기에 이르렀다.

이러한 현상은 마치 노아의 후손들이 바벨탑을 건설하고자 하나님을 떠난 것과 같이 악한 성질을 가지고 있다. 바로 이 일을 주도한 장본인이 이세벨이었기 때문에 성경은 이세벨을 가리켜 '음녀'라고 한다. 이처럼 이세벨은 여호와 하나님의 신부인 이스라엘을 꼬드겨 바알과 아세라에게 입맞추게 한 뚜쟁이였다.

이 일은 여호와 하나님에 대한 신앙이 파괴되는 절체절명의 위기를 가져왔다. 이때 선지자 엘리야가 이세벨을 향하여 정면으로 도전장을 내고 바알과 아세라 선지자들을 갈멜산으로 불러모았다. 이렇게 하여 하나님의 사자인 엘리야는 거짓 종교인 바알과 아세라의 선지자들과 일대 전면전을 벌이게 되었다. 그들 사이에서 누가 참으로 살아있는 하나님의 선지자인가를 증명하기 위한 전쟁이 시작되었다.

먼저 바알과 아세라 선지자들이 미리 준비한 제물을 태우기 위해 가진 교태를 다 부렸다. 하지만 그들이 추앙하는 거짓 신은 그들이 아무리 부르짖어도 아무런 반응이 없었다. 그러자 엘리야가 나섰다. 그리고 이스라엘 백성을 향하여 "너희가 어느 때까지 두 사이에서 머뭇머뭇하려느냐 여호와가 만일 하나님이면 그를 좇고 바알이 만일 하나님이면 그를 좇을지니라"(왕상 17:21)고 외치며, 하나님께 그 사실을 고하자 하늘로서 불이 내려와 재물을 태웠다.

이것으로 엘리야의 하나님 여호와가 살아 있는 참 하나님이심이 증명되었다. 그제서야 백성들은 그동안 여호와 하나님에 대하여 변절되어 있는 자신들을 돌아보았다. 그리고 엘리야의 지시를 따라 바알과 아세라의 선지자들을 모두 잡아 죽임으로써 변절했던 여호와에 대한 신앙을 회복할 수 있었다.

이 사건에서 엘리야가 외쳤던 것은 이스라엘이 누구의 소유인가 하는 문제였다. 여호와 하나님의 소유인가 아니면 거짓 종교인 바알과 아세라의 소유인가에 대한 대답은 명확하다. 음녀 이세벨의 계략으로 이스라엘 백성이 집단적으로 하나님을 떠나 배교할 위기에 있을 때 이처럼 하나님은 엘리야를 보내어 그들을 돌이키셨다.

그러나 이세벨의 유혹은 오늘날에도 여전히 사라지지 않고 교회들을 미혹하고 있음에 주의를 기울여야만 한다. 뿐만 아니라 말세의 두드러진 특성으로 교회가 집단적으로 하나님을 떠나 배교하게 될 것을 볼 때 이미 19세기부터 시작된 신학적인 배교 현상이 20세기에 들어와서 세계적인 배교 현상을 가져오고 있다는 사실을 결코 간과할 수 없다. 이 일에 앞장섰던 독일 교회는 오늘날 하나님을 찾아 볼 수 없는 상태로 완전히 배교하였을 뿐만 아니라, 그들의 신학을 배우고 받아들인 유럽 교회나 아메리카 교회 역시 배교의 강한 성향을 추구하고 있음을 볼 수 있다.

또한 그들에게 배웠던 후대의 신학자들에게서 훨씬 강한 성격의 배교적인 신학을 발견하게 된다. 우리나라 역시 그러한 영향력에서 벗어나지 못하고 급진적인 신학 사상을 추구하는 교회들이 대다수를 차지하고 있음은 결코 우연한 일이 아니다.

이와 같이 전 세계적인 배교 현상은 이전까지 없었던 특이한 현상으로 역사상에 현저하게 나타난 특성이 되었다. 이 현상은 예전의 바벨탑 사건이후 나타난 국부적이고 지협적인 현상과는 뚜렷한 차이가 있다. 이러한 때에 우리가 하나님에 대한 신앙을 고백하고 정결한 신부와 같이 여호와 하나님을 섬기기 위해서라면 무엇보다도 신앙의 정조를 더럽히지 않고 정결해야 한다. 더욱이 신자들에게 임하는 시험은 매우 간교해서 예전과 같이 강제로 예수를 부인하라든지 저주하라는 식의 박해가 아니라, 현실 생활 속에서 은근히 신앙에 대하여 회절을 요구하고 있다는 점을 주의해야 한다.

7. 말세 교회의 배교

여기에서 보는 것과 같이 사람들이 하나님을 배역하여 왔던 일들은 끊임없이 계속되어 왔었고 그 절정은 의인이신 예수 그리스도를 십자가에 못박아 죽인 사건이었다. 그리고 이제는 그 방법조차 비열해져서 그리스도의 몸된 교회라고 하는 지상 교회가 총체적으로 그 중심 자리에서 하나님을 밀어내고 사람들의 이상utopia이 그 자리를 차지하고 있다.[21]

성경은 명백히 경고하고 있다. 사람들의 중심을 차지하고 장차 배교한 교회의 중심을 차지할 세력은 분명히 하나의 인격체이다. 그 이름은 '적 그리스도' Anti christ이다.[22] 이러한 극단적인 현상은 국부적이거나

---

21) 사도 바울은 그리스도께서 강림하실 때에는 먼저 배도(背道)의 날이 있을 것을 예언해 주고 있다(살후 2:3). 이 배교에 대해서는 예수께서 마태복음 24장 10-13절에서 언급하신 말씀을 통해서 그 성격을 알 수 있다. 초대 교회는 그 현상에 대해서 이미 잘 알고 있었을 것이다. 바울은 '배도' (背道)에 대해서 '바로 그 배도' (ἡ αποστασια)라고 말하고 있는데, 이것은 이미 분명하게 초대교회의 성도들에게 알려진 마지막 시대에 있을 바로 '그 배도의 사건' 을 지시하고 있음을 알 수 있다.

배도(背道)란 하나님을 믿던 사람들이 하나님을 떠나거나 옳은 도리에 대해서 반역(反逆)하고 떠나는 것을 의미한다. 그런데 바울은 이러한 배도의 사건은 '불법의 사람' (the man of lawlessness, 어떤 사본들에는 '죄악의 사람' 〈the man of sin〉으로 기록되기도 함) 또는 '멸망의 아들' (the son of destruction) 이라고 일컫는 사람이 나타날 때에 나타나는 특징적인 사건이라고 말하고 있다. 아직 '불법의 사람' 이라고 특징적으로 말할 수 있는 사람이 나타나지 않았다는 것은 총체적인 배도의 시기가 아니며 이것은 그리스도께서 아직 강림하실 시기가 되지 않았음을 간접적으로 시사해 주는 증거가 된다.

22) '적그리스도' 의 출현에 대해서 바울은 "저는 대적하는 자라 범사에 일컫는 하나님(every so-called god)이나 숭배함을 받는 자 위에 뛰어나 자존하여 하나님 성전에 앉아 자기를 보여 하나님이라 하느니라"(살후 2:4)고 말하면서 '불법의 사람' 의 정체에 대하여 밝혀 말하고 있다. 그는 체질적으로 하나님의 법을 대적하는 자로서, 하나님의 법을 어기는 반역의 화신(化身)으로 나타난 '죽음의 아들' 이며 배도의 끝에 나타나는 하나의 인격체(person)이다. 그러나 그 사람은 사탄이 아니다. 사탄의 권능을 입어 그 성격을 전적으로 대표하는 이 사람은

지엽적으로 나타나는 것이 아니라 전 세계적으로 형성된 배교의 결과이다.

사도 바울은 하나님과 새 사람 사이에 형성되어 있는 사랑의 관계를 다음과 같이 피력하고 있다. "이는 곧 물로 씻어 말씀으로 깨끗하게 하사 거룩하게 하시고 자기 앞에 영광스러운 교회로 세우사 티나 주름잡힌 것이나 이런 것들이 없이 거룩하고 흠이 없게 하려 하심이니라"(엡 5:26-27).

여기 '물로 씻어 말씀으로 깨끗하게 하사 거룩하게 하시고' 라는 말씀 속에서 예수 그리스도께서 완성하신 속죄의 사역으로 정결케 하여 그리스도의 신부가 되기에 부족함이 없도록 세상과 구별되어 있는 거룩한 상태를 발견할 수 있다. 이처럼 정결케 하신 목적은 '영광스런 교회' 로 세우기 위함인데 이것은 하나님의 영광을 받아 빛나는 상태의 교회를 의미한다. 따라서 교회는 거룩하고 흠이 없도록 보존된다. 바로 이러한 상태가 순결한 상태이다.

이 상태를 한마디로 말한다면 전심으로 여호와 하나님을 사랑하는 것으로 대신할 수 있다. 시편 기자가 "주 나의 하나님이여 내가 전심으로 주를 찬송하고 영영토록 주의 이름에 영화를 돌리오리니"(시 86:12)라고 노래한 것은 그 마음이 오롯이 하나님을 향해 있음을 고백하는 것이다. 이러한 자에게 하나님은 새롭게 인생이 살아갈 수 있는 능력을 주신다.

하나님과 하나님의 법과 하나님의 백성을 대적하는 자이다.

그는 자신을 신(神, god)이라고 일컬으며 모든 사람들의 숭배를 받는 어떤 것보다도 스스로를 높이는 자이다. 심지어 하나님(the God) 보다도 자기를 더 높여서 자기만이 유일한 하나님이라고 주장하기도 한다. 적그리스도는 자신을 하나님의 성전(the temple of God) 곧 교회 위에 스스로 좌정(座定)하고 하나님의 백성을 자기가 친히 다스린다고 주장한다. 그러나 하나님의 참된 백성은 하나님의 권위를 가로챈 이 난폭한 자를 절대로 용납하거나 인정하지 않고 그에게 경배할 것에 대하여 강력하게 거부한다. 그 결과 하나님의 참 백성은 큰 환난을 당하게 된다(마 24:15, 21, 22, 29 참조).

"여호와의 눈은 온 땅을 두루 감찰하사 전심으로 자기에게 향하는 자를 위하여 능력을 베푸시나니"(대하 16:9)라고 하신 약속과 같이 전심으로 여호와를 사랑하는 자에게는 이 세상의 어떤 세력으로부터 자신의 정절을 지키고 죄를 대항하고 타파할 수 있는 능력을 주신다.

아내가 남편에 대하여 전심을 다하지 않고 다른 생각을 갖게 되면 거기에는 눈에 보이지 않지만 이미 회절回折이 시작된 것과 같다. 그것은 결국 순결을 잃어버릴 위험을 내포한다. 그러나 전심으로 여호와를 향하는 자에게는 하나님께서 능력을 베푸시어 어려운 상황에서도 순결을 잃지 않도록 보호하신다. 이런 이유로 전심으로 여호와를 사랑하고 있는 성도들이라면 여호와 앞에서 다른 이론을 가지지 않는다.

시편 기자가 "나의 영혼이 잠잠히 하나님만 바람이여 나의 구원이 그에게서 나는도다 오직 저만 나의 반석이시요 나의 구원이시요 나의 산성이시니 내가 크게 요동치 아니하리로다"(시 62:1-2)고 노래하는 것은 시편 기자의 모든 소원이 전적으로 여호와 하나님 한 분에게만 있음을 고백한 것이다. 여기에서 우리는 진정한 성도들이라면 세상 어디에 있든지 항상 하나님 한 분만을 바라보고 산다는 사실을 발견하게 된다.

한 남편의 아내가 되었다면 어딜 가든지 아내로서의 정절과 품위를 지켜야 한다. 그렇지 않다면 그녀의 행위는 남편을 추하게 만드는 결과를 가져다 줄 뿐이다. 마찬가지로 우리가 하나님께 대한 순결한 사랑을 저버린다면 결국 하나님을 소홀히 여길 뿐만 아니라 하나님을 무시하는 죄를 범하게 한다.

남편에 대한 정절을 소홀히 여기는 여자를 가리켜 '음녀' 라고 하듯이 하나님에 대하여 정절을 소홀히 여기는 자는 음녀와 같이 취급을 받게 된다. 오늘날 기독교가 전심으로 여호와 하나님을 섬기지 못하고 각종 사조와 생활의 정황에 마음을 빼앗기고 있는 것 역시 음녀와 같은 행위에 지나지 않는다. 이러한 상태를 가리켜 이미 사도 요한은 이렇게 경고한 바 있다.

"무너졌도다 무너졌도다 큰 성 바벨론이여 모든 나라를 그 음행으로 인하여 진노의 포도주로 먹이던 자로다"(계 14:8). 여기에서 큰 성 바벨론을 가리켜 요한은 '음녀' 라고 밝혀 말하고 있다(계 17:1. 2 참조). 이 바벨론은 말세에 그리스도를 배교한 기독교 단체를 표상하는데 사도 요한이 바벨론을 가리켜 음녀의 대표격으로 표하고 있는 것은 말세의 교회가 배교하여 하나의 거대한 종교로 변질될 것을 바라보았기 때문이다.

순일하게 여호와 하나님을 신앙하거나 두려워하지 않고 교회가 전적으로 사람들의 욕구를 기준하여 사람들을 유혹하고자 변질될 것을 경고하고 있다. 음녀란 사람을 꼬드기려고 화려하게 몸치장하는 것을 그 특징으로 한다. 말세의 교회들이 다채롭고 화려하게 치장하고 그것을 거룩한 문화인 것처럼 위장하여 사람들에게 지적 호기심을 불러일으켜 사람의 영혼을 유혹하는 것 역시 음녀와 다를 바 없다.

이것은 마치 순결한 신부가 신랑을 위해 단장하는 것과는 달리 음녀가 숱한 남정네를 유혹하기 위해 치장하듯이, 예수 그리스도만을 사랑해야 할 교회가 사람들을 모으고 그들에게 지적, 정서적 만족감과 안정감을 주기 위해 치장하기 시작하면서 하나님께 대한 정절을 잃어버림과 같다. 이러한 특성은 일반 종교에서 얼마든지 찾아볼 수 있다.

사람들의 호기심을 만족시켜 주기 위해 각종 방법으로 단장하고 치장하는 것이 바로 일반 종교이다. 그중에서 가장 대표가 되는 것을 가리켜 사도 요한은 '바벨론' 이라고 호칭했다. 결국 교회가 하나님의 거룩하신 능력을 포기하고 일반 종교적인 현상을 추종하여 변질된 상태를 가리켜 '바벨론' 이라고 한 것이다.

여기에서 바벨론은 노아 홍수 이후 인류가 마땅히 하나님의 나라를 건설해야 하는 시대적인 사명을 수행할 위치에서 떠나 그 사명을 버리고 인간에 의해 인간을 위해 통치하는 인간의 나라를 건설하기 위해 시도되었던 바벨탑 사건(창 10장 참조)을 상징하고 있다.

당시 인류는 노아의 단일 후손으로서 새롭게 하나님으로부터 생명을 부여받고 이 땅에 거룩한 나라를 건설하기 위해 존재하고 있었다. 그러나 인간은 총체적으로 창조주 하나님의 뜻을 거스르고 자신의 이상을 건설하기 위해 바벨탑을 쌓았다. 이 사건은 마치 아담이 하나님의 명령을 거역하고 선악과를 따먹은 것과 같은 성질을 가지고 있다. 더욱이 당시 인류는 집단적으로 하나님에 대한 신앙을 배반하였다. 이것은 전 인류가 배교한 첫 번째 사건이기도 하다.

이와 마찬가지로 말세가 이르게 되면 국부적으로 몇몇의 교회나 민족이 하나님을 버리고 배교하는 것이 아니라 전 세계 교회뿐 아니라 전 인류가 집단적으로 하나님을 대항하는 배교의 두드러진 상태에 도달하게 된다.[23] 이 사실을 요한은 바벨탑 사건의 연장으로 이미지화 시키기 위해 바벨론이라고 지칭하고 있다.

---

23) 배교의 현상은 어느 하나의 이름 없는 교회가 신앙을 버리고 변질되는 정도가 아니라 누구나 그 사실을 실감할 수 있을 정도로 배교가 대규모적이며 점점 그 색채가 깊어짐을 보여주고 있다. 배교의 색채가 깊어진 후에는 '배교의 사람'(계 13장)이 나타날 것이라고 성경은 경고하고 있다. 성경은 이 사람을 '죄악의 사람'이라고도 칭하는데, 이 사람은 교회와 매우 깊은 연관이 있는 사람이다.

배교(背教)란 교회의 주인이신 그리스도의 이름만 가지고 있을 뿐이며 그 실질을 버리는 것을 의미한다. 이 '배교의 사람'이라는 말도 그와 같은 의미를 가지고 있다. 교회가 종교의 본질을 잃어버리고 사람들의 현실 문제를 해결하기 위해 사회 참여를 부르짖을 때, 누군가 그 문제를 해결하기 위해 강력한 힘을 가지고 나타난다면 교회는 그 사람을 인류의 구원자로 추앙하게 된다. 교회는 사회의 문제를 이 사람의 도움으로 해결하기 위해 교회의 머리로 삼게 된다. 이 사람은 자기 자신을 신으로 섬기라고 요구하게 된다. 즉 이 사람은 전적으로 교회를 배교하게 하는 사람으로, 성경은 그를 '멸망의 아들'이라고 말하고 있다. 이 멸망의 아들은 자기 자신을 가리켜 '적 그리스도'(Anti-Christ) 라고 분명하게 신분을 밝히고 그리스도를 대적하게 된다.

말세가 가까워 올수록 교회는 전 세계적으로 배교하는 현상을 강하게 지향해 나가게 되리라는 방향성을 우리는 예측할 수 있다. 이러한 총체적인 배교의 사실을 앞에 두고 진정으로 하나님을 사랑하고 그 신앙의 정절을 지킨다는 것은 우리 시대의 교회들이 사수해야 할 시대적인 사명으로 확고하게 보여진다. 이러한 이유로 성경은 교회가 그리스도의 신부가 된 사실을 강조하며 끝까지 신앙의 정조를 지켜야 할 것을 누차 강조하고 있다.

앞에서 본 것과 같이 그리스도께서 교회를 사랑하시되 "이는 곧 물로 씻어 말씀으로 깨끗하게 하사 거룩하게 하시고 자기 앞에 영광스러운 교회로 세우사 티나 주름잡힌 것이나 이런 것들이 없이 거룩하고 흠이 없게 하려 하심이니라"(엡 5:26-27)고 바울이 경계한 상태, 즉 흠없고 티없이 하나님으로부터 깨끗한 신부로 인정을 받은 상태를 스스로 포기한 교회는 결국 일반 종교로 전락하고 만다.

이러한 상태를 경고하면서 사도 요한은 교회가 부패하면 많은 사람들에게 진노의 포도주를 먹이게 하는 것이라고 지적한 바 있다(계 17:2). 포도주란 잔칫집을 나타내는 상징물인데 구원의 능력으로 환희에 차 있어야 할 교회들이 구원의 능력을 상실하고 종교적 축제에 들떠 있음을 지적한 말이다.

마치는 말

우리가 세상을 살아가는 동안에 무슨 일이든지 자기의 지혜나 사회 세력이나 수단과 술수를 통하여 혹은 친구를 의지하려는 마음이 먼저 발생할 때가 무서운 시험이 닥칠 때이다. 차라리 예수를 부인하라고 요구해 오면 신앙에 대한 경각심이라도 가질 수 있다. 하지만 먹고사는 문제로 혹은 사회의 정황이나 주변 여건의 변화로 인하여 어려운 문제가 발생할 때, 자칫하면 신앙의 원리를 포기하고 사회적인 영향력 하에 그 안에서 살아보려고 애를 쓰는 경우가 얼마든지 발생할 수 있다.

이러한 경우 문제를 풀기 위해 여호와에 대한 신앙을 제쳐두고 우선 자신의 생존을 염려하여 세상과 타협하거나 잠정적으로 그 앞에 굴복해 버린다면 자기도 모르는 사이에 배교하는 자리에 빠지게 된다. 이미 앞에서 살펴본 것처럼 배교의 두드러진 특성은 자신의 인생을 경영함에 있어 하나님을 차선에 두는 것부터 나타나기 시작한다. 자신의 문제를 해결하려는 최선의 방편은 늘 자기 안에서 혹은 이웃이나 주변의 사회적인 세력 안에서 얻으려 한다는 것이 배교의 첫걸음이다.

따라서 이러한 미혹이나 유혹에서 벗어나려면 무엇보다도 자신이 왜 존재하고 있는가에 대한 본질적인 문제를 먼저 찾아야 한다. 사람이 존재하는 것은 하나님께서 그 사람을 이 세상에 보내신 고유한 목적을 수행하기 위함이다. 그것은 사람에 따라 다르겠지만 공통적으로 요구되는 것은 하나님을 사랑하고 영원토록 즐거워하는 것이다.

이것이 인간의 제일되는 목적이다. 이에서 벗어난 그 어떤 목적이라 할지라도 사람이 이 땅에 존재할 명분은 없다. 따라서 한 개인이 구체적으로 어떤 사명을 수행해야 할 것인가는 그 사람이 처한 교회적인 형편과 교회가 나가야 할 길에 따라 결정되겠지만 인간에게 주어진 궁극적인 목적, 즉 하나님을 경외하는 것만은 어느 시대나 바뀌지 않는 법이다.

이런 이유로 우리가 하나님을 경외하고 하나님의 이름을 송축하기 위해 정당한 예배를 드리고 있다면 그것만으로도 존재해야 할 이유가 있고 살아 있어야 할 의무가 있다. 그러한 성도들이라면 의당히 하나님께서 그 생존권을 지켜 주신다. 만일 자기 스스로 생존의 문제를 해결하지 않을 수 없다고 한다면 더이상 그 사람은 하나님의 자녀가 아니라는 사실을 증명해 줄 뿐이다. 그러므로 누가 내 삶을 보장해 주고 있는가를 먼저 잘 살펴야 한다. 하나님이신가 아니면 내가 해결하고 있는가에 대한 대답은 누구보다도 자신이 극명하게 알 수 있다.

여기에서 우리는 하나님께서 우리 일상의 삶에 대하여 철저하게 보장해 주신다고 한다면 과연 그런가에 대하여 명백하고도 분명한 객관적인 증거를 가지고 있어야 한다. 단순히 감각적인 몇 가지 사건이나 그럴 것이라고 지레짐작하는 자기 도취에 빠져 하나님을 의지하고 있는 것이라고 착각한다면 영원히 이 문제의 미궁에서 헤어나오지 못하고 만다.

그렇다면 하나님께서 우리를 인도하신다는 구체적이고 객관적인 증거는 결코 우리가 가지고 있는 몇 가지 경험적인 지식이나 단편적인 삶의 정황만으로는 대답할 수 있는 성질의 것이 아님을 알 수 있다. 따라서 전 역사를 통해 하나님께서 경영해 오시고 있는 그 나라의 성격을 먼저 규명하고 그 나라의 한 부분을 차지하고 있는 이 시대의 특성과 교회적인 사명 의식을 명확하게 알고 있지 않다면, 함부로 하나님의 인도를 받는다는 식의 자기 만족에 빠지지 않아야 한다.

이것은 그만큼 하나님께서 역사를 어떻게 경영하시고 어떤 방향과 목적을 가지고 이 세상을 통치하시며 그 안에서 나에게 주어진 역할과 나에게 요구하시는 하나님의 뜻이 무엇인가를 분명하게 알고 있어야 함을 의미한다. 이러한 방면에 대하여 명확한 의식을 갖고 역사를 판별하려면 상당한 기간동안 성신께서 돌보시는 가운데 구속사에 대한 바른 지식을 습득해야 하고 그 지식에 근거하여 이 세상에서 살아가는 훈련을 쌓아야 한다.

이것이 우리 시대에 하나님께서 요구하시는 의로운 삶이다.[24] 그런 후에야 일생에 한번이나 하나님의 부르심에 부응할 수 있는 기회를 얻

24) '의'란 이처럼 그리스도의 속죄 사역을 통해 거듭난 그리스도인이, 역사라는 실제적인 삶속에서 일어난 역사적인 구원 사건에 근거하여 더이상 죄의 영향이나 지배를 받지 않게 됨으로써, 적극적으로 하나님의 통치가 그 사람의 생활을

게 될 것이며 바로 그날에 우리에게 요구되어지는 일을 성실하게 수행하기 위해 우리는 존재한다. 이것이 바로 하나님께서 우리에게 요구하시는 신앙이다. 이 신앙이 분명할 때 하나님을 섬겨야 할 이유도 분명해진다.

"내가 복음을 위하여 모든 것을 행함은 복음에 참예하고자 함이라 운동장에서 달음질하는 자들이 다 달아날지라도 오직 상 얻는 자는 하나인 줄을 너희가 알지 못하느냐 너희도 얻도록 이와 같이 달음질하라 이기기를 다투는 자마다 모든 일에 절제하나니 저희는 썩을 면류관을 얻고자 하되 우리는 썩지 아니할 것을 얻고자 하노라 그러므로 내가 달음질하기를 향방 없는 것같이 아니하고 싸우기를 허공을 치는 것같이 아니하여 내가 내 몸을 쳐 복종하게 함은 내가 남에게 전파한 후에 자기가 도리어 버림이 될까 두려워함이로라"(고전 9:23-27).

통해 구체적으로 나타나는 것을 의미한다. 다라서 구속받은 성도들이 하나님의 통치에 접촉되어 실제적인 자신의 삶속에서 구애받음이 없이 하나님의 통치를 이루어 나가는 것이 바로 '의' 이다. 이런 점에서 '그리스도인의 의' 는 하나님의 구속의 역사에 대하여 그리고 하나님 나라의 경영에 대하여 항상 민감하게 느끼고 바르게 파악하고 있어야 하며, 그 역사 안에서 자신의 당위를 추구해 나갈 때 비로소 성취된다.